성운대사가 들려주는

佛法眞義

불법의 참된 의미 ②

성운대사 지음 · 조소영 옮김

운주사

들어가는 글

경전에 의하면, 새 세 마리가 허공을 날면 허공에는 원근이 없으나 새가 비행하는 거리에 원근의 차이가 있고, 짐승 세 마리가 강을 건너면 강물의 깊이는 같으나 짐승의 발이 강바닥에 닿는 깊이가 다르다. 즉 독수리·비둘기·참새가 하늘에서 날 때, 독수리가 날개를 한번 펼치면 몇십 리를 비행하고, 비둘기가 힘껏 날개를 치면 1~2리를 날고, 참새는 날갯짓을 해도 불과 몇십 미터 거리만 날 수 있다. 원래 허공에는 원근遠近이 없는데, 새 세 마리의 수준이 달라서 비행 거리에 원근의 차이가 난다는 뜻이다.

또한 코끼리·말·토끼가 강을 건널 때, 코끼리는 몸이 건장하여 강바닥에 발을 대고 강을 건너 맞은편에 도착하고, 말과 토끼는 체형과 체력이 달라서 꼭 강바닥에 발이 닿는 것은 아니지만, 마찬가지로 건너편으로 헤엄쳐 간다.

불법佛法은 바다와 같고 허공과 같다. 우리는 바다와 허공 속에 있다. 모든 사람은 믿음의 차원과 근기가 달라 식견의 깊이가 다르므로, 자기가 옳다고 집착하면 안 된다. 누가 맞고 누가 틀린지 말하기 어렵다. 짐승 세 마리 중에 나는 코끼리인가? 말인가? 토끼인가? 새 세 마리 중에 나는 허공에서 작은 참새인가? 비둘기인가? 독수리인가? 나 자신을 돌아봐야 한다.

부처님은 자비·지혜·평등을 가르치셨지만 "제비와 참새가 어찌 기러기와 고니의 뜻을 알겠는가(燕雀安知鴻鵠之志)?" 천의 길이가 얼마나 되는지는 자로 재봐야 알고, 물건의 무게는 저울로 달아봐야 안다. 각자가 자신이 알고 있는 불법佛法과 자신의 믿음이 얼마나 길고 짧은지, 얼마나 가볍고 무거운지를 스스로 알아야 한다. 그렇지 않으면 유치원에서 공부하면서 대학 강의를 들먹이는 것처럼 자신의 무지를 드러내 다른 사람에게 비웃음을 산다.

오늘날 우리 불교계는 과연 불법의 참뜻을 말하면서 부처님의 본뜻을 거스르지 않을 수 있을까? 예를 들어 천상과 지옥은 우리가 공부하고 수행하면서 승화하고 떨어지지 말라고 독려하는 것이지만, 일부 무지한 사람들이 지옥으로 사람들을 겁주고 공포로 대중을 제도하는데, 왜 천상의 아름다움으로 사람들이 동경하게 하지 못하는가?

또한 불교에 공헌하고, 우리에게 후원하고 공양해 준 신도님들에게 내가 감사해야 하는데도 아미타부처님에게 떠넘기며 말한다. "신도님께서 마음을 내주신 것에 대해 아미타부처님께서 감사해할 것입니다." 왜 아미타부처님이 우리를 대신해서 감사하게 하는가? 우리가 어떻게 책임을 전가할 수 있는가? 우리가 감사하고 보답해야 하는 것이 아닌가?

부처님께서 말한 근본 불법인 괴로움(苦)은 우리가 괴로움을 견딜 수 있고 각고의 정신이 있어야 한다고 격려하는 것이므로, 고행으로 자신을 단련해야 한다. 왜냐하면 괴로움은 향상시켜 줄 수 있고 강하게 할 수 있기 때문이다. 마치 오랜 시간 각고의 노력으로 공부해야 과거에 급제할 수 있는 것과 마찬가지다. 따라서 괴로움은 우리 인생에 의미가 있다. "온갖 괴로움을 견뎌내야 비로소 큰 사람이 된다(吃得苦中苦, 方爲人上人)"라는 말도 있다.

그러나 요즘 불자들은 "괴로워요. 괴로워요! 그만 살고 빨리 왕생하세요. 빨리 내생을 구하세요!"라고 한다. 부처님께서 괴로움에 대해 말씀하시고, 나아가 괴로움을 초월하고 괴로움에서 해탈하는 뜻을 잃어버렸다. 이게 다 잘못된 사례가 아닌가?

불법의 '공空'은 천여 년 동안 사람들에게 불교는 '모든 것이 다 공하다'라고 생각하게 했다. 즉 텅 비어 아무것도 없으며, 아무것도 원하지 않고, 아무것도 없다는 것이다. 이런 단멸견斷滅見을, 우리 스님들이 이렇게 무지한 이치를 이야기하면 사람들의 신심이 증가하겠는가?

다른 사람을 도울 줄 알아야 은혜에 보답하는 것이다.

들어가는 글

불교는 즐겁고 행복한 종교이다. 믿음은 빛, 선함, 아름다움을 가져다줄 수 있다.

　'공空'은 건설적이다. 비어야(空) 있을 수 있다. 예를 들어 빈방이 없으면 어디에서 자는가? 빈 책상이 없는데 어떻게 일할 수 있는가? 빈 땅이 없는데 어떻게 집을 짓는가? 주머니가 비지 않으면 돈은 어디에 두는가? 위장이 비지 않으면 어떻게 살아갈 수 있겠는가? '공空'은 너무 좋고 너무 묘妙하다. 왜 '공空'을 다 없어지는 것이라고 말하는가? 공은 없는 것이 아니며 적극성·건설성·성취성이 있다.

　또한 '무상無常'은 매우 좋다. 왜냐하면 고정되지 않아서 자신을 바꿀 수 있고, 더 진보할 수 있고, 더 상승할 수 있으며, 더 선하고, 더 아름답고, 더 좋아질 수 있기 때문이다. 왜 '무상'을 마치 세상의 모든 것이 종말이 온 것처럼 말하고, 사람들에게 이렇게 희망이 없다고 느끼게 하는가? 실제로 '무상'은 불자에게 중도中道를 배우는 희망을 준다. 우리는 불법의 참뜻을 저버렸고, 부처님의 고심을 잘못 이해했다. 그러므로 이러한 불법의 참뜻에 대해 새롭게 탐구하고 선양하지 않을 수 없다.

불교는 2천여 년 동안 개인의 사견, 개인의 잘못, 개인의 미신으로 인해 모두 '부처님이 설했다'고 하며 부처님에게 그 많은 사견과 허망함을 떠맡겼는데, 이는 실로 부처님의 본뜻에 어긋난다.

예를 들어 '보시布施'는 어떤 때는 말 한마디 하고, 미소 짓고, 봉사 조금 하는 것이 다 보시이다. 그러나 현재 불교의 해석은 돈을 내라는 것이다. 그리고 '보시'는 우리 자신이 아낌없이 기꺼이 주는 것이지, 사람들이 우리에게 주도록 하는 것만이 보시가 아니다.

불교를 공부하는 과정에서 자주 '지계持戒'를 말한다. 모두 남에게 지키라고 요구하고, 어떻게 해야 한다고 하는 것이다. 그러나 자신의 행위, 자신의 몸과 마음, 자신의 말은 완전히 불법에 맞지 않는다. 자각의 교육도 없고, 자신이 부끄러워해야 하는 것도 모르고, 스스로 고뇌해야 하는 것도 모르는데, 불법 안에서 어떻게 진보할 수 있겠는가?

성암省庵 대사는 『권발보리심문勸發菩提心文』에서 "도에 들어가는 중요한 문은 발심이 첫째이고(入道要門, 發心爲首)……"라고 말한다. 발심하려면 바른 믿음(正信)과 바른 견해(正見)를 가져야 한다. 간단하게 말해 불교 공부는 자비희사·사섭법四攝法·육도만행 등을 공부하는 것인데, 현재 사찰에서는 신자들에게 우리 절에 와서 향을 피우고 절을 하라고만 하며, 보시해서 공덕을 지으면 재난을 소멸할 수 있다고 여긴다. 그래서 육조 혜능 대사가 꾸짖으며 「무상송無

相頌」에서 "도는 돈을 보시한다고 이루어지는 것이 아니다(成道非由施錢)"라고 하였다. 그런데 육조 대사의 소리를 듣는 불교도가 얼마나 되겠는가?

불교의 일부 잘못된 견해에는 본래의 진의眞義가 사라졌으니, 이에 대해 언급해서 수정하고 부처님의 뜻이 무엇인지 체득하도록 해야 한다. 예를 들어 부적절한 방생은 오히려 살생의 어리석은 행위가 된다. 장수를 구하는 사람이 방생하려고 사람을 시켜 물고기를 잡거나 새를 잡으면, 잡고 방생을 하는 사이에 얼마나 많이 죽는지 모르는데, 어떻게 오래 살 수 있겠는가? 인과因果에 대한 올바른 이해 없이 그저 몸을 건강하게 하기 위해 채식을 하고, 돈을 벌기 위해 부처님께 절을 하면, 이는 다 인과에 어긋난다. 부자가 되려면 부자가 되는 인과가 있고, 건강해지려면 건강해지는 인과가 있고, 신앙에는 신앙의 인과가 있다. 오이를 심고 어떻게 콩을 달라고 하고, 콩을 심고 어떻게 오이가 자라기를 바라는가?

대만에는 새해 첫날 첫 종을 치고, 첫 향을 사르는 풍속이 있다.* 이런 여법하지 않은 미신으로 이목을 끌고 사람들을 속이는데, 종소리는 각성의 용도이지 돈을 요구하는 것이 아니며, 향을 피우는 것은 부처님을 공경하는 의미이지 장사가 아니다. 점을 치고 사람의 길흉을 판단하며 행불行佛을 중시하지 않고, 기복만 중시하니

---

* 새해 첫날 새벽 가장 먼저 사원에서 종을 치고 향로에 향을 꽂으면 일 년간 좋은 운을 가져온다고 믿는다. 어떤 사원에서는 첫 종을 치고 첫 향을 피우는 권리를 팔아 이익을 도모하기도 한다.(이하 이 책의 모든 각주는 한글 번역자의 역주임을 밝힌다.)

강원 학인들이 환희심으로 운력하며 많은 인연을 맺는다.

어찌 인과에 부합하는가?

　또한 풍수지리는 어떤 방향이 반드시 좋은 풍수인지 설명하는
것이 아니다. 통풍이 잘되고, 환경이 깨끗하고, 탁 트인 경관에, 건
물이 균형 잡히면 가장 좋은 풍수지리다. 그렇지 않으면 중국 산서
山西의 아찔한 절벽에 지어진 현공사懸空寺는 무슨 풍수지리가 있
는가?

　불교에서는 천룡팔부天龍八部를 말하는데, 천天은 어디에 있는
가? 용은 어디에 있는가? 팔부八部는 도대체 무엇인가? 물론 그도
인간 세상의 종족이지만, 우리는 천신天神·천장天將으로 해석한다.

믿음 속에서 부처님이 어디에 계신지 알고 체득할 수 있다.

부처님은 오른쪽 옆구리에서 태어났는데, 그것을 보았는가? 왜 이 많은 불가능한 신화를 부처님에게 더하는가? 심지어 불교의 경전은 역대로 다른 속셈이 있는 사람들이 부처님의 명의를 빌려 설하였기 때문에, 지금 대장경에 위경僞經·위론僞論이 헤아릴 수 없이 많다.

불교는 다신교라고 비웃음을 산다. 그 많은 보살과 그 많은 나한들이 경전의 근거가 있지만, 역사가 없다! 누가 그들의 부모인가? 그들은 어디에서 나고 자랐는가? 용수龍樹·무착無著·세친世親 존자와 같이 많은 분들은 역사가 있다. 역사가 없는 수많은 분들을 우리가 부인하는 것은 아니다. 사실 그들은 모두 부처님의 천백억 화신이다. 왜 부처님에게 신앙을 집중하지 않고, 재신財神·성황城隍·토지신·주생낭낭註生娘娘·월하노인月下老人 등 많은 신들을 창조해 내는가? 하나님이 사람을 창조했다고 하지만, 사실 사람도 하나님을 창조했다. 불교는 일반적인 종교와 달리, 가장 거룩한 부처님은 인간 세상의 깨달은 분이며, 역사가 있고, 실재하는 인간으로, 상상으로 만들어낸 신이나 신선이 아닌데, 불교도는 왜 부처님에게 본래면목을 돌려주지 않는가?

불쌍한 부처님은 2천여 년 동안 바르지 않은 신자들에 의해 많은 미신의 탈과 귀신의 가면이 씌워져 부처님의 본래 모습을 잃게 되었으니, 탄식이 절로 나온다.

예를 들어 불교의 사홍서원四弘誓願은 우리에게 발원해서 실천하라는 것인데, 지금 불자들은 사홍서원을 노래로 부르지만 실천하지 못한다. 그럼 사홍서원이 무슨 소용이 있는가?

또한 부처님께서 말씀하신 육도만행六度萬行은 우리가 보살도를 닦는 데 있어 이 여섯 가지 방법으로 실천해야 하는 것으로, 자신을 제도하고 타인을 제도하는 것이다. 육도六度는 보시·지계·인욕·정진·선정·반야를 말하는데, 출가자는 현재 육도를 남에게 요구하고, 자신은 보시하지 않고 받으려고만 한다. 신도들이 행불行佛해서 제도 되고, 우리는 피안에 갈 수 없다면 어떻게 하겠는가? 승려들은 그저 부처님의 경론經論 안에서 오직 불법佛法으로 이익을 얻으려 한다. 이렇게 전도된 사상과 행위를 개인이 스스로 발전시키도록 내버려두면, 장차 인과로 제재하는 것 외에, 지금 어떤 법제로 부처님의 본래 뜻을 행사하겠는가?

불교에서 말하는 '팔정도八正道'는 인간 세상에서 가장 중요한 행위다. 그런데 옛날에 서역의 호인胡人이 팔정도에 대해 말한 것(胡說八道)을 오히려 욕으로 바꿔 '허튼소리를 한다'는 의미로 쓰니, 많은 북방 민족들에게 면목이 서는가? 수隋·당唐 때 젊은이들은 불교의 큰스님들을 따라 공부하고 수행했다. 강서江西의 마조馬祖 선사에게서 참학하거나, 아니면 호남湖南의 희천希遷 선사에게 가서 공부했다. 강호에서 오고간다는 것(江湖來往)은 그들이 참학하는 뜻을 나타낸다. 그런데 지금 이렇게 좋은 표현을 거리의 곡예사가 세상을 떠돌아다니는 것으로 전락시켜 '강호를 떠돌다(走江湖)'라고 한다. 이를 누가 바로잡을 것인가?

경전에 『유마힐경維摩詰經』·『승만경勝鬘經』이 있는데, 유마 거사와 승만 부인은 재가자로 불법을 설했다. 그런데 지금 재가자인 교수나 신도들이 법을 설하는 것에 대해 말법시대가 도래했다고 하

후원에서 조사가 나오고, 공양간에서 고승이 나온다.

며 훌륭한 많은 불자들이 불법을 선양하지 못하게 하니, 어찌 이런 그릇된 주장을 하는 사람들의 죄과가 아니겠는가?

'영생永生'이라는 어휘는 원래 불교에서 생명이 윤회만 할 뿐 죽지 않는다는 '영생'의 의미를 설명하는데, 기독교인이 '믿는 사람은 영생한다(信者永生)'를 주장하기 때문에 불교에서 '영생'이라는 단어를 사용하지 못한다. 부처님은 중생을 구제하기 위해 세상에 오신 구세주이지만, 예수님을 구주救主라고 천주교인들이 말하자, 불교에서는 부처님을 구주라고 부르지 못한다. 이렇게 좋은 표현을 다른 종교에서 사용하게 하면서, 바르지 않은 신앙·신기하고 기이한 것·망상과 사견을 불교에 보탠다.

율전律典에서 '손으로 술을 건드리면 오백 생 동안 손이 없다'고 하는데, 이렇게 심한 징벌이 있는가? 이것은 어느 대덕에 의해 결집된 것인가? 부처님의 본뜻을 모르고 개인의 바르지 않은 인식과 몰상식함에서 비롯된 그릇된 견해이다. 또한 '사미십계沙彌十戒'를 불교의 장로들이 모두 지킬 수 있는가? 장로가 지킬 수 없는 사미십계를 갓 입문한 사미에게 지키라고 하는 것은 전도된 일이 아닌가?

또 '팔경법八敬法'이 있다. 내가 아는 바에 의하면 부처님은 평등을 제창했다. "네 가지 계급(브라만·크샤트리아·바이샤·수드라)이 출가하면 모두 같은 석씨이다(四姓出家, 同爲釋氏)"라고 하는데, 어떻게 남녀가 불평등한 팔경법이 있는가? 어느 대덕이 그것을 계율로 결집했는지 모르겠는데, 부처님의 명의로 사람들에게 지키라는 것인가? 불교 삼귀의의 정신은 '민주'이고, 오계五戒의 의미는 '자유'이다. 부처님은 사중제자四衆弟子 평등을 제창했는데, 왜 이런 아름다운 불법을 오늘날 이 시대의 자유·민주·평등의 보편적인 가치와 하나가 되게 하지 않는가?

오늘날 불교에서는 부처님 말씀(佛說)이라고 많이 말하는데, 과연 부처님이 말씀하신 것일까? 우리는 부처님 말씀이 아니라고도 말할 수 있다. 부처님께서 말씀하신 것, 부처님께서 우리에게 하라고 한 것은 우리가 가르침대로 받들어 행해야 한다. 지금 우리가 사람들에게 행불行佛하고 불법을 공부해야 한다고 하는데, 진정으로 부처가 되려면 '나는 부처다'를 인정하고 이에 대해 책임져야 한다. 그러나 자신의 집착·사견으로 부처님의 명의를 빌려 말하면 심각

연화색蓮華色은 신통제일의 비구니이다.

삼보에 귀의하는 것은 자신·진리에 귀의하는 것이며, 타인에게 귀의하지
않는 것이다.

한 인과가 있을 것이다.

　오늘날 불교 신도들은 불교를 위해 봉사하고, 불교를 위해 보시
하고, 불교를 보호하고 발전시켰는데, 불교는 신도들에게 어떤 보
답을 했는가?

　한번은 수계식 때 오계五戒를 주는데, 감히 계를 받지 못하는 신
도가 한 분 있었다. 왜 그러냐고 물으니, '거짓말하지 말라'는 계를
감히 받지 못하겠다고 했다. 그는 한 선사가 '불"매"인과(不"昧"因果,
인과에 어둡지 않다)'와 '불"락"인과(不"落"因果, 인과에 떨어지지 않는
다)'의 한 글자 차이로 오백 생 동안 여우 몸을 받은 이야기를 들은
적이 있어서, 자신이 거짓말을 할까 봐 두려워했다. 불교의 사람들
이 들으면 이 계를 받지 말라고 하겠지 싶었다.

사실 거짓말을 할까 걱정하느니, 바른말을 하면 된다. 그 신도님은 원단 파는 가게를 운영했다. 원단을 사려는 사람이 "천이 한 자에 얼마예요?"라고 물으면 "2백 원이요." "물이 빠지나요?" 그는 팔기 위해 거짓말을 했다. "물 안 빠져요."

나중에 나는 그렇게 말하지 말고 "2백 원짜리 원단은 물이 빠지고, 3백 원짜리 원단은 물이 안 빠져요"라고 말하라고 했다. 후에 이 신도가 빌딩을 지은 것은 신용이 있고 거짓말을 하지 않아서 장사가 잘되었기 때문이다. 이렇게 좋은 불법을 왜 적극적인 해설로 신자들이 불법의 이익을 보게 하지 않는지 이상할 따름이다.

이 책은 300개가 넘는 주제를 다루고 있다. 이는 그저 평소에 떠오른 생각을 정리한 것일 뿐, 사실 불교의 문제가 이렇게 간단할 수 있겠는가. 뜻있는 사람들이 불교를 위해 다시 한번 결집해서 근본적으로 바로잡아 부처님의 진정한 가르침이 세상에 드러나기를 바란다.

물론 불교가 발전하고 세계에 퍼지는 데 있어 각지의 지리·문화·언어·풍속·습관·기후가 다르기 때문에 방편이 필요하다는 것도 알고 있고, 이에 대해서는 설명하면 된다.

중국불교에서는 역대의 선사들만이 바른 견해(正見)가 있고, 불법佛法이 있다. 진정한 불법인 연기緣起와 중도中道에 대해 연구하고 설하는 사람이 적다. 정도正道는 번창하지 않고, 사이비 종교가 횡행하고 있다. 그래서 부득이하게 여러분이 조금 색다른 사고를 할 수 있도록 이 작은 책을 드린다. 어쩌면 부족할 수도 있다. 다만 부끄러워하고 참회하며, 오직 부처님 마음에 계합하기를 원하며,

'고요한 가운데 (수행하는 습관을) 양성하고, 움직이는 가운데 단련한다(靜中養成, 動中磨練)'는 불교 총림에서 중요한 교육 이념이다.

모두가 불법의 참뜻에 대해 가치를 재평가하고, 또한 마음 있는 분들과 제방의 대덕들께서 나의 고심을 헤아리고 많은 가르침을 주시기를 바란다.

2016년 5월 불광산佛光山 개산료開山寮에서

들어가는 글 • 5

불교학 사상 • 25

부처님은 어디에 계실까? • 27

행불行佛 • 30

나는 부처다 • 33

부처님마다 도가 같고, 빛과 빛이 지장을 주지 않는다 • 36

동체공생同體共生 • 39

지구인 • 42 ㅣ 대열반을 얻다 • 45

자유자재하게 들고 내려놓다 • 47

돈점평등頓漸平等 • 50

남녀평등 • 55

평등의 중요성 • 58

발심의 순서 • 61 ㅣ 보시의 의미 • 64

귀의 • 67 ㅣ 오화五和 • 70

칠계七誡 • 73 ㅣ 기쁨 • 76

방광放光 • 78 ㅣ 사리 • 82

고행 • 86 ㅣ 방할棒喝 • 89

우상 • 92 ㅣ 선화자禪和子 • 95

상불경常不輕 • 98

순도殉道 • 101 ㅣ 은혜를 갚다 • 105

재난 소멸 • 109

법을 집으로 삼다 • 111

나는 누구인가? • 113

스스로 모든 것을 해결하다 • 116

나는 대중 속에 있다 • 119

바라지 않아도 있다 • 121

인연을 주다 • 124 | 서로 보시하다 • 127

자신의 귀인이 되다 • 130

재신財神은 누구인가? • 133

불법이 있으면 방법이 있다 • 136

남에게 이용당해야 가치가 있다 • 139

초심을 잊지 않다 • 142

누림의 묘미 • 145

불교적이지 않으면 하지 않는다 • 148

신도에게 저축하다 • 152 | 반반 • 155

마음속에 사람이 있다 • 159

인생의 가치 • 163

인생 무량수無量壽 • 166

역발상 • 169 | 무리無理와 무정無情 • 173

날마다 좋은 날 • 176

물러서는 것이 앞으로 나아가는 것이다 • 180

출가하면 집이 없다 • 183

종교의 삼보 – 각자의 아버지가 있다 • 186

하늘 · 땅 · 사람 • 189 | 효 • 193

병을 벗 삼아 • 196

사제가 삼, 도반이 칠 • 199 | 전승 • 202

금강불괴金剛不壞 • 205 | 파사현정破邪顯正 • 208

본존本尊과 분신分身 • 212

점을 보는 것과 법어 • 216

신앙과 두려움 • 219

살생과 살심殺心 • 222 | 방생과 방사放死 • 225

불교와 정치 • 228

불교와 환경 보호 • 231

환경 보호와 마음 보호 • 236

현담玄談과 실무 • 239

반야와 지혜 • 243

사미십계 • 247 | 팔경법八敬法 • 251

대승비불설大乘非佛說 • 254

재가자가 윗자리에 앉으면 말법시대인가? • 258

풀이나 나무가 성불할 수 있나요? • 263

지옥이 빌까? • 266

『아미타경』 출석부의 의미 • 269

신수 대사의 위치 설정 • 273

마조媽祖의 위치 설정 • 279

지하궁 • 283 | 18나한 • 287

김교각 • 290 | 천룡팔부 • 293

살을 베어 독수리에게 먹이고, 몸을 던져 호랑이 먹이가 된다 • 296

남의 뜻을 거스르지 않다 • 298

눈으로 코를 보고, 코로 마음을 본다 • 300

조사는 고행 출신 • 302

십수가十修歌 • 306

누구에게 노래를 바치는가 • 310

우리는 집이 세 개 있어야 한다 • 313

사찰은 주유소와 같다 • 315

신도를 위해 역사를 남기다 • 318

출가의 나이 • 320

출가자는 무엇을 소유할 수 있을까 • 323

동진 출가와 나이 들어 하는 출가 • 326

새로운 포교 방법 • 328

불교 교가 • 332 | 위기의식 • 335

장기 기증 • 338 | 호스피스 • 341

『백사전』에 대하여 • 345

성운 대사 • 349

불교학 사상

'나는 부처다'를 인정하고 이 말에 책임지면 인생이 달라질 것이다.
'나는 부처'이니 자비로워야 하고,
'나는 부처'이니 세상을 이롭게 해야 한다.
'나는 부처다'라는 이 말은 자신을 격려하고, 긍정하고, 발심하고,
성장하고, 확대하는 데 특별한 의미가 있다.

부처님은 어디에 계실까?

부처님은 어디에 계실까? 12세에 출가한 후 나는 매일 조석예불을 올릴 때마다 절을 하며 부처님께서 몸을 나투시어 모습을 뵐 수 있기를 바랐다. 또한 부처님에 대한 이야기를 자주 하고, 부처님의 생애에 대한 『석가모니불전釋迦牟尼佛傳』을 쓰기도 하면서, 부처님께서 세상에 계실 때 했던 그분의 언어·행동·가르침·심리·삶을 체득하려고 노력했다. 글을 쓰면서 부처님의 자비와 고심에 대해 생각하면 감동해서 얼마나 여러 번 눈물을 흘렸는지 모른다.

훗날 세계 각지에 가서 홍법할 기회가 생기자 비행기에서 파란 하늘, 흰 구름을 바라보며 '부처님! 하늘에서 몸을 나투시어 제가 뵐 수 있게 해주세요!'라고 생각했다. 때로는 배를 타면 '부처님! 바다에서 나투시어 제가 뵐 수 있게 해주세요!'라고 생각했다. 최근 40년간 8번 인도에 갔는데, 항상 부처님께서 깨달으신 보리수나무 아래에서, 부처님이 열반에 드신 쿠시나가라에서, 영축산 부처님의 설법대 주변에서 거닐며 깊은 생각에 잠겼다. 왜 그랬을까? 부처님 성지를 찾아가 부처님이 어떤 모습인지 알고 싶었다. 처음 보드가야 정각대탑(마하보디 스투파)에 갔을 때 '여기에서 죽자!'라는 생각이 들었다. 거기에서 죽으면 부처님과 함께할 수 있을 것 같았다. 쿠시나가라에 가서 미얀마 사찰에 모셔진 부처님 열반상을 보고,

나는 불상 주위를 돌고 절을 하고 떠나기를 아쉬워했다.

하지만 항상 부처님을 보지 못했다. 부처님께서 내게 말을 걸어온 적도 없다. 최근 20여 년간 나는 더 이상 부처님을 찾지 않았고, 부처님이 어디에 계신지 묻지도 않았다. 왜일까? 부처님이 내 곁에 계신다는 걸 느꼈기 때문이다. 내가 길을 걸으면 부처님이 나를 따라 걷고, 내가 밥을 먹으면 부처님이 나와 함께 밥을 먹었다. 부처님은 항상 나와 함께하신다. 내 마음속에 부처님이 계실 때, 부처님은 나와 함께하시는 거였다. 그리고 지금 '나는 부처다!'를 인정하고 부처로서 책임을 져야 한다.

마음속에 '나는 부처다'가 있으면 사람을 대하고 일을 처리할 때 많은 도움이 된다. 예를 들어 다른 사람과 말을 할 때 부처님이 말을 한다고 생각하면 자비로운 말을 하게 되고, 겁이 많고 나약한 중생을 보고 부처님이 그들을 대하고 있다고 생각하면 그들의 입장에 서서 생각하게 되어 믿음과 희망을 줄 것이다.

나는 귀의식*을 주관하면 신도님들에게 물어본다. "여러분은 '나는 부처다'라고 감히 말할 수 있나요?" 대중이 "나는 부처다"라고 말하면 이렇게 말해줍니다. "집에 가서 부부싸움을 해서는 안 됩니다. 싸울 때 마음속으로 '나는 지금 부처인데 어떻게 싸우고 욕을 할 수 있나?'라고 생각하세요. 만약에 담배와 술을 좋아하는데 담배를 피우고 싶고 술을 마시고 싶을 때 '나는 부처인데 부처가 담배 피우고 술을 마시나?'라고 생각하면 자연스럽게 담배를 피울 수 없

---

* 불법승 삼보에 귀의해 정식으로 불자가 되는 의식 또는 법회.

28

고 술을 마실 수 없게 됩니다. 그러니 '나는 부처다'를 인정하고 그에 대해 책임지면 인생은 달라질 것입니다."

마음속에 부처님이 있으면 밤낮으로 부처님이 곁에서 함께한다. 눈으로 보이는 건 부처의 세계이고, 귀로 들리는 건 부처의 소리이고, 코로 냄새 맡는 건 부처의 청정한 계의 향기(戒香)이며, 혀로 맛보는 건 선열禪悅의 음식이요, 마음으로 느끼는 건 불국정토佛國淨土의 즐거움이다. 몸·입·뜻으로 드러내는 것들이 다 부처님 마음과 같은 자비와 유연함이다. 부처님을 우리 몸과 마음에 융합해 오랜 시간이 지나면 우리도 부처가 된다.

온종일 봄을 찾아도 봄은 보이지 않고, 수십 년간 부처님을 찾아도 부처님은 보이지 않네. 만 척의 구름 끝에서, 무한한 시공 속에서 힘들게 부처님의 자취를 찾다가, 문득 고개를 돌리니 부처님이 내 마음속에 있네.

행불行佛

과거에는 불자들이 '저는 부처님을 믿어요'라고 말했다. 그런데 '부처님'이 누구냐고 물으면 대답하지 못했다. 어떤 사람들은 어려움을 겪을 때 '저는 부처님께 기도해요', '저는 부처님께 절해요'라고 한다. 어떤 사람들은 자신의 행위에 규범이 필요하다고 느껴서 '저는 염불해요', '저는 불교 공부를 해요'라고 하며 망념과 행위를 억제한다. 그러나 부처님께 절하고, 기도하고, 부처님을 믿는 것보다 차원이 더 높은 것이 바로 '행불行佛'이다.

행불은 부처님의 가르침에 따라 실천하고 받들어 행하는 것이다. 일상의 행주좌와에 언제든지 지금 행하는 것이 청정한지 아닌지 자동으로 자발적으로 알아차림하고, 자신이 본래 갖추고 있는 보장寶藏을 개발해 내는 것이다. 불교 공부하는 사람을 '수행자'*라 하는데, 불법을 '수행'하며 부처님께서 말씀하시고 행하신 대로 하는 것이다. 예를 들어 자비·희사·무아·인내·평등을 행한다. 그러므로 진정한 수행자는 불법을 공부하는 것만이 아니라 '행불'을 해야 한다. 성취가 있으려면 매일 생활 속에서 항상 실천해야지, 방법을 알면서 안 하면 안 된다.

---

* 중국에서는 행자行者라고 한다.

불교 경전은 대부분 "이와 같이 나는 들었다(여시아문如是我聞)"로 시작해, "믿고 받아들이고 받들어 행한다(신수봉행信受奉行)"로 끝난다. 불법을 믿고 받아들이고 받들어 행할 수 있으면, 그것이 바로 행불이다. 불교에서 해행(解行, 이해와 실행)을 다 같이 중요시하고 복과 지혜를 함께 닦으라고 하는 것은 불법을 교리적으로 연구만 해서는 안 되며, 불법은 생활 속에서 체험하고 검증해야 하며, 자신이 힘써 행해야만 심신에 녹아들어 자신의 혈액 속의 양분이 되고, 이렇게 해야 불법의 이익을 얻을 수 있다는 것이다.

사오십 년 전, 어떤 인연에서였는지 기억은 안 나지만 대만 베이터우(北投)의 한 사찰에 갔는데, 많은 신도님이 그곳에서 절을 하고 있었다. 내가 들어간 지 얼마 안 되어 예전 호주 오크(OAK) 분유의 대만 지사 조중식曹仲植 회장님이 걸어 들어왔다.

독실한 불자였던 그분의 아내는 나를 보자마자 얼른 다가와서 "스님, 우리 남편이 왔어요! 우리 남편한테 절하는 법을 가르쳐 주세요"라고 말했다. 그때 양복을 차려입은 회장님께 절을 하도록 하는 건 난감한 일 같았다. 어디에서 영감을 받았는지 모르지만 나는 이렇게 말했다. "조 거사님, 절하지 않아도 됩니다. 행불行佛하면 돼요." 똑똑한 조중식 거사는 즉시 "스님 말씀이 맞습니다. 저는 절하지 않아도 돼요. 행불하면 되죠"라고 말했다.

이 말 한마디로 조 거사님은 공익자선 사업에 힘을 아끼지 않았다. 대만생명선台灣生命線을 설립해 의지할 곳 없고 도움의 손길이 미치지 않는 사람들에게 광명의 길로 나아갈 수 있도록 지원해 주고, 조씨재단을 설립해 가난한 학생들에게 장학금을 전달했다. 지금까지 휠체어 백만 대를 전 세계의 필요한 사람들에게 기증했고, 세계 각지의 중대 재해 지역에 구호금 5억 원을 기부했다. 그분의 명성을 칭찬하는 사람들에게 조 거사님은 항상 이렇게 말한다. "경전을 읽는 것보다 경전 강의를 듣는 게 낫고, 경전 강의를 듣는 것보다 경전을 강설하는 게 낫고, 경전을 강설하는 것보다 실천하는 게 낫습니다. 저는 그저 행불을 할 뿐입니다."

이로 인해 불자의 신앙 차원을 높이기 위해 나는 '행불'을 제창하며, 모두가 일상생활 속에서 불법을 바르고 적절하게 실천할 수 있기를 바란다. 예를 들어 부처님은 우리에게 자비로우라고 하니 생명을 함부로 해치면 안 된다. 부처님은 우리에게 인욕하라고 하니 진심瞋心을 일으켜 다른 사람에게 화내고 욕하면 안 된다. 부처님은 우리에게 널리 좋은 인연을 맺으라고 하니 이기적으로 자신의 이익만을 생각해서는 안 된다……. 오직 '신앙의 생활화', '생활의 불법화'를 진정으로 실천할 때, 24시간 행주좌와에 자발적으로 스스로 깨닫는 '행불'을 할 수 있어야 불법의 이익을 누릴 수 있고, 불교가 인간 세상에 뿌리내릴 수 있다.

나는 부처다

'나는 부처다.' 이 말은 오만한 말이 아니며, 잘난 체하는 건방진 말도 아니다. 이는 부처님께서 설하신 언교言敎이다. 부처님은 깨달음을 얻었을 때 '사람마다 다 불성佛性이 있다'고 말씀하셨다. 이 말은 우리도 성불할 수 있음을 믿으라는 것이다.

불교에서 삼단대계三壇大戒를 받은 적이 있는 비구·비구니는 이렇게 서원했을 것이다. "저 ○○ 보살은 오늘 득계得戒 ○○ 보살 아래에서 구족계를 받습니다……." 그래서 이미 다 보살이 되었고, 부처님이 "사람마다 다 불성이 있다"고 하셨으니, 우리는 지금 '나는 부처다'를 인정하고 부처로서의 책임을 져야 한다.

한 신도가 선사에게 물었다. "부처가 뭔가요?"

선사가 그를 보며 말했다. "말해 줘도 믿지 않을 것입니다!"

신도가 말했다. "스님! 스님 말씀을 제가 어떻게 감히 안 믿겠습니까?"

선사가 말했다. "좋아요. 믿는다고 하니 알려주지요. 당신이 바로 부처입니다!"

신도가 놀라 말했다. "제가 부처라니, 저는 왜 모르죠?"

선사가 말했다. "인정하지 못해서 그래요!"

이 세상의 많은 불자가 자신이 '부처'라는 것을 감히 인정하지 못한다. 법융法融 선사는 '부처(佛)'라는 글자가 쓰인 의자에 감히 앉지 못했다. 그래서 도신道信 선사가 웃으며 말했다. "아직 '이것'이 있는가?" 혜충慧忠 국사가 한번은 큰 소리로 외쳤다. "부처님! 부처님!" 시자가 의혹에 찬 얼굴로 국사에게 물었다. "누구를 부르고 계세요?" 국사가 대답했다. "너를 부르고 있다! 왜 너는 인정하지 못하느냐?"

한번은 내가 붓글씨를 쓰고 있는데 신도님이 와서 보고는 좌우명을 써달라고 했다. '나는 부처다(我是佛)'를 써서 주니, 그 신도님이 놀라며 말했다. "스님, 제가 감히 이걸 어떻게 받아요!"

그래서 그 후에 귀의식을 주관할 때마다 항상 신도님들에게 '나는 부처다'라고 말하게 한다. 처음에는 모두 작은 소리로 "나는 부처다"라고 말했다. 내가 "소리가 너무 작아요. 힘이 부족해요. 다시 말하세요"라고 하니, 두 번째는 소리가 커졌다. 나는 귀의식에 참여한 분들에게 이렇게 말한다. "'나는 부처다'라고 말할 때, 사람을 때릴 수 있나요? 욕할 수 있나요? 부처가 술을 마실 수 있나요? 담배 피울 수 있나요? '나는 부처다'를 인정하고 이 말에 책임지면 인생이 달라질 것입니다. '나는 부처'이니 자비로워야 하고, '나는 부처'이니 세상을 이롭게 해야 합니다." '나는 부처다'라는 이 말은 자신을 격려하고, 긍정하고, 발심하고, 성장하고, 확대하는 데 특별한 의미가 있다.

'나는 부처다'를 인정하도록 권하는 것은 불교가 평등을 중요시하기 때문이다. 부처님은 과거의 모든 부처님이 있고, 미래의 모든 부처님이 있고, 현재의 모든 부처님도 있다. 『법화경』에서 상불경

常不輕보살은 "나는 그대들을 가벼이 보지 않는다. 그대들은 모두 응당 부처가 될 것이다(我不敢輕視汝等, 汝等皆當作佛)"라고 한다. 우리가 좋은 사람이고 착한 사람이라는 걸 우리 자신이 알고, 우리에게 지혜 있고·현명하고·뛰어나고·능력 있고·어질다고 칭찬하는 사람도 있을 것이다. 그런데 우리는 주저하며 '나는 부처다'라고 말하지 못한다. 우리는 사람이지만 사람은 부처가 될 수 있고, 부처는 사람이 된 것이니, 사람이 되면 부처가 된다. 부처는 사람이 된 것이고, 부처님은 사람마다 다 부처가 될 수 있다고 했는데, 왜 우리는 '나는 부처다'라고 인정하지 못하는가?

부처님마다 도가 같고, 빛과 빛이 지장을 주지 않는다

출가 이후 나는 약사법회, 아미타 불칠(佛七, 칠일 염불정진)법회를 헤아릴 수 없이 많이 주관했다. 그래서인지 아미타부처님과 약사부처님에게 정감이 간다. 법회에서 많은 신도님이 물어본다. "우리가 한번은 불칠佛七을 하면서 염불하고 서방의 아미타부처님께 절하고, 한번은 약사법회를 하면서 동방의 약사부처님께 절하면 충돌되는 거 아닌가요? 동방과 서방의 불보살님들을 너무 바쁘게 하는 건 아닐까요?"

사실 '부처님마다 도가 같다(佛佛道同).' 동방과 서방은 다만 사람들의 사유와 습관에 의한 것일 뿐이다. 부처님의 광명은 헤아릴 수 없고, 한량이 없고, 다함이 없으며, 빛과 빛이 지장을 주지 않는다(光光無礙). 어느 한 부처님께 절하고, 어느 한 부처님의 명호를 외워서, 부처님의 자비에 계합하고, 마음이 서로 통해 감응感應하면, 한 부처님을 염불하는 것이 곧 시방의 부처님을 염불하는 것이다.

『보문품普門品』에 의하면 "마땅히 어떤 몸으로 교화할 수 있으면, 곧 어떤 몸을 나타내어 설법한다(應以何身得度者, 卽現何身而爲說法)"라고 한다. 그러니 약사부처님과 아미타부처님은 관세음보살의 화신이 아닌가? 『약사경藥師經』에 의하면 "만약 어떤 대중이 팔분재계八分齋戒를 수지할 수 있다면…… 이 선근으로 서방극락세계

36

의 무량수불께서 계시는 곳에 태어나 정법을 듣고자 원하지만, 아직 정해지지 않은 자가 만약 세존 약사유리광여래의 이름을 들으면 목숨이 다할 때 여덟 분의 보살이 허공을 타고 와서 그 길을 알려 준다." 약사부처님도 아미타부처님의 홍법을 도와주고 있다.

『아미타경』에서도 석가모니부처님이 육방제불六方諸佛*의 불가사의한 공덕을 칭찬하고, 대중에게 서방극락세계 왕생을 발원하라고 권한다. 육방제불도 석가모니부처님의 불가사의한 공덕을 칭찬한다. 여기에서 알 수 있듯이, 빛과 빛이 지장을 주지 않고, 부처님마다 도가 같다(光光無礙, 佛佛道同). 아미타부처님에게 석가모니부처님의 비원悲願이 있고, 석가모니부처님에게도 세상 사람을 구제하는 아미타부처님의 방편의 힘이 있다.

사람들이 저마다 다른 것은 중생이 분별하기 때문인데, 부처님의 세계에는 분별이 없다. 즉 개인의 바람·성향·근기에 따라 불교에 입문하는데, 『능엄경楞嚴經』에 나오듯이 "방편에는 여러 문이 있지만, 근본으로 돌아가는 데는 두 길이 없다(方便有多門, 歸元無二路)." 그러므로 시방삼세 부처님 가운데 지극 정성으로 어느 한 부처님께 예경하면 도업을 성취할 수 있다. 이는 불법의 수승한 점이기도 하다. 바꿔 말하면, 약사부처님께 절해도 서방정토에 왕생할 수 있고, 아미타부처님께 절해도 무량수無量壽를 얻을 수 있다.

나는 어렸을 적부터 관세음보살님께 절하며 관세음보살님의 자비를 깊이 느꼈다. 석가모니부처님, 약사부처님, 아미타부처님을

---

* 육방제불六方諸佛: 동·서·남·북·위·아래의 모든 부처님.

대할 때 마음속으로 관세음보살님께 절한다. 왜냐하면 관세음보살님이 중생의 부류에 따라 여러 모습으로 나투시는 방편을 믿기 때문이다. 하물며 부처님마다 도가 같고, 빛과 빛이 지장을 주지 않지 않는가(佛佛道同, 光光無礙).

세상에서는 나와 남의 상相을 나누기 좋아해서, 나와 남 사이의 간격을 메우기 어렵다. 만약 남을 자신처럼 보고 입장을 바꿔보면, 상대방 속에 내가 있고 내 속에 상대방이 있어, 나도 없고 남도 없고 중생이 하나가 되니, 세상에 다툼·폭력 같은 일이 생기겠는가? 법당에 모셔진 분은 석가모니부처님이지만 아미타부처님으로 생각한다고 해서 부처님과 부처님 사이에 서로 따지겠는가? 그렇지 않을 것이다. 마치 등불처럼 등 하나를 밝히면 등 하나, 등 두 개, 세 개, 네 개…… 불빛과 불빛이 서로 비추는 것과 같다. 이것이 '부처님마다 도가 같고, 빛과 빛이 지장을 주지 않는다(佛佛道同, 光光無礙)'는 것이다. 온갖 것에 두루 미치는 불성佛性, 걸림 없이 자재한 공성空性이 모두 동체공생同體共生의 이치를 설명하고 있다.

동체공생同體共生

사람이 세상에 살면서 홀로 존재할 수 없다. 사람과 사람 사이는 모두 '동체공생同體共生'의 생명 공동체로, 서로가 많은 인연에 의지해야 존재할 수 있다. 예를 들어 우리가 옷을 입으려면 노동자가 천을 짜야 하고, 밥을 먹으려면 농부가 농사를 지어야 하고, 외출해서 차를 타려면 운전사가 운전해 줘야 한다. 항상 다양한 직종의 여러 분야에서 각자의 힘을 기여해야 일상생활에 필요한 것을 제공할 수 있다. 그뿐만 아니라 사람과 만물 사이도 떼어놓을 수 없으며, 모두가 상대 생명의 일부이다. 그래서 불교에서는 '동체공생'을 말하고, 우주 세계가 하나의 대아大我의 생명이라고 한다.

'동체同體'는 평등·포용의 의미를 내포한다. 예를 들어 사람의 몸에는 눈·귀·코·혀 등 다른 감각기관들이 있지만, 이들 모두가 똑같이 몸의 일부분이다. 지구에는 다른 국가·민족·지역들이 있지만, 다 함께 지구에 의지해 생존해야 한다. '공생共生'은 자비·융화의 뜻이 있다. 이와 관련된 이야기가 있는데, 귀머거리·장님·절름발이가 집에 불이 나는 일을 겪었다. 세 사람은 서로 도와서 화재현장을 빠져나올 수 있었다.

불교의 『백유경百喩經』에 「뱀 머리와 뱀 꼬리」의 이야기가 있다. 뱀 꼬리는 뱀 머리가 항상 앞에 가고, 자신은 뒤에 따라가야 하는 것이 싫었다. 그래서 뱀 머리에게 항의했다. "왜 항상 네가 앞에 가고, 나는 뒤에 가냐? 뱀 꼬리인 나한테 의지하지 않으면 네가 어떻게 앞으로 갈 수 있어?" 말을 마치고는 꼬리를 나무에 감아버렸다.

며칠 지나자 뱀 머리는 먹지 못해서 하는 수 없이 항복을 선언했다. "난 이제 앞에 안 갈게. 내가 너를 따라다닐게. 네가 형을 해라. 내가 동생을 할게." 뱀 꼬리는 신이 나서 앞에 갔다. 그런데 뱀 꼬리는 눈이 없어 앞을 볼 수 없었고, 그렇게 계속 가다가 깊은 구덩이에 빠져 죽고 말았다.

우주의 모든 것은 서로 의지하여 살아가는 생명 공동체이다. 모두가 이와 같은 인식과 생각이 있다면 나라와 나라 사이, 인종과 인종 사이, 종교와 종교 사이에 자연히 충돌이 없을 것이다. 다름 속에서 같음을 구할 수 있고, 서로 존중하고 포용하면 모든 인연이 화합하고 함께 생존할 수 있을 것이다.

그러나 다름 속에서 같음을 구하는 것 외에도, 같음 속에 다름이 존재하는 것도 알아야 한다. 예를 들어 눈은 눈의 기능이 있고, 귀는 귀의 기능이 있다. 다른 기능에는 다 그것이 존재하는 가치가 있으니, 모두가 각자 맡은 바 소임을 다하고 조화롭게 운영하면 동체 공생할 수 있다. 만약 귀가 눈을 질투하면 눈이 앞을 보지 못해 길을 갈 때 위험할 것이다. 또 한 식탁에 차려진 음식들이 색깔·향기·맛이 다 다르지만 각자가 좋아하는 것을 취하면, 그것이 가장 맛있는 음식이다.

'사람 하나에 목숨이 하나, 마음이 하나인데, 내 한마음을 다하고 내 한목숨을 다해 생명을 전 세계로 확대한다'라는 말을 나는 자주 한다. 마치 물 한 방울이 바다에 흘러 들어가, 바다의 물을 따라 천천히 무한으로 확대될 수 있는 것과 같다. 또 물 한 방울을 화초에 뿌려 화초의 생명을 다채롭게 발전시키는 것과도 같다. 이 물방울들은 많아 보이지는 않지만 무한하다. 개인의 한 생명이 국가, 민족, 우주와 하나가 되면 서로 동체공생하고 사회가 화합할 수 있을 것이다.

지구인

나는 스물몇 살에 중국을 떠나 대만에 와서 70여 년의 세월을 살았다. 1989년 고향인 중국 양주揚州에 갔을 때, 고향 사람들이 나를 보고 '대만에서 온 스님'이라고 했다. 대만에서 70년 넘게 살았는데, 대만 현지인들은 나를 '외지인', '중국 스님'이라고 한다. 세계 각국을 다녀도 나에게 미국인, 홍콩인⋯⋯이라고 하는 사람이 없다. 후에 나는 스스로 '지구인'이 되기로 했다. 왜냐하면 지구는 나를 버리지 않았기 때문이다.

나는 어느 한 곳에 있으면 그곳 사람이 되어, 그곳을 위해 봉사하려고 한다. 그러나 사람들은 대부분 배타적인 심리가 있어서 외부에서 온 사람을 받아들이지 않으려고 한다. 사실 지구와 세계는 공공의 것이지, 어느 한 개인의 것이 아니다. 따지고 보면 모두 다 '지구인'이고, 다 세상 사람이다.

한번은 브라질 상파울루주 연방경찰청장인 프란치스코 박사와 대화하다가 내가 브라질 사람은 불성이 있다고 칭찬했다. 그러자 그분이 이렇게 말했다. "브라질은 본토인이 없고, 브라질에 사는 사람은 다 '브라질 사람'입니다. 왜냐하면 브라질은 대부분 다 외국 이민이기 때문에, 실제로 진정한 브라질 사람이 없습니다. 브라질에 오면 브라질 사람이 되는 거죠. 브라질 본토인이 없기 때문에 모두가 다 브라질 사람이에요."

이 말을 듣고 느끼는 바가 있었다. 사상적으로 존중하고 포용하는 관념을 세워야 세계와 융화될 수 있다. 마음의 크기만큼 세계도 커진다.

인간은 남자·여자·노인·청년·지식인·농부·노동자·상인 등의 구별이 있고 각각의 명칭이 다르지만 별칭일 뿐이며, 모두가 다 '지구인'이다. 마치 오선지의 도레미파솔라시도처럼 음계가 달라야 아름다운 곡을 연주할 수 있다.

세계는 한 사람이 성취할 수 있는 것이 아니다. 사람은 인연을 떠나 독립할 수 없고, 우리의 의식주는 사회 대중의 공급에 의지해야 한다. 예를 들어 병이 들면 의료진의 치료가 필요하고, 지식과 기능을 배우려면 선생님과 선배의 지도가 필요하며, 외출해서 교통수단을 타려면 운전하는 사람이 있어야 목적지에 도달할 수 있다.

다문화의 세계이다. 인종·피부색·지역·남녀노소·빈부귀천의 차이가 있지만, 사람마다 인권이 있으니 모두가 존중받아야 한다. 사람과 사람이 어울리려면 서로 입장을 바꿀 줄 알아야 하고, 상대방을 위해 생각하고, 존중하고 포용해야 한다. 『화엄경華嚴經』에서 "마음, 부처, 중생 이 세 가지는 차별이 없다(心佛衆生, 三無差別)"라고 한다. 존중·포용·평등·무아·자비야말로 각 민족·국가 간에 필요한 이념이다.

"출가하면 집이 없고 곳곳이 집이다(出家無家處處家)"라는 말이 있다. 나에게 대만 사람이라고 해도 맞고, 중국 사람이라고 해도 맞다. 하지만 세계 각지를 자주 다니니 세계인이라고 해도 된다. 감산

憨山 대사의 말처럼 "어디서나 인연 따라 세월을 보내고, 일생을 분수 지켜 시절을 보내도다(到處隨緣延歲月, 終身安分度時光)." 이 세상에서 서로의 인연 관계를 알면 내 고향 아닌 곳이 어디 있고, 내 집 아닌 곳이 어디 있겠는가? 만약에 사람마다 지역 관념을 없애면 모두가 다 지구인이니 좋지 않은가?

대열반을 얻다

석가모니부처님은 보리수나무 아래 금강좌에서 도를 깨달아 무상
정등정각(無上正等正覺, 위없는 바르고 원만한 깨달음)을 성취하셨다.
이를 '열반涅槃'이라고 한다. 열반은 원만圓滿하다는 뜻이다. 부처님
은 수행해 깨달으셨고 원만한 지혜, 원만한 깨달음을 성취하셨다.
그래서 '자각自覺, 각타覺他, 각행원만覺行圓滿'*이라고 한다.

열반은 고요, 청량, 안락, 미묘, 길상, 그치다, 끄다 등의 뜻이 있
다. 열반은 '탐욕이 영원히 다하고, 성냄이 영원히 다하고, 어리석
음이 영원히 다하고, 모든 번뇌가 영원히 다한 것(貪欲永盡, 瞋恚永盡,
愚痴永盡, 一切煩惱永盡)'인데, 본래 의미는 이미 세간법世間法이 아니
다. 세간법은 다 생사가 있고, 빈부가 있고, 지혜와 어리석음이 있
고, 대립이 있고, 아상·인상·중생상·수자상 등 많은 상相이 있는
인생이다. 그래서 마음에 번뇌가 생기고 세간의 탐진치에 휘둘린
다고 느낀다.

부처님께서 증득하신 열반은 생사生死가 없고, 생멸生滅이 없고,
상대성이 없고, 나와 남이 없는, 세간을 초월한 해탈법이다.

---

* 자각自覺은 자신이 깨닫는 것이고, 각타覺他는 남을 깨닫게 하는 것이다. 각행
  원만覺行圓滿은 자각과 각타가 원만하다는 뜻이다.

열반의 뜻은 '상락아정常樂我淨'으로, 이를 '열반사덕涅槃四德'이라고 한다. 상常은 영원히 변하지 않고 항상하는 것이고, 락樂은 구경의 안락으로 범정凡情*이 동하지 않는 것이다. 아我는 아집을 제거하고 무상無相에 안주安住하는 것이며, 정淨은 절대적으로 청정하고 오염이 없는 것이다.

그런데 지금 세상 사람들은 '열반'의 뜻을 완전히 잘못되고 터무니없이 사용한다. 예를 들어 어떤 사람이 세상을 떠나면 '대열반을 얻었다'라고 쓴다. 또 누가 죽으면 열반을 증득했다고 여긴다. 죽음을 열반이라고 보고, 세상을 떠나는 것을 열반이라고 여기는 것이다. 이는 모두 잘못된 해석이다.

열반은 부파불교에서 번뇌를 소멸한 상태라고 본다. 여기에는 '유여(의)열반有餘(依)涅槃'과 '무여(의)열반無餘(依)涅槃'이 있다. 유식唯識에서는 본래자성청정열반本來自性淸淨涅槃, 유여의열반有餘依涅槃, 무여의열반無餘依涅槃, 무주처열반無住處涅槃의 네 가지 열반이 있다고 한다.

사실 여러 가지 설이 있음에도 불구하고, 열반은 출세간법이지만 세간에서 열반할 수 있다. 열반은 무아無我의 경계이지만 죽은 후에야 무아가 되는 것이 아니다. 이는 깨달음의 경계이며 초월한, 신성한, 불생불멸의, 최고의 경지여야 열반이라고 한다.

---

* 凡情: 세속의 정, 세속의 안목.

자유자재하게 들고 내려놓다

최근 20년간 나는 시력이 안 좋아서 책을 볼 수 없고, TV도 볼 수 없어 생활이 무료하기 그지없다. 강의하거나 글 쓰는 걸 구술로 하는 것 외에, 가장 중요한 게 일필자一筆字를 쓰는 것이다.

나는 붓글씨를 쓸 때 눈이 안 보여서 붓을 댄 후에 가령 두 글자, 세 글자, 네 글자를 단번(일필)에 완성하지 않으면, 붓을 뗐다가 두 번째 붓을 댈 때 어디에서 이어가야 할지 모른다. 그래서 써야 할 몇 글자를 반드시 일필에 완성해야 한다. 모호한 시력과 주로 마음의 힘에 의지해 반드시 일필에 처음부터 끝까지 써 내려가야 한다. 그래서 스스로 '일필자一筆字'라고 이름 지었다.

일필자를 쓴 이후 각계각층으로부터 칭찬을 받아 많은 격려가 되었고, 일필자를 쓰는 것에 자신감이 커졌다.

내가 일필자를 쓰면서부터 사람들이 자주 물어본다. "무슨 글씨를 쓰는 게 가장 좋으세요?" 당연히 가장 좋아하는 글씨는 불법에 관한 것이다. 예를 들어 불망초심(不忘初心, 초심을 잊지 않는다), 불청지우(不請之友, 청하지 않았는데도 찾아가 벗이 되어주는 친구), 종선여류(從善如流, 선을 좇음이 물 흐르듯 한다), 여인위선(與人爲善, 남에게 좋은 일을 한다)······. 그러나 내가 가장 좋아하는 글씨는 '방하(放下, 내려놓다)' 두 글자이다.

내가 방하放下를 쓸 때, "이건 너무 소극적이에요. 왜 다 내려놓아야 좋은가요?"라고 물어보는 사람들이 자주 있다.

이런 말을 하는 사람은 '내려놓다'의 뜻을 모르는 것 같다. 들어보지 않았기 때문에 내려놓을 줄 모른다. 예를 들어 여행 갈 때 캐리어를 드는데, 이때 '드는 것'은 당연히 중요하다. 하지만 집에 돌아와서 거실에서 밥을 먹고 주방에서 일하는데 캐리어를 짊어지고 들락날락하는가? 이렇게 하면 즐거울까? 캐리어를 '내려놓으면' 바로 자유자재하지 않은가?

그래서 불법은 사람들에게 내려놓는 것을 가르치고, 어떻게 들어야 하는지도 반드시 알려줘야 한다고 생각한다. 들 때 들어야 하고, 내려놓을 때 내려놓아야 한다. 들었으면 책임지고, 봉사하고, 온 힘을 다해야 한다.

공을 세우지 못하고, 이름을 날리지 못하고, 사업이 잘 안되어서 사람들이 신뢰하지 않고, 또는 직장을 잃었는데 내려놓지 못하고 번뇌하고 따지면 소용이 있는가? 불교에서는 들 때 내려놓을 수 있어야 하는 것을 알고, 내려놓을 때 들 수 있어야 하는 것을 안다.

내려놓으려고 하지 않는 세상의 많은 사람을 위해 나는 이런 이야기를 한 적이 있다.

한 젊은이가 산을 오르다 미끄러져서 산골짜기에 떨어졌다. 다행히 때마침 나무덩굴을 잡아서 죽지 않았다. 고개를 들어서 보니 위는 깎아지른 듯한 절벽이고, 아래는 만장이 되는 깊이였다. 마음이 급해 큰 소리로 외쳤다. "부처님, 살려주세요! 부처님, 살려주세요!" 부처님이 정말 소리에 응해서 왔다. 젊은이는 기뻐서 부처님께 얼른 구해 달라고 했다.

부처님께서 말씀하셨다. "너를 구해 주고 싶은데 내 말을 듣지 않을까 걱정이구나." 젊은이가 말했다. "지금이 어느 때인데 제가 어떻게 부처님 말씀을 안 듣겠어요?" 부처님이 말했다. "좋다. 지금 손을 내려놓거라." 젊은이가 듣고는 생각했다. 이거 큰일 났다. 손을 놓으면 떨어져 죽지 않나? 그는 손을 놓지 않고 오히려 더 꽉 움켜쥐었다. 부처님은 하는 수 없이 말했다. "네가 이렇게 집착하고 내려놓으려고 하지 않는구나. 네가 손을 놓지 않으면 내가 어떻게 구해 줄 수 있겠느냐?"

그래서 '내려놓다'가 우리 생활 속에서 중요하다. 우리는 따지고 비교하면 안 된다. 명예·돈·탐진치에 속박되어서는 안 된다. 내려놓지 않았나요? 자유자재하지 않나요? 그래서 불교 공부가 어렵다고 하면 어려운 게, 내려놓지 못한다! 쉽다고 하면 쉬운 게, 내려놓을 수만 있으면 괴롭히는 사람이 없다.

'내려놓기'를 어려워하는 일반인들을 위해 나는 '자유자재하게 들고 내려놓다'로 바꿨다. 들어야 하면 들고, 내려놓아야 하면 내려놓는다. 들어야 할 때 들지 못해도 괴롭다. 내려놓아야 할 때 그렇게 무거운 걸 짊어지면 그 또한 괴롭다. 그러므로 들 때는 들고, 내려놓을 때는 내려놓는다. 이렇게 할 수 있으면 불교 공부의 가장 좋은 수행이다.

돈점평등頓漸平等

중국불교의 8대 종파 가운데 '선종禪宗'은 보리달마가 동쪽으로 온 이래 오조五祖 홍인弘忍에 이르러 문하가 남종과 북종으로 나뉜다. '남종南宗'은 혜능惠能을 중심으로, '북종北宗'은 신수神秀를 대표로 한다. 이를 역사에서 '남능북수(南能北秀: 남쪽은 혜능, 북쪽은 신수)'라고 하고 , '남돈북점(南頓北漸: 남쪽은 돈오, 북쪽은 점수)'이라고도 한다.

남돈북점에 대해 살펴보자. 혜능 대사가 남쪽으로 가서 조계曹溪의 보림사寶林寺에 주석하며, "마음의 성품은 본래 청정하고 본래 부처로, 마음을 알아 성품을 보면, 단박에 깨달아 부처가 될 수 있다(心性本淨, 本來是佛, 識心見性, 卽可頓悟成佛)"라고 했다. 그래서 '직지인심, 돈오성불(直指人心, 頓悟成佛: 사람 마음을 바로 가리켜, 단박에 깨달아 부처가 된다)'의 돈오교설頓悟敎說을 주장했다. 한편 신수 대사는 북쪽의 형남荊南 옥천사玉泉寺에 거주하면서 '불성은 사람마다 본래 갖추고 있지만 객진번뇌에 덮여서, 반드시 항상 수행을 통해 먼지를 털어내고 때를 제거해야 부처가 될 수 있다(佛性人人本具, 但爲客塵所覆, 必須透過時時修習, 拂塵除垢, 才能成佛)'라고 주장했다. 따라서 '식망수심(息妄修心, 망념을 쉬어 마음을 닦다)'을 중시하고, '점수점오(漸修漸悟, 차츰 닦아 가면서 점진적으로 깨닫는 것)'의 선법禪法을

50

강조했다.

남종선南宗禪은 단박에 깨닫는 돈오頓悟를 중시하고, 북종선北宗禪은 점진적으로 수행하는 점수漸修를 주장하며 서로 수행 방법에 대한 인지가 달랐기에 계속 분쟁이 끊이지 않았다. 돈頓·점漸의 논란이 생긴 가장 주요한 원인은 혜능과 신수 두 대사가 계정혜戒定慧라는 근본적인 불법에 대해 다른 견해를 가지고 있었기 때문이다.

신수 대사는 「칠불통게七佛通偈」로 계정혜戒定慧를 해석하며 '모든 악을 짓지 않는 것을 계라고 하고, 모든 선을 받들어 행하는 것을 혜라고 하며, 스스로 그 뜻을 청정하게 하는 것을 정이라 한다(諸惡莫作名爲戒, 衆善奉行名爲慧, 自淨其意名爲定)'라고 했다. 이 해석은 상대법이라는 걸 분명히 알 수 있으며, 사람들에게 악한 일을 하지 말고 선한 일을 하라는 것이다. 이런 수행법은 대승의 사람을 이끌고, 동시에 근기와 지혜가 작은 사람에게도 권할 수 있다. 만약 진정한 불법에 깊이 들어가지 못하는 사람이 있으면 간단하게 말해준다. "모든 악을 짓지 말고, 모든 선을 받들어 행하고, 스스로 그 뜻을 깨끗하게 하면 이것이 모든 부처님의 가르침이다(諸惡莫作, 衆善奉行, 自淨其意, 是諸佛敎)." 이것이 바로 계정혜라고.

그런데 한편 육조 혜능 대사는 '마음 바탕에 그릇됨 없음이 자성의 계요, 마음 바탕에 어리석음 없음이 자성의 혜이며, 마음 바탕에 산란함 없음이 자성의 정이고, 늘지도 않고 줄지도 않는 것이 자기의 금강이며, 몸이 가고 몸이 오는 것이 본래 삼매이다(心地無非自性戒, 心地無痴自性慧, 心地無亂自性定, 不增不減自金剛, 身去身來本三昧)'로 계정혜를 해석한다. 혜능 대사가 말하는 것은 마음 수행법으로, 마음 바탕에 그릇됨이 없고, 어리석음이 없고, 산란함이 없으면 그것이 계정혜인데 무슨 계정혜를 달리 찾는단 말인가? 또한 무슨 '모든 악을 짓지 말고, 모든 선을 받들어 행한다'라고 하는가? 그러므로 이런 도리는 최상승의 사람을 이끌고, 근기가 높고 지혜가 큰 사람에게 권하는 것으로, 돈오의 수행법이다.

또한 '돈점 논쟁'에서 돈頓이 무엇이고, 점漸이 무엇이며, 돈점頓漸 사이에 도대체 어떤 차이가 있는지 알아야 한다. '돈頓'은 홀연히, 갑자기의 뜻이다. 여기에는 시간이 없고, 과정이 없고, 바로 지금, 즉시, 신속하게, 바로, 전광석화처럼, 바로 그 순간, 단박에 깨닫는 것이다. 생각하는 것을 허용하지 않고, 머뭇거리는 것을 허용하지 않고, 고려하는 것을 허용하지 않는다. 분별하고 주저하면 그것은 선禪이 아니다. '점漸'은 순차성이 있고, 연속성이 있고, 마치 째깍째깍 시계처럼 지속해서 앞으로 나아간다.

간단히 말해, 차례에 따르지 않고 빠르게 깨달음에 도달하는 가르침을 돈교頓教라고 한다. 순서대로 점진하고 오랜 시간에 걸쳐 수행해서 깨닫는 것을 점교漸教라고 한다.

'돈점頓漸'의 설은 사실 후세에 문도들이 분별을 더한 것이다. 실제로 『육조단경六祖壇經』에서 혜능 대사는 "법에는 돈과 점이 없는데, 사람에게 영리함과 아둔함이 있으므로 돈점이라 한다(法無頓漸, 人有利鈍, 故名頓漸)"라고 한다. 바꿔 말하면, 불법은 본래 돈점의 분별이 없는데 다만 중생의 근기가 둔근과 이근이 있어서 "법은 본래 한 종인데 사람에게 남북이 있고, 법은 한 가지인데 보는 것에 더디고 빠름이 있다(法本一宗, 人有南北, 法卽一種, 見有遲疾)"라고 하는 것이다.

육조 혜능 대사가 오조 홍인을 처음 뵀을 때 오조가 어디에서 왔는지 물으니 혜능이 대답했다. "영남嶺南에서 왔습니다." 오조가 영남 사람은 오랑캐이고 오랑캐는 불성이 없다고 하자, 혜능이 바로 반박했다. "사람에게는 남북이 있지만, 불성에 어디 남북이 있나요?"

사람은 남쪽 사람, 북쪽 사람이 있지만 불성佛性은 남북을 구분하지 않는다는 뜻이다. 즉 "사람에게는 영리하고 우둔함이 있지만, 법에는 돈과 점이 없다(人有利鈍, 法無頓漸)." 그러므로 불법은 돈점으로 분별할 필요가 없다. 왜냐하면 '이(理, 진리)는 단박에 깨닫고, 사(事, 현상)는 점진적으로 닦아야(理上有頓悟, 事上要漸修)' 하기 때문이다. 그러므로 불교 공부와 수행은 단번에 하늘로 올라가려고 하면 불가능하며, 모든 일은 한 걸음 한 걸음 차근차근히 해야 한다. 그래서 과거의 선사들은 많은 이들이 먼저 깨닫고, 후에 수행했다. 먼저 깨닫고 깨달은 후에 수행해야 하며, 수행한 후에 또다시 천천히 깨달은 경계를 체득해야 한다. 그러므로 '돈점頓漸'은 서로 포용해야 하며, 돈문(頓門, 돈오 수행법)이든 점문(漸門, 점수 수행법)이든 "방편에는 많은 문이 있으나, 근원으로 돌아가는 데는 두 길이 없다(方便有多門, 歸元無二路)." 화엄종 오조五祖 규봉圭峰 선사는 수행을 점수돈오漸修頓悟, 돈수점오頓修漸悟, 점수점오漸修漸悟, 돈오돈수頓悟頓修의 네 가지로 나누었다.

점수돈오이든 돈수점오이든, 점수점오이든 돈오돈수이든 모두가 서로 포용하고 자신과 다른 존재를 서로 허용해야 한다. 법에서 의미 없는 비교를 해서는 안 된다. 불법은 학설이 아니며 연구하는 것이 아니다. 불법은 수행해서 도를 깨닫는 것이다. 자기의 본래 마음을 알고 자기의 본성을 보기만 하면(識自本心, 見自本性) 지금 바로 자아를 완성할 수 있다. 그러니 돈頓이든 점漸이든 다 수행 방법이고 '돈과 점은 하나(頓漸一如)'이니 우열을 비교하지 말자. 설마 아미타부처님과 약사부처님 중 누가 제일이고 누가 두 번째인지 분별하겠는가? 그러므로 불교 공부는 행해行解를 다 중시해야 하며, 돈점일여頓漸一如에 대해서도 이런 견해가 있어야 한다.

남녀평등

2,600년 전 부처님은 인도에서 도를 이루신 후, 49년간 세상에서 법을 설했고 방대한 삼장三藏 12부部의 경전을 남겼다. 가장 특별한 점은 부처님이 '중생평등'이라는 선진 관념을 제시했다는 것이다. 예를 들어 부처님은 '네 가지 계급(브라만·크샤트리아·바이샤·수드라)이 출가하면 모두 같은 석씨이다(四姓出家, 同爲釋氏)'라고 외치셨는데, 이는 '인종'의 평등을 제창하신 것이다.

부처님은 당시 '연기緣起'를 깨달아 도를 이루셨다. '연기'는 우주와 인생의 모든 것을 설명하며, 모든 것이 인연에 의해 서로 성취되고 서로 관계있다는 것이다. 네 속에 내가 있고 내 속에 네가 있고, 서로 의지하고 공존·공생하는 것이다. 이 이치를 알아야 차별·모순 속에서 평등을 얻을 수 있다. 예를 들어 인간은 지혜와 어리석음·뚱뚱하고 마름·빈부·귀천 등의 차별이 있지만, 자세히 보면 인격과 본성에서 사람마다 갖추고 있는 불성은 다 평등하고 원만하다.

진정한 평등은 출발선의 평등이지, 결과의 평등이 아니다. 달리기 경주에서 모든 사람이 같은 출발선에 있지만, 총소리가 울리면 저마다 속도가 다르고 각자 실력에 따라 일등을 쟁취하는 것이지, 모두에게 동시에 결승점에 도달하라고 요구할 수 없다. 이것이 진정한 평등이다.

　사실 이 세상에서 모든 이들은 법성法性이 다 평등하다. 다만 외부의 환경, 자신의 능력, 자질 등이 다르기 때문에 온갖 빈부·귀천·선악·좋고 나쁨의 차별이 있고, 이로 인해 겉으로 보기에 공평하지 않고 정의가 없어 보이지만 본질적으로는 여전히 평등하다.

　남녀평등을 얘기하면, 동서양은 문화와 관념이 다르기 때문에 여자에 대한 평가에서도 커다란 차이가 있다. 서양에서는 여자를 순결하고, 아름답고, 신성한 상징으로 본다. 비너스는 아름다움의 상징이며, 미국의 저명한 자유의 여신상은 여성으로 평화·자유를 상징한다. 반면에 중국에서는 여자를 화근·뱀과 전갈(독한 사람)·여우 등으로 본다. 참으로 개탄을 금할 수가 없다. 똑같은 여자인데 동서양의 견해가 하늘과 땅 차이다!

　불교에서는 '팔경법八敬法'을 구실로 비구니의 발전을 억압하는 사람들이 자주 있어서, 고등교육을 받은 일부 우수한 여성들이 불문佛門에 들어오려고 하지 않으니 실로 불교의 큰 손실이 아닐 수 없다. 사실 부처님이 '팔경법'을 제정한 것은 당시 보수적인 인도 사회에서 여성의 출가를 받아들이도록 하기 위한 임시방편이었다. 왜냐하면 비구 승단이 먼저 성립되어 '여성보다 우월한 지위'의 기득 이익을 포기하려 하지 않았고, 또한 당시 대애도大愛道 비구니를 따라 출가한 비구니들이 대부분 왕비 등의 귀족이었기에, 부처님은 귀족 출신의 비구니들이 귀족이 아닌 비구들을 무시하는 것을 피하기 위해, 그리고 비구니 승단이 막 성립된 것을 고려해 비구니 교단을 육성하고 보호하고자 해서, 비구에게 비구니 교육을 담당하는 의무를 지게 한 것이다. 동시에 여성이 탁발 걸식을 할 때 많은 위험이 있는 것을 감안해 이런 계를 제정한 것이다.

이 세상은 권력 대결로 남권男權이 사회를 장악하고, 여권女權은 발전할 수 없었다. 만약 반대로 여권이 강한 나라에서라면 여권이 국가를 통일하고 남성은 여성에 기대어 살아간다. 이는 흔히 있는 일이다. 똑같이 사람으로 태어났는데 평등한 눈으로 서로를 바라봐야 한다고 생각한다.

『잡아함경雜阿含經』권45에서 "마음이 정수(선정)에 들어 있으니 여자의 몸이라고 무슨 상관이리?(心入於正受, 女形復何爲?)"라고 한다. 불교의 관점에서 보면 모든 중생이 다 불성이 있고 사람마다 다 평등한데, 어디 남녀의 차별이 있겠는가? 인순印順 스님은 『불법개론佛法槪論』에서 '남자와 여자는 신앙, 덕행, 지혜에서 보면 불법에서 조금도 차별이 없다. 여자와 남자는 똑같이 도를 닦아 해탈할 수 있다'고 한다. 그러므로 부처님의 본마음에서 인권을 인식하고 평등의 정신을 발휘해야 여성에게 평등한 공간을 가져올 수 있다.

불교는 인권의 평등을 말하는 것 외에 '생존권'의 평등을 더욱 중시하고, '모든 중생이 다 불성이 있다'를 주장하며, 모든 생명의 권리를 존중한다. 즉 모든 중생의 생존 권리에 대한 보호, 이것이 바로 평등의 진정한 의미이다!

평등의 중요성

부처님의 가르침이 귀중하고 우리가 존중하고 '보배(寶)'로 여기는 것은 그 이치가 진정으로 인생에 부富를 증가시켜 주고, 지혜를 증장시키며, 안정을 증가시키고, 깨달음을 증가시키기 때문이다. 예를 들어 불법에서 자비를 말하는데, 자비의 뜻은 매우 깊고 크다. 신앙이 깊은 사람일수록 '자비'의 귀중함을 더 잘 안다. '무연대자, 동체대비(無緣大慈, 同體大悲: 인연이 없는 중생에게 자비심을 베풀고, 모든 중생을 자신과 같은 몸이라고 여겨 대비심을 내다)'는 사람됨의 기본 조건이 자비이며, 사람이 무엇이든 다 잃어도 되지만 자비를 잃어서는 안 된다는 것이다.

불교에서는 지혜를 말하는데, 지혜에는 삼종지三種智와 삼종혜三種慧가 있다. 삼종혜에는 문소성혜(聞所成慧, 들어서 이루는 지혜)·사소성혜(思所成慧, 사유해서 이루는 지혜)·수소성혜(修所成慧, 수행해서 이루는 지혜)가 있다. 삼종지에는 일체지一切智·도종지道種智·일체종지一切種智, 또는 청정지淸淨智·일체지一切智·무애지無礙智가 있다. 그러니 지혜가 있으면 온 세상을 전반적으로 볼 수 있고, 모르는 것이 없고, 이해되지 않는 것이 없다. 지혜는 마치 빛과 같다. 매일 빛이 우리를 비추는데 귀중하지 않은가?

다음으로 인내는 힘이고 지혜이다. 인내는 세상의 문제를 처리하는 보배로운 구슬(寶珠)이다. '인내'를 발휘하면 문제를 다 해결할 수 있다. "한순간을 참으면 바람이 자고 파도가 잠잠해지며, 한 발 물러서면 세상이 넓어 보인다"라는 말이 있다. 참고 양보하면 손해 보는 것 같지만 실제로는 자신이 이득을 보는 것이다.

그 밖에도 불법에는 무상無常·지관止觀·고행苦行·공경恭敬…… 등이 있지만, 실은 모든 불법 가운데 나의 신앙에서 가장 찬탄할 만한 것은 '평등'이다.

세계가 평화로울 수 없는 것은 평등하지 못하기 때문이다. 세상에 많은 분쟁이 있는 것은 불평등하기 때문이다. 세계에 정의·공평이 없는 것도 평등이 없기 때문이다. 더 나아가 세계에 많은 차별·무질서가 생기는 것도 '모든 법이 평등(諸法平等)'할 수 없기 때문이다.

만약에 자비는 평등하게 자비로울 수 있고, 인내는 평등하게 인내할 수 있고, 지혜는 평등한 지혜가 있고, 무아는 평등한 무아가 될 수 있고…… 모든 불법에 '평등'을 덧붙일 수 있으면 불법의 가치가 비할 바 없이 높아질 것이다.

'평등'이야말로 불법의 진정한 중심이다. 석가모니부처님께서 출가해 도를 닦고 인간의 문제를 해결하려 한 것은 사회 계급제도의 불평등 때문이었다. 석가모니부처님이 깨닫고 나서 첫 번째로 한 선언이 '대지의 중생 모두가 평등하고, 모두 여래의 지혜 덕상이 있다(大地衆生, 一切平等, 都有如來智慧德相)'이다. 부처님이 평등을 얼마나 중요시하는지 알 수 있다.

사실 이 세상은 '나와 너가 평등해야 하고, 이理와 사事가 평등해야 하고, 부자와 가난한 이가 평등해야 하고, 지혜로운 이와 어리석은 이가 평등해야 한다.' 이들은 사상(事相, 현상)에서 차이가 있지만 본체本體에서는 실제로 다 평등하다. 그러니 불교에서 출가자와 재가자, 사부대중이 불평등하면 불법의 참뜻에 위배되는 것이다. 일부 비구들은 자신의 지위가 높다고 여기고 비구니를 무시하여 남녀불평등을 야기한다. 이는 부처님의 마음을 완전히 체득하지 못한 것으로, 불법을 믿고 받드는 것이 결코 아니다. 그러니 엄격하게 말해 불제자가 될 조건이 부족한 것이다.

불법을 믿고 받드는가? 평등법을 믿고 받드는가? '평등'이 바로 불법이다. 그러므로 불광회佛光會가 처음 설립될 때, 나는 불광회원들을 위해 「불광사구게佛光四句偈」를 써줬다. '자비희사가 법계에 두루하기를. 복을 아끼고, 인연을 맺고, 모든 존재를 이롭게 하기를. 선, 정토, 계행, 평등심, 인내를 수행하기를. 부끄러워하고, 감사해하고, 큰 원력을 세우기를(慈悲喜捨遍法界, 惜福結緣利人天, 禪淨戒行平等忍, 慚愧感恩大願心).' 모든 불교의 종파, 교리가 다 평등해야 한다. 모든 자비, 인내, 부끄러워함, 감사함이 다 평등해야 한다.

불제자들 모두가 인연이 되어 한자리에 모이면 서로 조화롭고 즐겁게 내가 너를 돕고 네가 나를 돕고, 내가 너를 존경하고 네가 나를 존경해야 한다. 이것이 바로 평등한 공존이다. 만약 세상에서 내가 다른 사람에게 불평등한 마음이 있고, 자신이 잘났다고 여기고, 자신이 좋다고 여기고, 온갖 분별을 하고, 대립한다면 나에게 불법이 없다는 것이다. 이렇게 하면 불자라고 할 수 있겠는가? 모두가 깊이 생각하고 스스로 반성할 수 있기를 바란다.

발심의 순서

성암省庵 대사는 『권발보리심문勸發菩提心文』 첫 문장에서 "도에 들어가는 중요한 문은 발심이 첫째이고, 수행에서 가장 중요한 일은 원을 세우는 것이 먼저이다(入道要門, 發心爲首. 修行要務, 立願居先)"라고 말한다. 그러니 불교를 믿는 사람은 발심에 대해 알고 동의하면 실천한다. 불교를 믿는 공덕, 신앙의 깊이와 차원은 대략 발심으로 평가되고 논해진다.

내가 불교를 믿고 발심해서 봉사를 통해 대중에게 기여하고 대중이 원하는 것을 이루게 해주면, 목표에 도달하고 성과를 얻을 수 있다. 왜냐하면 발심은 우리의 마음 본바탕(心地)을 개발하고, 우리의 마음밭(心田)을 개발하기 때문이다. 마음밭을 잘 개발하면 심은 모종이 풍작을 거둘 수 있다. 게으른 사람이 발심하면 부지런해질 수 있다. 어리석은 사람은 발심하면 더 많이 공부할 수 있다. 혜해慧解와 신해행증(信解行證, 믿고 이해하며 실천하고 증득한다)을 수지함에 있어 발심을 많이 할수록, 원력을 굳게 세울수록 성취가 클 것이다.

'발심'에도 순서와 단계가 있다. 세상의 부·명예·지위를 원할 경우, 이치에 맞으면 '증상생심增上生心'을 내어 세간법世間法의 부·명예·지위를 높일 수 있다. 불교는 이를 배척하라고 하지 않으며, 많은 부와 높은 명성·지위가 생기면 더 발심하고 좋은 인연을 널리 맺어서 미래에 더 많은 무한한 공덕이 있기를 바란다.

그러나 세상의 부·명예·지위에 그다지 흥미가 없고, 더 높은 이상을 가진 소수의 사람들이 있다. 이들은 명성과 이익을 멀리하려하고 출가수행을 선택한다. 이것을 '출리심出離心'을 발한다고 한다. 이렇게 하면 더 내려놓을 수 있고 더 초월할 수 있다. 물론 출가한 비구·비구니들이 만약 법을 위해 출리심을 발해 출가했다면 쉽게 도에 들 수 있다.

진정한 불법은 출가자든 재가자든 '보리심菩提心'을 발할 수 있어야 한다. 보리심이란 무엇인가? '위로는 보리를 구하고, 아래로는 중생을 교화한다(上求菩提, 下化衆生)'는 마음이다.

불법을 공부하면서 나보다 높고 깊으면 다 배우려고 한다. 또는 나의 길은 부처님의 발자취를 따라 한 걸음 한 걸음 앞으로 나아가는 것이다. 부처님께서 말씀하신 도리, 법문을 다 지키고 받들어 행하며 널리 보급한다. 이것이 보리심이다.

보리심을 내면 출세出世의 사상으로 입세入世의 사업을 할 수 있다. 보리심은 사람을 존중하는 것으로, "다만 중생이 괴로움에서 벗어나기를 원하고, 자신을 위해 안락을 구하지 않는다(但願衆生得離苦, 不爲自己求安樂)." 희생하고 봉사할 수 있는 사람이야말로 보살이고, 보리심을 낸 사람이며, 진정한 불제자이다.

오늘날 만약 부처님이 세상에 계시다면 제자들에게 시험을 치를 수 있을 것이다. 부처님이 세상에 계실 때, 누가 보살인가? 누가 나한인가? 부처님께서 다 인정하고 인가했다. 오늘날 불제자의 발심

정도는, 가령 인정의 순서가 있다면 순서대로 발증상생심發增上生心부터 발출리심發出離心, 발보리심發菩提心까지 이렇게 한 걸음 한 걸음 보통 중생에서 깨달은 부처까지 간다. 이는 인간불교가 제창하는 것이기도 하며, 인간불교는 보리심을 근본으로 보살도를 실천한다.

즉 각자가 증상심增上心으로 마음밭을 개발하고, 출리심出離心으로 마음밭을 갈고, 보리심菩提心으로 마음밭에 씨를 뿌려야 한다. 마음의 자비·지혜·신앙·힘·부끄러움(참괴慚愧) 등의 보장寶藏을 개발해야 한다. 발심해서 사람들에게 자비롭게 대하고, 발심해서 정진 수행하고, 발심해서 기질을 바꾸고, 발심해서 번뇌를 줄여야 한다. 어떤 일을 하든 발심하면 힘이 생기고, 마음을 내면 세상이 달라진다. 그러니 보리심을 내는 것에 더 주의를 기울이고 더 실천해야 한다.

보시의 의미

경전에서 언급하는 '보시布施'는 '주다'는 뜻이다. 예를 들어 사람에게 금전, 물질적인 도움을 주는 것은 재물 보시이다. 어떤 도리를 일깨워 주어 이치를 밝혀 주고 지혜를 증장시켜 주는 것은 불법 진리의 보시이다. 정신적으로 위안을 주어 무서움에 떨지 않고 두려워하지 않도록 해주는 것은 두려움을 없애주는 보시이다. 이를 '재시財施, 법시法施, 무외시無畏施'라 한다.

우리가 사람들에게 주는 돈·물질·도움·봉사, 도대체 이 공덕은 나의 것인가? 아니면 상대방의 것인가? 분별심이 있어서는 안 된다! 선한 일을 하면 서로 다 몫이 있으니, 네 것과 나의 것을 나누지 않는다. 나누면 분별이 생기고, 차이가 생겨 공덕이 유한하게 된다.

그런데 '보시'는 불법佛法이 있어야 하며 스스로 괴롭지 않고 번뇌하지 않아야 한다. 보시하면서 내가 괴롭지 않고, 번뇌하지 않고, 후회하지 않고, 헛된 명성을 탐하고자 하지 않고, 상대에게 도와달라고 하지도 않고, 다만 내가 가지고 있는 것을 모두와 나눌 수 있어야 이것이 보시의 진정한 의미이다.

경전에 보시에 대한 사례가 많이 나온다. 그중에는 특별한 의미가 있는 경우도 있는데, 예를 들어 '살을 베어 독수리에게 먹이고, 몸을 던져 호랑이 먹이가 된다.' 이 이야기는 너무 어려운 것 같다.

독수리와 호랑이를 때려죽이면 되지, 내 살을 베어서까지 독수리에게 먹이라고 하다니. 더구나 내 목숨까지 던져서 호랑이에게 먹이라고 한다?

'독사 하나를 죽이면 3년간 채식을 하는 것에 해당한다'는 말이 있지 않은가? 수행자의 눈으로 독수리와 호랑이를 바라보는 견해는 다르다. 독수리와 호랑이는 인간에게 위험하고 해를 끼치는 동물이라고 하는데, 독수리와 호랑이의 입장에서 우리를 보면 인간은 해충이고 그들의 생명에 위해를 가하는 악한 사람이라고 느낀다. 그러니 서로 입장이 상대적이고 다르면 불법佛法에서 멀어진다.

경전에서 "다만 중생이 괴로움에서 벗어나기를 원하고, 자신을 위해 안락을 구하지 않는다(但願衆生得離苦, 不爲自己求安樂)"라고 한다. 이런 생각이 있으면 보시를 하든 주든 최고의 경계이다. 다만 상대가 괴로움에서 벗어나도록 보시하고, 결코 내가 무슨 좋은 점을 얻으려고 보시하는 게 아니다. 이렇게 베푸는 것이야말로 귀중하지 않은가?

그러나 무엇이든 다 남에게 주라고 하고, 자신은 가지지 않고, 심지어 자신을 희생하라고까지 한다며 불법을 공부하는 게 너무 어렵다는 사람이 있다. 사실 '다만 중생이 괴로움에서 벗어나기를 원한다(但願衆生得離苦)'면 된다. 만약 내가 보시를 했는데 나 자신이 손상을 입으면, 이건 부당한 것이다. 불법은 스스로 깨닫고 남을 깨닫게 해주고(自覺覺他), 스스로 제도하고 남을 제도하고(自度度人), 스스로 이롭고 남을 이롭게 하고(自利利他), 나와 남이 다 이로운 것(自他兩利)이 아닌가?

물론 여기에는 신앙의 차원이 다르다. 만약 경전의 문구를 고쳐서 '다만 중생이 괴로움에서 벗어나기를 원하고, 자신을 위해서도 안락을 구한다'로 해도 되며, 이렇게 해도 잘못이 없다. 만약 나는 원하는 게 없고 다른 사람이 괴로움에서 벗어나면 좋겠다고 한다면, 신앙과 보시의 차원이 조금 높아진다. 경전에 다음과 같은 비유가 있다. '짐승(토끼, 말, 코끼리) 세 마리가 강을 건너면, 강물의 깊이는 같으나 짐승의 발이 강바닥에 닿는 깊이가 다르다. 새(독수리, 비둘기, 참새) 세 마리가 허공을 날면 허공에는 원근이 없으나 새가 비행하는 거리에 원근의 차이가 있다.'

그러므로 수행의 정도는 유상有相이든 무상無相이든, 유주有住든 무주無住든 다 좋다. 어떤 사람이 염불하면서 "입으로 아미타불을 염불하는데 마음이 산란해서 목청이 터져라 외쳐도 소용없어요"라고 말하는데, 이 말은 너무 지나친 것 같다. 염불하는 마음이 산란해도 염불하지 않는 것보다 낫고, 소용없다고 말하지 않아도 모든 것에는 다 인과因果가 있고, 모든 선한 일에는 다 좋은 과보가 있기 마련이다. 불법을 항상 어려운 쪽으로 생각하고 부정적으로 이해하면 안 된다. 부처님께서 설하신 법은 다 보여주고 가르쳐서 이익이 되고 기쁘게 하기 위해서이고(示教利喜), 중생에게 이익을 주고 모두에게 기쁨을 주기 위해서이다.

귀의

불교의 문에 들어가면 가장 먼저 '귀의歸依'해야 한다. 누구에게 귀의하는가? 삼보三寶에 귀의한다. 삼보는 불佛·법法·승僧이다. 세상 사람들은 금은을 보배로 여기지만 불교는 불법승, 즉 교주(부처님)·가르침·승가를 신앙에서의 보배라고 한다.

삼보는 법이 가장 존귀하다. 부처님은 많은 경전에서 '삼보 중에서 가장 귀한 것은 부처가 아니며, 부처도 법에 의지해야 성불할 수 있다. 부처가 법에 의지하지 않으면 어디에 부처가 있는가?'라고 끊임없이 언급하셨다. 그러니 삼보 중에서 '법'이 가장 존귀하고 가장 중요하다. 부처님은 자신을 신격화하지 않았고, 우상화로 자신을 높이지 않았다. 그러므로 부처든 중생이든 모두 진리에 의지해 수행해야 하며, 진리가 제일이다.

진리는 불법佛法이다. 삼법인三法印, 사성제四聖諦, 12인연, 그리고 부끄러움(慚愧), 감사함, 복을 아끼는 것, 인연을 맺는 것, 보시, 평등, 자비, 반야 등이 다 불법이다. 부처님은 이것들이 있었기에 도를 이룰 수 있었다. 그래서 부처님은 불법승 삼보에서 법이 존귀하다고 말씀하셨다. 부처님은 법에 의지해 도를 이루고 나서, 모두가 법에 의지해 수행하면 언젠가는 다 성불할 수 있다고 불법 진리를 중생에게 알려주셨다.

그러므로 부처가 누구냐고 물으면 모든 사람과 관계있다. "자신에게 의지하고, 법에 의지하고, 다른 것에 의지하지 말라(自依止, 法依止, 莫異依止)." 이 말은 자신에게 귀의하고, 불법에 귀의하고, 다른 것에 귀의해서는 안 된다는 것을 말한다. 자신에게 귀의하는 것은 자신이 본래 부처이기 때문이다. 모든 사람은 다 불성이 있으니, 자신을 믿고 자신이 본래 부처라는 것을 긍정해야 신권에 통제받지 않는다. 법에 귀의하는 것은 진리에 귀의하는 것이다. 법에 의지하고 다른 사람에게 의지하지 않아야(依法不依人) 감정, 나와 남, 시비에 속지 않을 것이다. 이른바 제법평등(諸法平等, 모든 법이 평등하다)은 불법에 귀의하면 평등심이 있고, 평등관이 있고, 세상을 평등하게 대할 수 있다는 것이다. 아직 성불하지 않았더라도 평등심이 있으면 대립하고 추한 세상의 행위를 이미 초월한 것이다.

귀의는 스님께 절하는 것이 아니라 자신의 신앙을 확립하는 것으로, 내가 지금부터 불교를 믿고 받들겠다는 것을 의미하며 정법을 믿는 불자가 되는 것이다. 귀의는 본래 스승님이신 석가모니부처님께 귀의하고 의지하는 것이다. 석가모니부처님이 우리의 스승님이다. 그러므로 귀의식(삼보에 귀의하는 의식)에서 출가자가 "너희들은 나에게 귀의하고 나를 스승으로 모셔라." 이렇게 말한다면 완전히 불법을 모르는 것이며, 스승이 될 자격이 부족한 것이다.

귀의식을 주관하는 대화상은 귀의하는 많은 입문 제자들의 증명사證明師이다. 어떤 계약서를 작성할 때 증인이 있어야 하는 것과 같다. 그러므로 귀의식의 대화상은 다만 여러분에게 증인이 되어주는 것일 뿐이지, 어떻게 여러분이 다 그분의 제자이고, 다 그분의 신도이고, 다 그분을 스승으로 모신다고 말할 수 있는가? 이렇게 하면 함부로 자신을 과시하는 것이며 부당한 것이다!

물론 불법의 궁극적 의미에서 보면 '귀의'는 우리 자신에게 귀의하는 것이 가장 중요하다. 왜냐하면 자신에게 본래 불성이 갖추어져 있기 때문이다. 그래서 '나는 부처다'라고 말하는 것에 이런 신성성이 있다. 법(가르침)에 귀의하다(歸依法)에서 법法은 평등의 진리, 진정한 연기중도이다. 진정한 불법은 모든 인연이 화합하고, 일체가 평등한 것이다. 이것이 불법이다. 그러므로 불교에서 삼보에 귀의한다고 하는데 실제로는 자신에게 귀의하고, 진리에 귀의하고, 다른 것에 귀의하지 않는 것이다.

세계의 다른 종교에는 이런 사상이나 의론이 감히 없다. 그러나 불교의 이런 점은 당대의 자유, 민주, 평등의 시대정신에 부합한다. 사실 2천여 년 전 부처님은 이미 "중생은 모두 불성이 있다(衆生皆有佛性)"고 말씀하셨다. 이렇게 놀랍고 위대한 선언은 모든 불자의 지위를 상승시켰을 뿐만 아니라, 특히 "자신에게 의지하고, 법에 의지하고, 다른 것에 의지하지 말라(自依止, 法依止, 莫異依止)"는 부처님의 가르침은 중생이 스스로 활로를 찾는 데 도움이 된다. 자신이 바로 자신의 귀인이다. 우리가 불교를 믿고 받들고, 불법에 귀의하는 진실한 의미를 설명하기에 충분하지 않은가?

오화五和

불교에는 '총림은 아무런 일이 없는 무사無事를 흥한 것으로 삼는다'라는 말이 있다. 실제로 '무사無事'하려면 반드시 사람이 화합하는 '인화人和'가 먼저 전제되어야 한다. 사람이 서로 화합할 수 있어야 아무 일이 없을 수 있다. 그러므로 승단에서는 평소 '육화경六和敬'으로 인간사의 화합을 유지한다. 나는 사회대중에게 '자심화열自心和悅, 가정화순家庭和順, 인아화경人我和敬, 사회화해社會和諧, 세계평화世界平和'의 '오화五和' 이념을 제시한다. 아래에서 차례대로 설명한다.

첫째, 자심화열(自心和悅, 자신의 마음이 평화롭고 즐겁다): 사람은 세계의 주인이고, 마음은 사람을 주재한다. 우리 마음이 청정하고, 진실하고, 솔직하면 마음의 세계를 확장할 수 있으며 마음속에 타인이 있고, 사회가 있고, 불법이 있을 수 있다. 그러면 사람을 보든, 일을 보든, 땅을 보든 마음이 자연히 평화롭고 즐거울 것이다.

둘째, 가정화순(家庭和順, 가정이 화목하다): 한 가정에서 부모가 자애롭고, 자녀가 효도하고, 형제간에 우애가 있고, 부부가 화목하려면 서로 이해하고, 양해하고, 존중하고, 포용해야 한다. '가족이 한마음이면 진흙도 금이 될 수 있다'는 말이 있는데, 온 가족이 한마음으로 화합하면 집안을 일으키고 부자가 될 수 있다는 뜻이다.

셋째, 인아화경(人我和敬, 나와 남이 화합하고 공경한다): 다른 사람과 서로 지내는 데 있어서 모두가 화합하고 존경해야 하며, 모든 일을 서로 돕고, 자상하게 보살피고, 양해해야 한다. 서로 간에 대립하지 않고 충돌하지 않고 모든 일을 좋은 쪽으로 생각해야 한다. '공덕을 보고 허물을 보지 말라(觀德莫觀失)'는 말이 있다. 다른 사람의 장점을 자주 기억할 수 있으면 다른 사람과 나 사이에 서로 화합하고 공경할 수 있다.

넷째, 사회화해(社會和諧, 사회가 화합하다): 사회는 많은 다른 집단으로 구성되어 있고 각자 다른 성장 배경, 생활 습관, 다른 요구들이 있다. 많은 '다름' 속에서 사회를 화합하고 조화를 이루려면 반드시 서로 존중하고, 서로 돕고, 우호적이어야 하며 진정으로 교류하고 대화를 원해야 사회의 화합을 유지할 수 있다.

다섯째, 세계평화世界平和: 세상에서 가장 무서운 것은 서로 대립하는 것이다. 가정에서 부부·형제자매가 대립하면 감정이 어떻게 좋겠는가? 국가·인종의 대립 문제는 해결하기가 더 어렵다. 만약 나라마다 다 신용을 중시하고, 덕을 숭상하고, 자비희사의 마음으로 자신과 다른 이를 포용한다면 자연스럽게 전쟁과 같은 침략은 더 이상 발생하지 않을 것이다. 무아無我의 정신으로 다른 국가, 민족을 대한다면 세계는 평화롭게 공존할 수 있을 것이다.

평화는 내가 먼저 다른 사람에게 다가가서 평화롭게 지내야지, 다른 사람이 다가와서 나와 평화롭게 지내기를 요구하는 것이 아니다. 모든 일은 자신이 먼저 해야지 다른 사람에게 먼저 하라고 요구하기가 쉽지 않다. 자발적으로 선의를 보이고, 선한 인因이 있어야 선한 과과果가 있다. 그러므로 사람과 사람 사이에서 '나'에 집착하지 않으면 평화에 이를 수 있다. 기본적으로 전쟁과 평화는 모두 '사람이 하는 것'이다. 성냄과 원한의 마음이 멈추지 않고, 계속 무력으로 다른 사람을 정복하고자 하면 평화의 목표에 이를 수 없다.

내가 제창하는 '오화五和'는 작은 것에서 큰 것으로 확장된다. 먼저 나에서 시작해 나 자신의 마음이 평화롭고 즐거운 후에 천천히 가족으로 확장되어 가정이 화목하고, 나아가 사회로 확장되어 다른 사람과 서로 지내는 데 있어 나와 남이 화합하고 공경하면 자연히 사회가 화합할 수 있고, 더 나아가 점차 세계평화의 목표에 이를 수 있다.

한 단체에서 유능한 사람은 대부분 화합을 촉진할 수 있다. 유능하지 않은 사람은 쉽게 분쟁을 일으킨다. 사람과 사람 사이에 자신과 다른 이의 존재를 허용하고, 존중하고 포용하면 화합할 수 있다. 꽃밭의 꽃도 푸른 잎이 받쳐 주어야 더 아름답다. 노래는 연주와 조화를 이루어야 듣기 좋다. 식탁의 음식은 신맛·단맛·짠맛·매운맛이 조화로워야 맛있다. 사람의 눈·귀·코·입 등의 오관은 균형이 잡혀야 아름답다. 국가·인종·종교를 막론하고 화합하고 조화로워야 진정한 평화가 가능하고 세계도 더 아름다워질 것이다.

칠계七誡

고대의 중국 사회에는 '칠출七出'*이 있었다. 칠출은 아들을 낳지 못함, 행실이 음탕함, 시부모를 섬기지 않음, 지나치게 말이 많음, 도둑질, 질투, 나쁜 질병이다. 출가한 여자가 이 일곱 가지 일을 범하면 남편은 이혼장 한 장으로 아내를 내쫓을 수 있었다. 반대로 남자는 설령 놀고먹고, 폭음에 술주정하고, 매춘하고, 도박 등 온갖 불량한 행위를 해도 징벌받지 않았다.

여기에서 알 수 있듯이 고대의 여성은 사회 지위가 낮은 반면에, 남자는 곳곳에서 우위를 점한다. 이런 '남존여비男尊女卑'의 대우는 지극히 불공평하다. 그러므로 '남녀평등'을 중시하는 현대 사회에서는 남자도 '칠계七誡'를 지켜야 한다고 생각한다. 그래서 1994년 나는 국제불광회國際佛光會를 통해 '마음정화 칠계七誡운동'을 발기했다.

'계誡'는 경계, 훈계의 뜻이다. 모든 사람이 항상 자신을 일깨우고 경계하며 불량한 나쁜 습관에 물들지 않기를 바란다. 그래야 건전한 사람이 될 수 있다. 칠계七誡는 다음과 같다.

---

* 칠출七出: 남편이 아내를 쫓아낼 수 있는 일곱 가지 사유. 칠거지악七去之惡, 칠기七棄라고도 한다.

1. 폭력을 경계한다: 속담에 "맞아 죽는 사람은 주먹질하는 사람이고, 익사하는 사람은 수영할 줄 아는 사람이다"는 말이 있다. 사람이 주먹과 힘에 의지해서는 문제를 해결할 수 없다. "뛰는 놈 위에 나는 놈 있다"고 했다. 한때의 용맹을 과시하려고 다른 사람과 자신을 해치지 말라.

2. 도둑질을 경계한다: "군자는 재물을 추구하되, 이를 취함에 도리가 있다(君子求財, 取之有道)"는 말이 있다. 불법으로 다른 이의 재산을 자기 것으로 소유하는 것은 주지 않았는데 취하는 것이다. 그러므로 부정한 재산은 황금이나 달러도 가지면 안 된다.

3. 성욕을 경계한다: 불교에서는 사람을 유정중생有情衆生이라고 하지만 애정은 도리에 맞는 경우에, 계율에 맞는 범위에 있어야 몸을 보호하고 집안을 다스릴 수 있고, 사회에 이익이 될 수 있다. 만약 애정이나 사랑의 방법, 과정, 시간과 공간이 맞지 않으면 마치 불에 뛰어드는 나방처럼 멸망을 자초하게 된다. 그러므로 모두가 경계해야 한다.

4. 악구惡口를 경계한다: 우리 몸은 더러워지면 온몸이 불편하다. 마찬가지로 입으로 자꾸 더러운 말을 하고 욕설을 하면 다른 사람이 듣고 마음이 괴로울 것이며 멀리하려고 한다. "입에 성내는 말이 없으면 미묘한 향이 나온다(口中無瞋出妙香)"고 했다. 다른 사람을 많이 칭찬하고, 좋은 말을 해야 좋은 인연이 있을 것이다.

5. 과음을 경계한다: 술은 이성을 마비시키고 자제력을 상실하게 만든다. 많은 교통사고가 음주운전으로 일어난다. 그래서 술은 건강과 지혜에 지장을 줄 뿐만 아니라 일을 그르치고 나라를 망치니

삼가고 조심해야 한다.

6. 도박을 경계한다: 도박은 열 번 하면 아홉 번은 잃게 마련이다. 어떤 사람은 도박으로 가산을 탕진하며 목숨을 잃기도 한다. 소탐대실에 득보다 실이 많으니 조심하지 않으면 안 된다.

7. 담배와 마약을 경계한다: 담배와 마약은 마치 자신의 생명을 갉아먹는 것과 같다. 건강을 해칠 뿐만 아니라 명성, 금전, 인간관계를 소진해 결국 자신의 앞길을 망치고 파멸에 이르게 한다.

'칠계'란 사람됨의 기초이자 사회를 안정시키는 근원이며, 더 나아가 국력을 공고히 하는 근본이다. '칠계운동'은 기한이 없는 '마약 퇴치·마음 정화'의 자아혁신운동으로, '칠계'를 실천함으로써 개인·가정에서 사회까지 아름답고 청정한 '긍정 에너지'를 만들고 전파하도록 한다. '마음이 청정하면 국토가 청정하다(心淨國土淨)'라고 했다. 사람마다 심신이 청정하면 우리가 사는 국토와 세상이 곧 행복하고 안락한 정토淨土가 된다.

기쁨

과거에 내가 본 바에 따르면, 불교를 믿는 분들은 죄다 근심이 가득한 얼굴로 괴로워하며 늘 이렇게 말했다. "괴로워요! 인생은 괴로워요!" 당시에 나는 이상하다고 여겼다. 왜 인생의 기쁨을 만들지 않고, 날마다 괴롭다고만 할까? 사바세계, 오탁악세, 삼계화택, 고해무변*, 이런 부정적인 생각과 정서로 가득했다.

사실 그럴 필요가 없다고 생각한다. 인생의 번뇌, 걱정, 기쁨, 즐거움은 다 자신이 만들 수 있다. 마음은 마치 공장과 같다. 잘 운영하지 못하는 공장은 검은 연기를 내뿜고 더러운 폐수를 배출한다. 만약 공장을 잘 운영한다면 제품은 분명 우수하고 좋을 것이며, 사회에서 경쟁할 수 있다. 이는 자신의 에너지와 창조력에 달려 있다.

나는 개인적으로 '우환 속에서 태어나, 어려움 속에서 자랐지만, 평생이 즐겁다.' 우환과 고난 속에서 나고 자랐지만, 인내의 힘을 훈련해서 걱정이나 고난이라고 느끼지 않고 오히려 즐겁다고 느낀다. 날마다 기쁘고, 불광산佛光山을 이끄는 신도와 젊은이들도 다

---

* 사바세계娑婆世界: 고통을 참고 견뎌야 하는 이 세상. 오탁악세五濁惡世: 다섯 가지 더러운 것으로 가득 찬 죄악의 세상. 삼계화택三界火宅: 삼계가 불타는 집과 같다. 고해무변苦海無邊: 고해는 끝이 없다.

낙관적이고 유쾌하고 긍정적으로 사고한다. 불광산에서는 날마다 설을 쇠는 것처럼, 걱정하고 비관적이고 부정적인 사람이 없다.

내 생각에 사람이 일생동안 다른 것은 못해도 되지만, 기쁨을 만드는 것도 안 되는가? 그럼 너무 쓸모가 없다. 기쁨을 만들 수 있으면 자기 삶과 수행에 매우 중요하기 때문에 나는 기쁨을 제창한다. 불광산에는 '사람에게 기쁨을 준다(給人歡喜)'는 신조가 있다. 나에게 원력이 있는데, 기쁨과 선열禪悅을 인간 세상에 가득 퍼지도록 하는 것이다.

불교가 중생에게 주어야 하는 것은 기쁨의 불법佛法이다. 사람들에게 행복·즐거움·기쁨을 주어야 할 뿐만 아니라, 모든 이들이 번뇌의 굴레를 벗어나 삶에 희망이 가득하게 하고, 나아가 인간 세상이 기쁨의 낙토樂土가 되도록 해야 한다.

불자들, 출가한 비구·비구니들도 인생이 괴롭다고 생각하지 말고 인생이 즐겁다고 느끼기를 바란다. 지금 여기에서의 인간정토를 만들어야 하며, 미래까지 기다려서 극락세계에 가지 않아도 된다. 우리가 지금 감당하고, 지금 관상觀想하고, 지금 발심하고, 지금 세상의 모든 것을 받아들인다. 인생과 대립할 필요가 없다. 걱정 근심, 어려움도 거부할 필요가 없다. 그러면 즉시 괴로움을 즐거움으로 바꿀 수 있고, 걱정 근심을 기쁨으로 바꿀 수 있다.

그러므로 기쁨, 즐거움을 만들라고 불교는 신도들에게 권장해야한다. 이렇게 해야 신앙이 가치가 있다. 자신이 불교와 접하면서 불교에 신앙이 생기고, 이렇게 해야 인생도 가치가 있다. 이 세상 사람들이 모두 즐겁고 기쁠 수 있기를 바란다.

방광放光

대승경전을 읽으면 부처님께서 매번 경을 설하시기 전에 반드시 '빛을 낸다(방광放光)'는 것을 알 수 있다. 『금강경金剛經』의 첫머리에 이런 구절이 있다. "이때 세존께서 식사할 때가 되어 가사를 걸치고 발우를 들고 사위대성에 들어가 걸식을 했다. 성안에서 차례로 돌며 걸식한 뒤, 본래 처소로 돌아와 식사하시고 가사와 발우를 거두고 발을 씻은 다음 자리를 펴고 앉으셨다……."* 이 경전 문구에서 부처님이 빛을 내는(放光) 것을 알 수 있다.

"이때 세존께서(이시세존爾時世尊)", 부처님은 항상 반야의 빛을 내고 있다. "가사를 걸치고 발우를 들고(착의지발著衣持鉢)", 손에서 빛이 난다. "사위대성에 들어가 걸식을 했다(입사위대성걸식入舍衛大城乞食)"는 부처님이 걸을 때 눈에서 빛이 나는 걸 모든 사람이 볼 수 있게 한다는 걸 설명한다. "식사하셨다(반식흘飯食訖)"는 입안에서 빛이 난다는 것이다. "발을 씻다(세족이洗足已)"는 발에서 빛이 난다는 것이다. "자리를 펴고 앉으셨다(부좌이좌敷座而坐)"는 온몸에서 빛이 난다는 것이다. 부처님은 행주좌와에 모두 진리의 빛을 발

---

* 爾時, 世尊食時, 著衣持鉢, 入舍衛大城乞食, 於其城中, 次第乞已, 還至本處. 飯食訖, 收衣鉢, 洗足已, 敷座而坐.

한다고 할 수 있다.

부처님이 세상에 계실 때 사원의 지객知客 소임을 맡은 타표駝驃
비구가 있었다. 수십 년을 하루같이 새벽이나 늦은 밤에도 등불을
들고 방부를 들이러 온 스님들을 안내했다. 타표 비구는 발심한 공
덕으로 인해 손가락에서 저절로 빛을 발하는 복을 얻어, 훗날 스님
들에게 방사를 안내할 때 더 이상 등을 들 필요가 없게 되었다.

또 한 사미가 있었는데 평생 거짓말을 하지 않고, 남을 욕하지
않고, 좋은 말을 하고, 선한 말을 했다. 나중에는 말을 할 때 입안
에 향기가 가득하고, 더럽고 탁한 기가 전혀 없었다. 그래서 모두가
'입에서 향기가 나는 사미(香口沙彌)'라고 불렀다. 이것이 입에서 빛
이 나는 것이다.

사실 부처님이 빛을 내는지 안 내는지는 중요하지 않다. 다른 사
람이 빛을 내는지 안 내는지도 중요하지 않다. 중요한 것은 자신이
빛을 낼 수 있어야 한다. 우리는 저마다 불성이 있고, 모두 부처님
과 같이 빛을 낼 수 있다. 그런데 자신의 진여본성眞如本性의 빛을
잊어버리고 오로지 밖으로만 치닫는다. 예를 들어 입으로 남을 칭
찬하는 좋은 말을 하면 입에서 빛이 난다. 눈으로 보는 모든 것이
다 좋은 사람이고 좋은 일이면 눈에서 빛이 난다. 귀 기울여 불법을
듣고 경청하고 잘 들을 줄 알면 귀에서 빛이 난다. 얼굴에 미소를
짓고 화를 내지 않으면 얼굴에서 빛이 난다. 마음에 자비, 지혜, 청
정함이 있으면 마음에서 빛이 난다. 우리가 항상 빛을 낼 수 있다면
인생 어디에 어둠이 있고 번뇌가 있겠는가?

부처님은 빛을 낼(放光) 수 있는 네 가지 방법이 있다고 했다.

1. 등과 초를 보시해 어둠을 몰아내는 것은 유형의 빛을 내는 것이다. 만약 진리·지식·지혜 등의 법보시로 다른 사람에게 공양하면 어리석음에 빠지지 않게 하니, 이는 빛을 발하는 것이다.

2. 불법이 멸하려고 할 때 신앙을 위해 널리 공양하고, 항상 부처님을 따라 배우고, 업장을 참회하고, 정법을 보호하고 지녀 사람들이 외도·불가사의한 힘·귀신의 영향을 받지 않게 하는 것도 빛을 내는 것이다.

3. 친구가 의기소침하거나 행실이 바르지 않을 때 격려해 주고, 긍정적·진취적인 길로 인도하여 방향을 잃지 않게 해주는 것은 빛으로 그들을 비추는 것으로, 이 또한 빛을 발하는 것이다.

4. 진심 어린 마음으로 사람과 함께 일하는 것이 빛을 발하는 것이다.

"천 년의 암실도 등불 하나를 켜면 밝아진다"는 말이 있다. 우리의 어리석음, 망령되이 분별하는 마음은 천 년의 암실과 같고, 불법의 광명이 있으면 실상實相을 분명히 보고 앞길을 밝힐 수 있다. 만약 사람의 마음이 무명無明과 번뇌로 덮여서 선종에서 말하는 '가죽 호롱에 검은 칠 한 놈(黑漆皮燈籠)'과 같다면, 그를 사람이라고 할 수 있을까? 그러므로 우리는 외부의 햇빛·등불·불빛만 보면 안 되며, 사마외도의 바르지 않은 어두운 빛이나 가짜 빛에 미혹되어서도 안 된다. 중요한 것은 우리가 자신의 '빛'이 어디에 있는지 찾을 수 있어야 하며, 자신의 눈·귀·코·혀·몸·마음이 곳곳에서 빛을 내게 해야 한다. 우리의 마음이 빛을 발해 진여자성, 반야진리의 마음빛을 밝히고, 자비희사의 등불을 밝힐 때, 자신을 밝힐 수 있을 뿐만 아니라 다른 사람도 밝힐 수 있다.

　바다의 등대가 멀리 항해하는 배를 인도하고, 어두운 골목의 등불이 밤에 귀가하는 행인을 밝혀 주듯이 세상에서 빛은 중요하다. 우리가 자신의 마음의 빛을 밝힐 수 있고, 세상에서 빛을 발해 다른 사람을 밝게 비춰줄 수 있으면, 이러한 인생은 무한한 가치와 의미로 가득할 것이다.

사리

최근 수십 년간 '사리舍利'가 사회에서 자주 화제가 되고 있다. 사리는 화장한 뒤에 나오는 유골(재), 뼈를 가리킨다. 뼈는 살이나 가죽처럼 쉽게 부패하지 않고 오래가기 때문에 사리를 '견고자堅固子'라고도 한다.

사리는 화장한 뒤 유골에서 나온 영롱한 구슬을 말하는 것이 아니라, 화장한 후 온몸의 유골이 모두 사리이다. 영롱한 결정체는 틀니나 몸에 삽입한 금속 또는 장식품, 단추 등이 탄 뒤 형성된 어떤 모양일 수 있다. 사람들이 몰라서 그것을 사리라고 여기는데, 이는 잘못 아는 것이다.

사리는 종교에서 신기하고 불가사의한 일이며, 진짜인지 가짜인지 논하기도 어렵다. 누가 증명할 것인가? 사리의 가치가 얼마나 되는지도 말하기 어렵다. 누가 값을 매길 수 있겠는가?

석가모니부처님께서 열반에 드실 때 제자에게 말했다. '내가 입멸한 후에 다비(화장)하고 사리(유골)를 보병에 놓아 사거리에 탑을 조성해 사람들이 기념하게 하라.' 사람들이 선善을 향하고, 진리를 향하고, 해탈도解脫道를 향하게 해 신앙에서 목표가 있게 하라는 뜻이다.

부처님은 위덕威德이 남달라서 다비 후에 많은 유골이 나왔다.

부처님이 남기신 머리카락, 손톱 등 모든 것이 다 부처님의 사리라고 할 수 있다. 성자의 몸에서 나온 유골을 당시 8개국의 국왕들이 다투었고, 부처님의 제자들도 이에 대처하기 어려웠다. 그래서 '8개국 왕의 사리 분배'에 대한 이야기가 불교사에 있게 되었다.

백년 후, 신심 있는 불자 아육왕(阿育王, 아소카왕)이 이 많은 부처님의 기념물을 전 세계에 퍼지게 하고, 탑을 조성해 공양했다. 또한 중요한 지역마다 돌기둥(석주)을 세워 석가모니부처님을 기념했다. 그래서 현재 역사학자은 아육왕이 세운 이 많은 석주에 근거해 부처님 당시의 역사를 고증한다.

한편 서한西漢 장사국長沙國 승상 아내의 묘가 근대에 중국 정부 측 고고학자에 의해 발굴될 때 온몸이 썩지 않아 유해가 호남湖南 장사長沙 박물관에 보존되어, 박물관에 소장된 가장 진귀한 보물이 되었다. 이 또한 '전신全身 사리'라고 한다.

종이에 부처님을 그린 것을 보고 우리는 장엄하다고 하면서 그 종이에 대고 숭배한다. 또 나무를 불상으로 조각해 장엄하다 하고, 불상이라고 하며 예배한다. 그러므로 대천세계의 모든 것은 내 마음과 상응하고 내가 인정하면 되는 것이다. 그 값어치는 종이나 나무가 아니라, 내 마음에서 믿는 가치이다.

지금은 사리가 여기저기 전해지고, 너도나도 사리가 있고, 오색의 사리도 있다. 물론 불교 신앙에서는 경전을 독송할 때 경전에서 사리가 튀어나오기도 하고, 부처님께 절을 할 때 땅에서 사리가 솟아 나오기도 한다. 경전을 강의하는 사람의 혀, 치아에서 사리가 떨어질 수도 있다. 심지어 머리카락을 잡았는데 머리카락 속에 사리가 있기도 하다. 종교는 학술과 다르고 신앙을 중요시한다고 할 수 있다. 신앙은 그 사람의 지혜를 봐야 하고, 종교에 대해 얼마나 아는지를 봐야 한다.

그래서 사리에 대해 호기심을 가질 필요가 없으며, 진위를 가리지 않아도 된다. 우리는 불교에서 평상심을 제창한다. 부처님은 일생동안 기이하고 다른 점을 내세우지 않았으며, 보여주고 가르쳐서 이익되고 기쁘게 했으며(示敎利喜), 사람들에게 마음을 밝혀 본성을 보게 했으며(明心見性), 삶 속에서 사회에 봉사하고 배려했지, 반드시 사리를 숭배해야 한다고 하지 않았다.

현재 세계에서 가장 가치 있는 것은 중국 서안 법문사法門寺에서 발굴된 부처님의 불지사리(佛指舍利, 손가락뼈 사리)이다. 중국의 남경과 북경에 모셔진 사리, 대만 불광산의 부처님 치아사리도 희귀한 보물이다. 그러나 우리의 주요 신앙은 부처님의 지혜, 부처님의 자비, 부처님의 정신에 있다. 그러므로 부처님께서 이와 같이 말씀하셨다. "만약 형상으로 나를 보거나, 음성으로 나를 들으려 한다면 이 사람은 삿된 도를 행함이니 능히 여래를 보지 못하리라(若以色見我, 以音聲求我, 是人行邪道, 不能見如來)."

그러므로 사리 신앙을 지나치게 강조해서는 안 된다. 불교 경전이 부처님 사리가 아닌가? 불상이 부처님 사리가 아닌가? 신심이 있으면 도처에 사리가 있고, 신심이 없으면 진짜 부처님이 앞에 서 있어도 그냥 비구이거나 노스님일 뿐 별것 아니다!

오늘날 세상 사람들은 자신의 스승님이나 사조師祖께서 입적하면 화장한 뒤 사리가 몇십 개, 몇백 개가 나오는지 주의하여 볼 것이 아니라, 오히려 유품이나 유골에서 그분의 지혜와 도덕을 봐야 한다. 이것이 신앙이지, 뼈에 그런 가치가 있는 것이 아니다. 삼천 대천세계를 칠보로 가득 채워서 보시하는 것보다 『금강경』 사구게 四句偈 한 구절 설하는 공덕이 더 크고 중요하다. 이것이 지혜이고, 사리이며 우리 마음속의 '견고자堅固子'이다.

불교는 2천여 년간 일부 사람들에 의해 많은 신비한 색채와 미신의 옷이 더해져, 본래의 진실한 불교 면목을 알 수 없게 했다. 진정한 부처님의 성덕聖德은 연구하는 사람이 없고, 유골을 연구하니 전도된 것이 아닌가?

만일 부처님 사리 밖에서 불법의 지혜와 불법의 효용을 알면, 불법은 우리가 편안히 살게 할 수 있다. 나는 많은 밀행(密行, 은밀하게 실천 수행하는 것)이 사리보다 더 중요하다고 생각한다.

고행

처음 불교와 접하는 사람이 불교에서 가장 많이 듣는 말은 아마 '괴로움(고苦)'인 것 같다.

'괴로움'에 대해 얘기하면 보통 사람들은 괴로움을 두려워하지만, 실제로 괴로움은 우리에게 매우 도움이 되고 이익이 된다. 괴로움은 우리를 단련시키고, 괴로움은 우리를 향상시키며, 괴로움은 우리를 공부하게 하고, 괴로움은 우리가 초월하게 해준다. "온갖 괴로움을 견뎌내야 비로소 큰사람이 된다(吃得苦中苦, 方爲人上人)"는 말이 있다. 오랫동안 고생스럽게 공부하지 않으면 어떻게 장원 급제할 수 있겠는가? 무대 아래에서 10년간의 노력이 없는데 어떻게 무대 위에서 5분 동안 말할 수 있는가?

그러므로 성공하고 싶은 사람은 반드시 괴로움의 단계를 통과해야 한다. 공부는 괴로움이 아니다. 열심히 몰입해서 뭔가를 배울 때 오히려 공부가 즐거운 일이라고 느낄 것이다. 수행도 괴로움이 아니다. 설령 고행을 하더라도 고행에도 선정에 드는 즐거움과 부처님의 가르침을 듣는 기쁨(禪悅法喜)이 많이 있다. 따라서 진정한 수행력이 있는 사람은 괴로움을 즐거움으로 삼고, 괴로움 속에 더할 나위 없는 즐거움과 기쁨이 있다.

예를 들어 나는 염불이 괴롭다고 여기고, 그는 염불이 즐겁다고 여긴다. 나는 부처님께 절을 하는 게 괴로운데, 그는 부처님께 절하는 게 즐겁다고 한다. 나는 보시가 괴로운데, 그는 보시가 좋고 가장 즐겁다고 한다. 나는 사람을 잘 대하고 인연 맺는 것을 괴롭다고 생각하는데, 그는 남을 돕는 것을 기쁨의 근본으로 여긴다. 내가 괴로움을 어떻게 생각하는지를 보고, 만약 괴로움을 즐거움으로 삼고, 괴로움을 공부의 과정으로 삼아, 고행으로 초월하고 발전한다면 신앙의 차원이 틀림없이 올라갈 것이다.

과거에는 이치에 맞지 않는 고행이 많이 있었다. 불을 숭배하는 외도들은 강가에서 불을 쬐고 불을 숭배하는 것을 수행이라고 여겼다. 그렇다면 장작·볏짚을 불에 다 태웠다고 해서 수행일까? 어떤 이들은 물에 몸을 담그는 것을 수행이라고 여기는데, 그렇다면 물고기가 최고의 수행자인가? 어떤 고행자는 밥을 먹을 때 손으로 들지 않는 것이 수행이다. 그렇다면 새가 최고의 수행자인가? 이런 고행은 이치에 맞지 않는 것이다.

지금도 일부 사찰 가풍에서는 그릇된 방식으로 수행을 강조하여 남에게 불리하고 자기만 이롭게 한다. 예를 들어 누더기를 입고, 찬밥과 남은 반찬을 먹는 것이 참수행이라고 말하는데, 실은 자기에게 이로운 수행이라고 할 수도 없다. 그래서 깨달은 자는 어떤 수행을 하느냐고 묻는 사람이 있다. 깨달은 후에 해와 달은 여전히 해와 달이고, 나와 남은 여전히 나와 남이다. 다만 깨닫기 전에는 '먹을 때 먹으려 하지 않고 온갖 생각을 한다. 잠을 잘 때 자려고 하지 않고 이것저것 따진다.' 깨닫고 난 후에는 밥을 먹을 때 밥을 먹고, 잠을 잘 때 잠을 잘 잔다. 이것이 가장 좋은 수행이다.

과거 인도에 고행하는 외도가 여섯 부류 있었는데, 그런 고행은 여법하지 못한 행위라고 부처님은 말씀하셨다. 진정한 고행은 바른 행위(正行)와 바른길(正道, 八正道)이며, 중도中道의 수행방식으로 양쪽의 극단적인 대립을 없애고, 괴로움과 즐거움의 외상(外相, 겉모습)으로 분별하지 않고, 마음공부 하는 것이 수행의 참뜻이다.

『금강경』의 '마땅히 머무는 바 없이 그 마음을 낸다(應無所住, 而生其心)'라고 하는 말은 우리에게 모든 것을 버리고 포기하라는 것이 아니라, 불법의 중도를 강조하는 것이다. 불교에서의 수행은 너무 힘들거나 (사람에게) 차가워도 의미가 없고, 너무 즐겁거나 너무 (사람에게) 따뜻해도 자신을 잊어버린다. 따라서 불교의 진정한 수행은 너무 차갑지도 너무 따뜻하지도 말고, 괴로움과 즐거움 사이에서 평상심平常心이 도道이며 중도의 삶, 정상적인 삶, 이것이 불교의 수행법이다.

방할棒喝

선문禪門에는 특수한 교육방식이 있다. 어떤 때는 스승님이 3년 또
는 5년 동안 말을 한마디도 하지 않고, 어떤 때는 아무 이유 없이
주먹으로 치고 발로 차고, 몽둥이로 때리고(방棒) 고함을 친다(할
喝). 또 어떤 때는 일부러 괴롭히고, 분명히 말을 해서 들려줄 수 있
는데 말하지 않고, 가르쳐 주지 않고, 이런 무정하고 무리한 방법으
로 교육한다. 눈썹을 치켜올리고 눈을 깜빡이며, 실실 웃고 욕을 하
는 사이에 어느 것 하나 가르침 아닌 것이 없고, 이 모든 게 다 수행
자가 깨닫도록 하기 위해서이다.

예를 들어 포모布毛 시자가 조과鳥窠 선사를 16년 동안 따랐는데
선사가 불법을 한마디도 말해 주지 않으니, 시자는 하는 수 없이 떠
나려고 작별 인사를 했다. "왜 떠나려 하느냐?" "불법을 배우러 갑
니다. 제가 이곳에서 스님을 16년 동안 시봉했는데 저에게 불법을
한마디도 말해 주지 않으셨습니다!" 이때 조과 선사가 옷에서 보
푸라기 하나를 뽑았다. "이것이 불법이 아니냐?" "아!" 시자는 바로
크게 깨달았다. 이 깨달음은 16년의 공부와 수행이 없었다면 지금
옷을 털어 주어도, 실 하나·천 한 조각은 말할 것도 없고, 옷 한 벌
을 봐도 깨닫지 못할 것이다.

그래서 과거 선문에서는 '덕산방, 임제할(德山棒, 臨濟喝: 덕산은 몽

둥이로 때리고, 임제는 고함을 지른다)'이 있고, '마조가 한 번 할을 하면 백장이 사흘 동안 귀가 먹었다(馬祖一喝, 百丈耳聾三日)'고 한다. 덕산德山 선사의 '대답을 해도 30대, 대답을 못해도 30대(道得也三十棒, 道不得也三十棒)'도 있다. 방할棒喝에서 선의 소식을 깨치고, 벽력소리에서 어둠의 무명을 비추어 깨치는 이런 방식이 꾸짖는 대신 격려하는 현재의 교육 관점과 비교하면 과연 선문의 교육이 옳은가 옳지 못한가? 이것은 개인의 근기根機에 달려 있다.

선문에서는 상등의 근기는 몽둥이로 때리고 고함을 치는 방할을 견딜 수 있고, 중등의 근기는 정상적으로 지도하고, 하등의 근기는 예우해 줘도 소용이 없다고 한다. 그러니 선문의 이 많은 교육방식에 대해, 때리고 욕하면서 지도하는 방법을 연구할 것이 아니라, 가르침을 받는 이의 근기가 어떠한지를 연구해야 한다. 예를 들어 어떤 논은 200평에 벼 500kg을 수확할 수 있지만, 어떤 논은 200평에 200kg밖에 수확하지 못하며, 100kg밖에 안 나오기도 한다. 이는 논의 자질, 근기에 달린 것이다.

밀라레빠 존자의 경우, 공부하는 과정에서 수십 년 동안 고생했다. 스승은 일부러 못살게 굴었고, 아무리 괴롭혀도 밀라레빠 존자는 물러서지 않았다. 수십 년 후, 밀라레빠 존자가 깨닫자 스승과 제자 두 사람은 서로 얼싸안고 목 놓아 울었다. 스승이 말했다. "어디서 너 같은 인재를 찾아 내가 가르칠 수 있겠느냐? 내가 지도하면서 너를 그렇게 고생시키니 나도 마음이 아팠다. 하지만 너는 마침내 도를 깨달았구나." 스승은 기쁨에 겨워 눈물을 흘렸다. 이것이 사제 간의 인연이다.

또한 육조六祖 혜능惠能 대사가 오조五祖를 찾아가 여덟 달 동안 고된 일을 하였으나, 오조는 혜능에게 도에 대해 말하지도 않고 가르치지도 않았지만, 때가 성숙하자 육조는 도를 깨달았다. 혜충慧忠 국사의 시자는 30년간 시봉을 했다. 혜충 국사는 시자가 깨닫도록 도와주려 했지만, 근기가 부족해서 깨닫지 못했다.

그래서 선문의 교육법은 스승의 문제가 아니라 제자의 총명함과 영민함, 자질이 절대적인 요소를 차지한다. 나는 선문의 교육이 오늘날 교육에서도 그 가치가 있고, 일률적으로 논해서는 안 된다고 생각한다. 몽둥이로 때리고 소리치고(棒喝), 욕하는 교육을 비난하며 시대착오적이라고 하는데, 꼭 그런 것은 아니다. 선문의 교육은 모든 것을 초월한다.

우상

불교도는 우상을 숭배한다고 비난하는 사람이 자주 있는데, 나는 잘못된 것이라고 생각한다. 우상 관념이 있어야 배우고, 본받고, 존경하는 대상이 있다. 중국 유가儒家에는 견현사제(見賢思齊, 현인을 보면 나도 그와 같이 되려고 생각한다)라는 말이 있다. 만약 마음속에 우상이 없다면 배울 대상이 없다. 우상에는 형식상의 우상이 있고, 관념상의 우상이 있다. 모든 사람에게는 숭배하는 우상이 있다고 할 수 있다. 우상을 숭배하지 않고 형식상·관념상의 우상이 다 없어진다면 인생은 어디에 의지해야 하는가?

그래서 우상이라는 관념은 누구에게나 다 있다. 예를 들어 누군가가 부모님의 사진을 발로 밟으면 당신은 화가 나서 이렇게 물을 것이다. "왜 우리 부모님을 모욕하나요?" "그냥 종이일 뿐인데 뭘 따져요?" 그럼 당신은 분명 이렇게 말할 것이다. "그건 우리 아버지, 우리 어머니예요." 왜냐하면 대표성이 있기 때문이다.

우상을 숭배하지 않는 기독교는 예수상·십자가가 모독받는 것을 절대로 용납하지 않는다. 이는 그들에게도 우상의 관념이 존재한다는 것을 의미한다. 또한 같은 천으로 신발을 만들면 발에 신고, 모자를 만들면 머리에 쓴다. 만약 반대로 신발을 머리에 쓰면 분명 지저분하다고 할 것이다. 천으로 국기를 만들면 국기를 위해 목숨을 바치려는 사람이 있다. 왜냐하면 그것은 더 이상 천 조각이 아니라 국기이고, 한 나라 민족의 마음속의 가치를 의미하기 때문이다. 이게 다 우상의 관념이다.

강원에서 공부할 때 나는 선배 스님들로부터 태허太虛 대사, 홍일弘一 대사, 원영圓瑛 대사, 허운虛雲 화상 등 고승대덕에 대한 이야기를 많이 들었고, 마음속으로 그분들을 동경했다. 이 대덕 큰스님들을 뵌 적은 없지만, 큰스님들께서 한 분 한 분 내 앞에 나타나, 내가 평생 방임하지 않고 함부로 살지 못하게 했다. 왜냐하면 이 대덕 큰스님들께서 나를 보살펴 주고 있기 때문이다. 그래서 대덕 스님들의 크고 작은 모든 것을 이해하여 깨달으면 장차 어떤 길을 가야 할지 알게 될 것이다. 그러므로 마음속에 '성현 우상'의 관념을 세우는 것도 중요한 인격교육이다. 내 생각에 요즘 젊은이들은 우상의 관념을 수립해야 하고, 본받을 대상이 있어야 하고, 50명의 선지식을 가까이해야 한다. 그분들이 했던 말을 기억하고, 더 나아가 배우고 본받아야 한다.

그러나 불교는 세간법을 따르는 데 있어 우상 숭배가 있어야 한다고 주장하지만, 제일의제(第一義諦: 가장 뛰어난 진리, 궁극적 진리)의 교의에서는 우상의 관념이 없다. 마치 사람이 강을 건널 때는 뗏목이 필요하지만, 일단 강을 건너고 나면 배를 짊어지고 다닐 필요가 없는 것과 같다.

당나라의 단하천연丹霞天然 선사는 어느 날 날씨가 몹시 추워서 법당의 목조 불상을 가져와 불에 태웠다. 규찰糾察 스님이 이를 보고 화를 내며 호통쳤다.

"세상에! 어떻게 난방하려고 불상을 가져다가 불을 피운단 말이오?"

단하丹霞 선사가 말했다. "불상을 태워 사리를 얻으려는 것이오!"

"허튼소리! 나무 불상에서 무슨 사리가 나온단 말이오?"

"나무라서 사리가 나오지 않으면, 더 가져와서 불을 땝시다!"

단하 선사의 마음속에서 부처님의 법신은 온 우주 허공에 두루하고, 불상을 보호하는 규찰 스님은 불성을 알지 못한다. 오히려 단하 선사야말로 부처를 아는 사람이다.

요컨대 불자들이 부처님께 절하는 것은 맹목적으로 우상을 숭배하는 것이 아니라, 부처님과 마음을 잇는 과정이고 방편이다. 우상은 외형적인 형상일 뿐만 아니라 우리 마음속에 세워야 하며, 사상을 계발하고 뜻을 세워 진전하고 배우는 본보기로 삼아야 한다. 우상에 절하고, 숭배하고, 우러러 공경하는 것은 신앙의 힘을 응집하는 데 도움이 되어 우리 마음이 귀의하는 곳이 있게 하고, 생명이 보호받고, 작은 나(小我)의 정감이 확대되고 승화되게 한다. 우상 학습은 일종의 내적인 전환의 힘으로, 우리에게 정념正念이 있게 하고, 도업道業의 수행과 공부에서 끊임없이 사색하고 진보하게 한다.

선화자禪和子

옛날 중국 총림에는 승려가 많이 있었다. 스님들은 이 절집에서 공부하고 저 절집에 가서 공부하고, 구참 상좌도 있다. 이들을 모두 '선화자(禪和子, 선승)'라고 한다. 그런데 지금 불교계에는 선방도 줄어들고, 선승의 나이도 많고, 선승을 보기도 쉽지 않은데 선화자가 어디 있겠는가? 선화자라는 용어는 시간이 흐르면서 서서히 사라지고 있다. 사람들 입에서 누가 '선화자'라고 하는 말을 들은 적이 있는가?

사실 '선화자'라는 말은 불교가 번창해야 있다. 불교계에 뛰어난 사람이 많이 있어야 선화자라는 아호가 있고, 이들은 몸소 행동으로 하는 가르침과 말로 하는 가르침으로 도처에서 인연 따라 설법하고 선수행을 지도한다. 많은 선화자들은 명성을 추구하지 않고 이익을 추구하지도 않으며, 생활이 단순하고, 가난하게 살며 편안한 마음으로 도를 즐기고, 후학을 이끌고 가르칠 뿐이다. 그래서 많은 선화자들은 선방에서 몇 년 동안 앉아 있기도 하고, 토굴에서 살기도 하고, 폐관(閉關, 무문관) 수행도 하고, 도처에서 공부하며 나와 남을 이롭게 하기도 한다.

한 노스님이 표고버섯을 말리는 공안公案은 선화자의 심경心境을 잘 드러내 준다. 일본의 도원道元 선사가 중국 사찰에 갔다가 80세가 넘은 노스님이 한낮에 표고버섯을 펼쳐 햇볕에 말리느라 바쁜 모습을 보고 노스님에게 물었다. "햇볕이 쨍쨍 내리쬐는데 수고스럽게 직접 표고버섯을 말리십니까?" 노스님이 선사를 바라보더니 말했다. "직접 말리지 않으면 누가 말린단 말이오?" "햇볕이 뜨거운데 왜 하필 이때 말리나요?" 도원 스님의 호의에 노스님은 한마디로 답했다. "이때 안 말리면 해가 진 뒤에 말리라는 거요?" 노스님은 총림의 전형적인 선화자로, 모든 일은 절대 남의 손을 빌리지 않고, 자신의 생명을 천금같이 소중히 여긴다.*

불교의 예불집에 「보현경중게普賢警衆偈」가 있다. "오늘이 이미 지나갔으니 목숨도 따라서 줄어들었다. 물고기에게 물이 줄어드는 것과 같으니 어떻게 즐거울 수 있겠는가?(是日已過, 命亦隨減, 如少水魚, 斯有何樂)" 선문禪門에서는 선화자들이 섣달그믐날(음력으로 한 해의 마지막 날)이 되면 염라대왕이 찾아와 빚을 갚으라고 독촉한다고 항상 경계한다. 온갖 수행은 기한을 정해 정진하며 깨달음을 구하고, 철두철미하게 집착과 습기가 크게 한번 죽지(大死一番) 않으면 달마 조사가 서쪽에서 온 뜻을 참구해서 깨달을 수 없다는 뜻이다.

오늘날 불교계의 나이 들고 덕이 높은 분들은 과거의 선화자를 본받아서 자신의 명성과 지위를 내려놓고, 자신의 재산을 내려놓고, 선화자로 자처하며 불법을 시방에 홍포해야 한다. 오늘날 불교

---

* 노스님은 늙어서 인생이 얼마 남지 않았다. 그래서 남은 시간, 남은 생명이 천금같이 소중하다. 아직 움직일 수 있을 때 일을 하는 것이다. 사실 여기에서 '해가 지다'에는 죽음의 의미도 있다. 살아있을 때 하지 않으면 죽고 나서 할 것인가?

계에 선화자들이 있어서 불교의 반쪽을 떠받치는 것에 감사하며, 이는 굉장히 중요하다.

선화자들은 세속의 물질적 삶을 바라지 않고, 누리는 것을 탐하지도 않고, 더욱이 재물을 축적하지 않으며, 부귀와 공명을 덧없는 것으로 보고, 방장과 주지의 지위를 장애처럼 여기고, 다만 인연 따라 도처에서 교화하기 때문에 선화자가 많을수록 좋다. 앞으로 불교계에 선화자가 많이 나와서 우리가 공경하고 우러러 받들 수 있기를 바란다. 그래야 불교가 융성할 수 있다!

상불경常不輕

『법화경法華經』에 한 보살이 등장한다. 석가모니부처님께서 법을 전할 때 나오는 상불경보살常不輕菩薩이다.

상불경보살은 사람을 만나면 "나는 감히 그대들을 가벼이 여기지 않습니다. 그대들은 모두 부처가 될 것이기 때문입니다(我不敢 輕於汝等, 汝等皆當作佛)"라고 말했다. 상불경보살은 다른 사람의 인격을 존중하고, 조금도 오만하지 않고, 다른 사람을 무시한 적도 없다. 그래서 이름이 '상불경常不輕'이다.

지금 수행하는 사람 중에 누가 감히 '상불경'을 호로 쓸 수 있는가? 누가 감히 '상불경'이 한 일을 자신이 할 수 있다고 말할 수 있는가? 이 세상의 중생은 번뇌와 안 좋은 습(陋習)이 매우 많다. 특히 교만하고, 질투하고, 다른 사람이 자신보다 나을까 봐 걱정하고, 변화하는 상황에 따라가지 못할까 봐 걱정하고, 칭찬받지 못할까 봐 걱정한다. 그래서 성취를 이룬 사람을 존경하지 않고, 잘난 척하거나 거만하고 추하기까지 하다.

가령 불법을 배웠는데 다른 모든 불보살님의 장점을 배우지 못해도 상불경보살의 '항상 남을 가벼이 여기지 않는다는 상불경常不輕'만 배워도 된다. 즉 성현을 경시해서는 안 되고, 가족과 친척을 경시해서는 안 되며, 사회 대중을 경시해서는 안 되고, 가난하고 외로운 사람을 경시해서는 안 된다. 장래에 이들이 모두 발전하고 앞길이 밝은데 다만 인연을 기다리는 거라고 생각하면, 사람을 경시하는 마음이 없을 것이다.

예를 들어 명明 태조太祖 주원장朱元璋은 원래 사미승이었는데 후에 황제가 되지 않았는가? 가난하고 초라한 많은 사람들이 열심히 노력해서 백만장자가 된다. 이런 사례는 세상에 얼마든지 있다. 또한 부처님이 세상에 계실 때 우둔한 주리반타가周利槃陀伽는 열심히 수행해서 깨달은 대아라한이 되지 않았는가? 희대의 살인마 앙굴리말라는 결국 부처님에게 감화되어 부처님의 제자가 되지 않았는가?

다른 사람을 경시해서는 안 된다. 누구에게나 인연이 있고, 장래에 출세할 날이 있다. 서한西漢 주매신朱買臣의 아내처럼 해서는 안 된다. 주매신의 아내는 남편이 가난하다고 해서 이혼하고, 주매신이 후에 태수에 봉해지자 다시 돌아오고 싶어도 이미 엎지른 물은 다시 담을 수 없었다(覆水難收).

전국시대의 소진蘇秦이 뜻을 이루지 못했을 때 부모는 소진을 아들로 여기지 않고, 아내는 남편으로 여기지 않고, 형수는 시동생으로 여기지 않았다. 그러나 소진은 졸음을 쫓으려 머리카락을 대들보에 매달고, 송곳으로 허벅지를 찔러가며 열심히 공부했다. 『태공병법太公兵法』(즉 『음부경陰符經』)을 공부하고, 후에 6개국에 가서 유세를 하여 6개국 재상의 관인을 차고 금의환향할 때 형수가 땅바닥에 엎드려 맞이했다.

소진이 말했다. "형수님, 과거에 저를 무시하고 거들떠보지도 않왔잖습니까? 이제 와서 왜 이렇게 공손한가요?"

형수가 말했다. "계자(季子, 소진의 자)께서 지금은 명예와 이익이 다 있기 때문입니다."

소진은 개탄을 금치 못했다. 세상 사람들은 다 허영을 좇는구나. 인생에서 공을 세워 이름을 떨치고 부귀해지는 게 어찌 중요하지 않다고 하겠는가?

사실 보통 사람들은 결과의 성취만 보고, 원인이 되는 파종을 모른다. 제불보살은 인지因地*의 수행을 중요시한다. 인지에서의 수행이 완성되어야만 비로소 꽃을 피우고 열매를 맺을 수 있다. 인지에 있을 때, 인지의 수행을 중시하지 않으면 수행해서 꽃을 피우고 열매를 맺으려고 하는 것(깨달음)은 불가능하다.

---

* 인지因地: 깨닫기 전의 수행 단계.

순도殉道

미국의 정치가 패트릭 헨리는 "자유가 아니면 죽음을 달라"고 말했다. 헝가리의 애국 시인 페퇴피 산도르는 "사랑이여, 그대를 위해서라면 내 목숨마저 바치리. 그러나 사랑이여, 조국의 자유를 위해서라면 내 그대마저 바치리"라고 했다. 불교에서는 원래 자유를 숭상하며, 불교를 믿는다는 것은 전제·권위·신의 뜻에서 벗어나 자신감·자존·자아·자주의 정신을 갖도록 하는 것이라고 할 수도 있다. 그러므로 우리도 "신앙을 위해서라면 세상의 모든 것을 다 포기할 수 있다"고 말할 수 있다. 왜냐하면 신앙은 우리의 보장寶藏이고, 신앙은 우리의 희망이며, 신앙은 우리가 진정으로 요구하는 삶이기 때문이다.

세계의 각 종교에서 많은 종교인들은 그들의 신앙을 위해 순도(殉道, 정의나 도의를 위해 목숨을 바침)하고 희생하는 정신이 있다. 불교에도 불교를 위해 희생한 사람이 적지 않다. 예를 들어 1963년 베트남의 틱꽝득 스님은 응오딘지엠 정부가 불교를 차별하고, 불교도들의 불교기 게양을 불허하고, 수단과 방법을 가리지 않고 불교를 박해하는 것에 항의해, 불교를 구하기 위해 결연히 분신해 순도했다. 결국 응오딘지엠 정부는 무너졌을 뿐만 아니라 응오딘지엠 자신도 목숨을 잃었다. 신앙을 위해 순도殉道의 정신이 있으면 확실히 목적을 달성할 수 있다는 걸 알 수 있다.

또한 중국에서도 문화대혁명 때 많은 고승대덕들이 도량을 지키기 위해 신앙의 정신을 드러냈다. 홍위병紅衛兵이 남보타사南普陀寺를 불태우려 할 때, 많은 고승대덕들이 회랑에서 줄을 지어 목매달아 죽었다. 홍위병이 도착해 그 광경을 보자 놀라 도망쳐 사찰을 보전했다. 순도한 많은 인사들은 우리를 매우 탄복하게 한다. 역사적으로 과거의 태평천국, 삼무일종三武一宗*의 불교 박해가 있었을 때도 많은 고승대덕들이 당시 불교를 보호하기 위해 몸을 바쳐 순도했을 것이고, 전혀 아쉬움이 없었을 것이다.

당나라 때 태종이 불교와 도교의 장로들을 초청해 음식을 대접했다. 황제가 연회를 베풀어주는 것은 매우 영광스러운 일이다. 그런데 도교를 중시하고 불교를 경시한 태종은 스님을 말석에 앉혔다. 지실智實 대사는 그렇게 하는 게 불교를 폄하하는 의미라고 보고 항의했다. 과거의 황권이 어찌 항의를 용납하겠는가. 지실 대사는 위험을 무릅쓰고 불교의 지위를 쟁취하려 온 힘을 다했지만, 태종은 이에 크게 노해 지실 스님을 몽둥이로 때리는 태형에 처했다.

불교 인사들이 지실 대사를 보고 탄식했다. "굳이 그렇게까지 사서 고생할 필요가 있는가? 목적을 달성할 수 없다는 걸 뻔히 알면서도 쟁취하려 하는 것은 굴욕을 자처하는 것일 뿐이다." 거의 죽을 지경이 된 지실 대사가 말했다. "스님네들, 저는 개인을 위해 자

---

* 삼무일종三武一宗: 중국에서 불교를 탄압한 북위의 태무제, 북주의 무제, 당의 무종과 후주의 세종을 통틀어 이르는 말.

리의 순서를 따지거나 허영을 추구하려 한 것이 아니라, 다만 후대의 불제자들에게 대당大唐에도 출가승이 있다는 것을 알려주고 싶었습니다." 이 말의 뜻은 불교를 위해서라면 무엇이든 희생할 수 있고 목숨까지도 바칠 수 있다는 이른바 순도殉道이다.

법을 구하기 위해 팔을 자른 혜가慧可 스님은 달마 조사에게 마음을 편안하게 해달라고 했다. 진리를 위해, 마음을 편안하게 하기 위해 혜가 스님은 기꺼이 팔을 자르고 순도할 수 있었다. 또한 법진法珍 비구니는 불경을 인쇄해 유통하기 위해 칼을 휘둘러 팔을 잘라 대장경을 판각할 자금을 모았다. 감동한 신자들이 보시하고 발심 후원해, 마침내 소원을 이루어 『조성금장趙城金藏』을 간행했다.

과거 중국과 인도의 승려들은 도를 전하고 법을 구하려 천산天山 산맥과 변경의 높은 산, 강과 바다를 지나가는 도중에 얼마나 많은 사람이 희생됐는지 모른다. 담무갈曇無竭 대사 일행 25명은 험준한 설산을 넘을 때 나무로 구멍을 내어 지탱해야 산에 오를 수 있었고, 밧줄에 의지해 강을 건넜다. 때로는 강풍을 만나 사람이 떨어지면 고인을 애도하며 슬피 울면서 말했다 "그대들은 무사히 도착했습니까?" 결국 인도에 도착했을 때는 다섯 명만 남았고 나머지는 모두 순도했다.

또한 신통제일 목건련 존자는 외도들이 온갖 공격과 모함을 가하자 업력業力은 벗어나기 어렵다는 걸 느끼고, 외도의 돌에 맞아 죽는 걸 기꺼이 받아들여 순도의 모범이 되었다.

부루나 존자는 홍법을 위해 부처님께 수로나국에 가서 법을 전하겠다고 자청했다. 그러자 부처님께서 물었다. "부루나야, 거기 사람들은 포악하고 불교 신앙의 정서가 없어 네가 가는 것은 매우 위험하다."

부루나가 말했다. "괜찮습니다. 제가 원하는 것이고, 그들의 사나움과 모해가 두렵지 않습니다."

부처님이 말했다. "네가 가면 그들이 욕할 것이라는 걸 알아야 한다."

부루나가 말했다. "욕해도 괜찮습니다. 때리지 않으면 됩니다."

"그들이 정말로 너를 때리면 어떻게 하겠느냐?"

부루나가 말했다. "때려도 괜찮습니다. 목숨만 건지면 됩니다."

"그들이 실제로 너를 죽이면 어떻게 하겠느냐?"

부루나가 말했다. "부처님, 그럼 저는 이 목숨을 진리에 공양하고, 부처님께 공양할 수 있으니 이 또한 저의 복입니다!"

부처님은 매우 기뻐했다. "부루나여, 너는 인욕을 잘 배웠구나! 우리는 너를 기쁘게 배웅하겠다. 너는 수로나국에 가서 법을 전하거라." 부루나에게는 순도의 정신이 있는 것이다.

초기의 불교가 미얀마, 스리랑카, 태국, 중국, 한국, 일본, 베트남 등 여러 지역으로 퍼져나갈 수 있었던 것은, 당시 교통이 극도로 불편한 상황에서 많은 순도자들의 희생이 있었기에 불교가 현지에서 꽃을 피우고 열매를 맺을 수 있었다.

'생명이 소중하나 신앙의 가치가 더 높다'는 말이 있다. 오늘날 불자들이 순도의 정신이 있고, 조금도 아낌없이 목숨을 보시할 수 있고, 죽음을 두려워하지 않는 용기가 있다면 불교가 어찌 융성하지 못하겠는가?

은혜를 갚다

중화문화는 은혜를 갚는 보은報恩의 미덕을 제창한다. 불교도 곳곳에 은혜를 갚는 보은의 사상이 있다.

은혜를 갚는 보은은 인류 윤리의 근본이다. '물 한 방울의 은혜를 솟아나는 샘물로 보답한다(滴水之恩, 湧泉以報)'는 말이 있다. 은혜를 갚으려면 반드시 마음에 여력이 있어야 은혜를 갚겠다고 말할 수 있다. 그러므로 은혜를 갚을 줄 아는 사람은 부자이다. 가난한 사람이 은혜를 갚을 힘이 어디 있겠는가? 은혜를 갚는 사람은 정이 있고 의리가 있는 사람이고, 사회에서 선량하고 바른 사람이라고 할 수 있다. 반대로 정이 없고 의리 없고 은혜를 모르는 사람은 틀림없이 이기적인 사람으로, 부처님께서 말한 비인(非人, 사람 같지 않은 사람)이다.

국가가 우리를 보호해 주니 국가의 은혜에 보답해야 하고, 부모님의 길러준 은혜에 보답하기 위해 부모님께 효도해야 한다. 불법승 삼보는 우리 마음을 위로하고 심신을 편안하게 해주니 삼보도 우리에게 은혜가 있다. 나아가 모든 중생, 사회의 각계각층, 우리에게 도움이 되는 사람들이 다 우리의 은인이다.

은혜를 갚는 것은 본래 인류의 정상적인 윤리 관계이며 좋은 문화사상이다. 그런데 이와 관련해서 스님들이 하는 말에 나는 의견이 있다. 예를 들어 신도들이 절의 불사에 보시하고, 불상을 조성하고, 경전을 인쇄하고, 대중에게 공양하면 출가자들은 이렇게 말한다. "정말 신심이 있군요. 아미타부처님께서 장래에 서방극락세계로 맞이해 주실 겁니다."

많은 신도들이 사찰에 보시하면 생활적으로 우리에게 도움이 되는데, 왜 내가 신도님들께 보답하려 생각하지 않고, 오히려 아미타부처님으로 하여금 보답하게 하는지 의아하다. 나는 우리 출가자들이 보은의 책임을 너무 전가한다고 생각한다. 사람들이 나에게 잘해 주는 것을 당연하게 여기고, 누가 나에게 여러 가지 은혜를 베풀면 부처님이 대신 은혜를 갚도록 한다. 그래서 불교 인사들은 자신이 감사하지 않고, 자신이 보답하지 않고, 자신이 사회에 봉사하지 않는데, 나는 이런 상황이 도리에 맞지 않는다고 생각한다.

모든 사람이 다 각자 은혜를 갚아야 한다. 이 세상에 온 이상 우리가 누리는 모든 것은 다 다른 사람들의 도움으로 인한 것이니, 우리도 남을 도울 줄 알아야 은혜에 보답하는 것이다.

사람은 태어나면서부터 부모의 양육에 의지하고 사회의 각종 뒷받침에 의지해야 한다. 성장해서 스무 살이 되기 전까지는 세상이 주는 은덕을 누리고, 다른 사람들에게 기여한 적이 없다고 할 수 있다.

그런데 어떤 젊은이들은 부모님에게 불만이 있고, 선생님에게 불만이 있고, 국가와 사회에도 불만이 있으며, 각계각층에도 불만이 있다. 세상의 그 많은 대중이 나에게 태산같이 큰 은혜가 있는데, 어떻게 조금도 감사하지 않는가? 항상 이건 이래서 싫고 저건

저래서 싫다고 한다. 이런 사람이 이치에 맞는다고 생각하는가?

그래서 사람이 되려면 먼저 은혜 갚는 것을 배워야 한다. 어린 시절부터 가정에서 부모님을 기쁘게 해드리는 것이 은혜를 갚는 것이고, 학교에 다니고 공부하며 친구들에게 봉사하는 것이 은혜를 갚는 것이다. 심지어 선생님께서 잘 가르치지 못한다고 싫어하지 않는다. 오늘날 세상에서 명성이 자자한 모든 사람은 그가 승복하지 않는 많은 선생님이 그가 성공할 때까지 가르치지 않았는가? 왜 선생님께 감사하고 은혜 갚을 줄을 모르는가?

사회에 원망해서도 안 된다. 생각해 보자. 집에 앉아 있으면 신문이 전 세계의 뉴스를 눈앞에 가져다 놓는다. 집에 앉아서 TV를 틀면 연예인들이 혼신의 힘을 다해 연기를 보여준다. 이게 은혜로 부족한가? 감사하지 않을 수 있겠는가?

이렇게 세상에서 얻어지는 것을 누리기만 하면서도 온갖 불만을 갖고, 서로가 서로에게 이익이 되는 관계를 모른다. 사람으로서의 도덕이 이렇게 결여되어 있는데, 장차 국가 사회에서 출세하고자 하면 아무리 큰 관직에 오르더라도 관료주의에 물들고, 사업을 해도 기껏해야 악덕 업자이다.

세상의 모든 사람, 예를 들어 외국의 위대한 정치 지도자들의 한 마디가 나와 직접적인 영향은 없지만 경제·정책의 각 분야에서 나에게 이익이 될 수 있고, 나도 모르게 그들의 말 한마디에 편의를 누리니 모두 은인이라고 할 수 있다.

심지어 가난한 사람들이 내 도움을 받아도 그들에게 감사해야 한다. 왜냐하면 내가 사회에 조금이나마 공덕을 지을 기회를 주었고, 많은 어려운 사람들을 위해 조금이나마 사람 노릇을 하게 해주었기 때문이다. 그래서 남에게 줄 때도 상대에게 감사해야 한다. 이것이야말로 은혜를 갚는 것이다.

지금 인간은 자신의 탐욕과 인색함으로 인해 남들이 나에게 잘해 주길 바란다. 남이 나에게 주는 것을 늘 받기만 하면 내가 가난하다는 것을 나타낸다. 내가 남을 도와주고 베풀 수 있다면, 나는 부자이고 은혜를 갚는 사람이다. 이 세상에서 우리가 은혜를 갚자고 하는 것은 사람으로서의 근본 도리를 알려주는 것이다. 온전한 사람이 되고자 하면 먼저 은혜를 갚는 것부터 시작해야 한다.

재난 소멸

불교가 수천 년간 전해지면서 수많은 중생이 부처님을 믿고, 염불하고, 부처님께 절을 한다. 왜 그럴까? 재난을 소멸하기 위해서이다. 원하는 대로 될 수 있을까? 아마 원하는 대로 되지 않을 수도 있다.

왜 그런가? 불교는 인과관계를 말하기 때문이다. 씨를 뿌리지 않고 밭에 대고 "밭이시여, 저를 위해 싹을 틔워 주세요"라고 기원하면 싹이 자라지 않는다. 씨를 뿌린 '원인(因)'이 없는데, 어떻게 수확하는 '결과(果)'가 있을 수 있는가?

"숲이시여! 저를 위해 나무와 화초를 자라게 해주세요!" 이들도 자라나지 않는다! 왜일까? 같은 이치이다. 인과因果에 부합해야 원하는 대로 될 수 있다.

물이 필요해서 땅에 대고 말한다. "땅이시여! 물길을 내서 우리 집 앞까지 물이 흐르게 해주세요." 이것도 불가능하다. 왜일까? 원인이 없는데 어떻게 결과가 있겠는가?

그러므로 재난을 소멸하려면 반드시 불법을 실천하고 행해야 한다. 예를 들어 오래 살고 싶으면 살생하지 않아야 한다. 살생하지 않는 원인이 있어야 장수의 결과가 있을 수 있다.

돈을 벌고 싶으면 횡령하지 않고, 남의 재산을 침해하지 않아야 돈을 벌 수 있다.

가정이 편안하고 화목하기를 바라면 사음하지 않고, 다른 이의 몸과 정조를 침범하지 않으며, 다른 가정의 행복을 파괴하지 않아야 자신의 가정이 화목할 수 있다.

나의 명예가 존중받기를 바라면 타인의 명예를 훼손하지 말고, 헛소문을 내서 말썽을 일으키지 말고, 거짓말과 이간질을 하지 말아야 한다.

건강하기를 바라면 마약을 하지 않고, 술을 마시지 않고, 자신의 심신을 해치지 않아야 건강하고 지혜로울 수 있다.

그러므로 이러한 여러 가지 원인이 없는데, 불보살님께 상을 내려달라고 하며 결과를 얻으려는 것은 불법에 맞지 않는다. 재난을 소멸하려면 당연히 부처님께 절하고, 염불하고, 기도하고……. 그러면 부처님의 가피를 입을 수 있다. 그러나 나 자신도 '행불行佛'해야 한다. 불법을 실천하고, 널리 좋은 인연을 맺고, 발심해서 남을 위해 봉사한다. 선한 인因을 심으면 반드시 선한 과果가 있을 것이다. 선한 인을 심지 않고 악한 인을 심으면 당연히 악한 과보를 받아야 하고, 부처님도 구해 줄 수 없다.

법을 집으로 삼다

우리는 사람을 만나면 '성함이 어떻게 되세요? 어디에 사세요?'라고 묻는다.

지금 사람들은 어디에 사는가? 인간 세상에 산다! 인간 세상에. 또 어디에 사는가? 시비와 번뇌 속에 살고, 재산·명예·이익·부귀영화의 허상 속에 산다. 그래서 삶이 편안하지 않고, 매일 바빠서 허둥대고, 진정으로 안주할 곳을 찾지 못하고, 앞을 못 보는 사람처럼 자신의 미래의 방향을 찾지 못하고, 바다에서 떠도는 배처럼 해안가를 찾지 못한다. 이런 삶은 당연히 두려움을 느끼고, 번뇌하고, 희망이 없고 미래가 없다고 느끼니, 인생 수십 년을 번뇌 속에서 허망하게 살아간다.

불교에 법동사法同舍라는 말이 있는데, '법法을 집으로 삼는다'는 뜻이다. 불법은 몸과 마음을 편안하게 해주고, 불법 안에서 즐겁고 자유롭게 해줄 수 있다. 진리의 불법을 자신의 집으로 삼고, 진리의 집에 살면 무슨 번뇌가 있겠는가?

예를 들어 내가 자비의 불법佛法 안에서 살면, 자비는 적이 없으니 편안하고 안전하지 않겠는가? 내가 희사喜捨 안에 살며, 매일 기쁘게 남을 도와주고 봉사하면 사람들이 나를 받아들일 것이다. 나를 받아들이는데 배척하겠는가? 그러므로 희사할 수 있으면 도처에 인복이 있고 환영받는다. 내가 사섭법四攝法 안에서 살고, 육도만행六度萬行 안에서 살고, 선禪과 정토의 수행 안에서 살고, 불법의 참뜻 안에서 살면 모든 진리가 보호해 주고, 도덕이 인도해 주고, 나의 인생에 자비가 있기 때문에 다른 사람이 나의 선량함을 알게 되고, 나에게 희사가 있기 때문에 다른 사람이 나에게 호감을 갖게 된다. 심지어 오계五戒 십선十善을 닦으면 인간이 되고 천상으로 올라가는 밑천을 갖게 된다.

또한 보살이 닦는 육도만행을 내가 받들어 행할 수 있다면 스스로 제도하고 타인을 제도할 수 있고, 스스로 깨닫고 남을 깨닫게 할 수 있다. 우리는 『화엄경』 보현보살 십대원 안에 살 수도 있고, 『승만부인경勝鬘夫人經』의 십대수十大受 안에 살 수도 있다. 한마디로 말해 이 많은 불법을 내 집으로 삼고, 이 불법 안에 살면 불법이 나의 집이다. 불법이라는 이 집에는 기쁨이 있고, 재난이 없다. 불법의 집에는 편안함이 있고, 공포와 근심이 없다. 불법의 집에서는 나의 삶이 자유로움을 느낄 것이다.

우리는 세상에서 내 집이 어디에 있는지 여기저기 찾아다닌다. 특히 떠돌이들은 아득하고 막연해서 집이 어디에 있는지 모른다. 어떤 사람들은 인생이 어렴풋하게만 느껴지고, 미래의 희망이 어디에 있는지 모른다. 도대체 어디에 사는지 모른다. 이제 우리는 모든 세상 사람들에게 법동사法同舍, 불법의 진리가 우리의 집이라고 알려줘야 한다. 불법은 우리의 따뜻한 집과 다르지 않다. '법을 집으로 삼아' 불법이 있으면 인생은 더 초월하고, 더 승화되고, 더 편안하고, 더 자유로울 것이다. 그런데 뭐가 안 좋은가?

나는 누구인가?

'나는 누구인가'에 대해 보통 사람들은 평소에 거의 생각하지 않을 것이다. 그런데 지금 자신에게 '나는 누구인가?'라고 묻는다면 어떻게 대답할 것인가?

"나는 부모이다."

"나는 자녀이다."

"나는 선생님이다."

"나는 학생이다."

이 질문에 명확하게 답하기는 어렵다. 대부분은 신분, 지위, 역할로만 자신을 설명할 수 있다.

'나는 누구인가?'에 대한 올바른 대답은 '나는 부처다!'이다.

부처님은 금강좌에서 깨달음을 증득하고 "대지의 중생이 모두 여래의 지혜와 덕상을 가지고 있다(大地衆生皆有如來智慧德相)"라고 말씀하셨다. 사람마다 불성이 있는데 내가 부처가 아니면, 설마 내가 축생이거나 아귀인가? 물론 나는 사람이고 사람마다 불성이 있으니, 나는 부처가 되어야 한다.

만일 자신이 부처라고 인정하고 믿을 수 있다면, 지금 자신에게 물어보라. "나는 부처의 반야지혜가 있는가? 나는 부처의 넓은 마음과 도량이 있는가? 나는 부처의 각고의 인내가 있는가? 나는 부처의 '무연대자無緣大慈, 동체대비同體大悲'가 있는가?" '나는 부처다'를 인정한 이상 나는 부처를 본보기로 삼아, 부처의 모든 것이 나의 모든 것이라고 책임져야 한다. 국가의 흥망성쇠는 필부에게도 책임이 있는데, 불교의 흥망에 관해 불자로서 책임이 없겠는가?

그래서 '나는 누구인가'라고 끊임없이 자신에게 되묻는다면 내가 스스로에게 책임을 져야 하고, 사명감을 가져야 한다는 걸 알게 될 것이다. 한 나라의 국민이 되면 애국해야 하고, 불교 신도가 되면 불교를 사랑해야 한다. 한 집의 가장이 되면 그 집의 생활비를 책임져야 하고, 누군가의 친구가 되면 친구로서의 신의와 성실을 지켜야 한다. 사회에서 각 분야와 내가 인연을 맺은 덕에 의식주 생활을 해결할 수 있게 됐으니 나도 보답해야 한다. '나는 누구인가?'라고 스스로 묻고 나아가 '나는 부처다'라고 인정할 때, 우리는 부처가 행하는 바를 행해야 한다. 즉 스스로 깨달아야 할 뿐만 아니라, 인연에 따라 중생을 제도하고 남을 깨닫게 해야 한다.

『아함경阿含經』을 통해 우리는 부처님의 행적을 알 수 있다. 부처님은 아버지의 관을 메었고, 어머니를 위해 설법하고, 병든 제자를 위해 바느질을 해주고 물을 따라주고, 국왕을 위해 세상을 다스리고 국가가 강성해지는 도리를 말해 주고, 여성에게 바르고 정숙한 도를 설하고, 많은 신도에게 의탁할 수 있는 도를 말하는 등 매일같이 바쁘게 다니며 고생했다.

심지어 부처님은 성에 가서 탁발 걸식하다가 똥을 치우는 니제尼提를 만나자, 신분이 낮거나 가난하다고 가리지 않고 그를 위해 불법을 설해 깨닫게 해주었다. 부처님은 노는 아이를 만나면 모래 공

114

양을 받았다. 이로 인해 후에 아육왕이 세계 각지에 팔만 사천의 불탑을 조성하는 수승한 인연을 성취했다. 부처님은 신도의 보시를 받는 동시에, 불법의 수승한 이치를 설해 주어 문득 깨닫고 번뇌가 갑자기 사라지게 해주었다.

오늘날 불교는 사람들에게 불법을 주지 않고, 사회 대중이 우리에게 부富를 주기만을 바란다. 이로 인해 사찰은 온갖 세속적인 폐단이 생겨났고, 이는 불교가 쇠퇴하게 된 가장 큰 원인이다. 만일 우리 각자가 '나는 누구인가'를 생각하고, 지금 '나는 부처다'라고 인정하며 이에 대해 책임질 수 있다면, 부처의 자비와 지혜가 있게 되면 이 세상에는, 심지어 대대로 이렇게 많은 부처님께서 응화應化하시는데 불법이 흥하지 못하고 보급되지 못하겠는가? 중생이 선열법희禪悅法喜*를 누리지 못하겠는가?

---

* 선열법희禪悅法喜: 선정에 든 즐거움과 부처님의 가르침을 듣는 기쁨.

스스로 모든 것을 해결하다

세상 사람들은 행복하고 즐거울 때는 혼자만 누리려고 하고, 어려움에 부닥쳐 책임을 져야 할 때는 남에게 도와달라고 한다. 실제로 인생의 좋고 나쁨, 괴로움과 즐거움은 다 자신이 직접 감당해야 한다. 다른 사람들이 나를 칭찬하면 기쁘게 감당하고, 좋은 기회가 오면 감사하게 감당한다. 마찬가지로 책임, 어려움이 와도 용감하게 감당해야 한다. 감당하는 그때 바로 지혜와 복덕의 인연이 쌓이는 것이다. '내가 책임지고, 내가 감당한다'는 용기를 가질 수 있다면 자연히 힘이 생길 것이다. 만약 어려움을 두려워하고 모든 일을 회피하면 틀림없이 성취하기 어렵다.

불법에는 제불보살님의 지도, 호념(護念, 늘 염두에 두고 보호함), 가피가 있지만 무엇보다 중요한 것은 자신이 지은 선악 행위, 모든 것을 자신이 감당하고 책임져야 한다. 이는 사회에서 내가 사람을 죽였는데 다른 사람이 죽였다고 말하며 책임을 다른 사람에게 떠넘겨 다른 사람이 형벌을 대신 받게 할 수 없는 것과 같다. 자신이 절도 행위를 저질렀는데 다른 사람이 했다고 말할 수 없다. "사람이 하는 일을 하늘이 보고 있다"라는 말이 있다. 자연의 이치는 명백하고, 선악과 좋고 나쁨은 잡아뗄 수 없다. 따라서 자신의 행위를 자신이 감당할 수 있어야 한다.

삼업三業에는 몸으로 짓는 살생(살殺)·도둑질(도盜)·음란함(음淫), 입으로 범하는 거짓말(망언妄言)·욕설과 험담(악구惡口)·교묘하게 꾸며대는 말(기어綺語)·이간질(양설兩舌), 마음으로 짓는 탐욕(탐貪)·성냄(진瞋)·어리석음(치痴) 등이 있다. 자신이 지은 모든 선악 행위는 자신이 결과를 책임지고 감당해야 한다. "이와 같은 원인을 심으면, 이와 같은 결과를 얻는다(種如是因, 得如是果)"라고 했다. 좋은 일을 내가 해서 좋은 결과를 맺으면, 당연히 그것은 나의 것이다. 왜냐하면 내가 씨를 뿌린 밭이기 때문에 당연히 내가 수확해야 한다. 하지만 내가 다른 사람을 침범해서 다른 사람의 자유를 방해하면, 이 업력業力도 나 자신이 감당해야지 다른 사람이 대신해 줄 수 없다.

그러므로 용감하게 책임지고 감당해야 하며, 고난과 억울함에 용감하게 직면해야 하고, 자기 잘못을 용기 있게 인정해야 한다. 잘못하면 빨리 스스로 인정한다. "제가 틀렸어요.", "제가 잘못했어요.", "제가 이렇게 하면 안 되는 거였어요." 이렇게 진심으로 참회하고 성실하게 책임지면, 다른 사람도 나를 위로해 주고 의견을 주고 해결하도록 도와주며, 잘못·상처·책임을 최소화하게 해준다. 그리고 나 자신도 그 안에서 끊임없이 배우고 성장하며 발전할 수 있다. 만약 내가 잘못을 저질렀는데, 책임을 지기는커녕 오히려 책임을 전가하고, 다른 사람에게 보호해 달라고 하거나 사정을 봐달라고 하면, 이는 과거에 감옥살이를 대신할 사람을 찾고, 군 복무를 대신할 사람을 찾는 것과 같다. 이는 겉으로 보이는 행위일 뿐이며, 인과법칙에서는 더 정확하게 계산하는 장부가 따로 있다.

사람은 세상을 살면서 모든 문제를 스스로 해결해야 한다. 자신의 행위에 대해 요행 심리가 있어서는 안 되며, 자신의 책임을 회피하지 말고, 용감하게 책임을 지고, 나아가 문제를 해결할 방법을 찾아내는 것이 지혜로운 행동이며 처세의 태도이다.

나는 대중 속에 있다

모든 사람은 각자의 성격이 있고, 저마다의 정서와 희로애락이 있다. 제멋대로 굴고 자신의 정서를 통제하지 못해서 항상 미움을 사고, 대중과 동떨어져서 적이 되고, 사람들이 싫어하면 그 사람은 외로워지고, 버림받고, 비난받는다. 정말로 안타깝다!

예를 들어 농부·노동자·상인 등이 없다면 우리의 의식주는 어디에서 올까? 부모님·친구가 없다면 외로운 나에게 누가 밥을 지어주고, 누가 가정을 돌봐줄까? 여기에서 '대중'의 중요성을 알 수 있다.

불경에 18층 지옥이 나오는데, 그중 한 층의 지옥을 '고독지옥孤獨地獄'이라고 한다. 대중 속에 있지 않고 홀로 외로우면 마치 지옥에 있는 것과 같다. 대중에게 화내고, 대중과 화합하지 못하며, 이상하고, 토라지고, 혼자 있고, 닫혀 있을 때 지옥에 있는 것 같은 기분이 들지 않는가?

그래서 거룩한 부처님께서 승단을 만들었다. '승僧'은 화합하는 대중(和合衆)으로, 화합하는 대중이 함께 있어야 육화경(六和敬, 수행자가 서로 화합하고 경애하기 위한 여섯 가지 방법)의 승단이 사람들에게 존경받을 수 있다. 하루는 부처님의 이모가 옷 두 벌을 만들어 부처님께 공양했다. 이에 부처님이 말했다. "저는 한 벌만 갖고, 다른 한 벌은 다른 사람에게 보시하겠습니다. 저는 대중 가운데 한 명일 뿐이고, 한 벌이면 됩니다."

우리 재가 제자와 출가 제자들은 내가 세상을 떠나 독립할 수 없고, 내가 군중으로부터 떨어져서 생존할 수 없다는 것을 알아야 한다. '나는 대중 속에 있고, 대중 속에 내가 있다'는 것을 항상 느껴야 한다. 나는 대중이 필요하니 그들을 존경해야 하고, 포용해야 하고, 그들에게 봉사해야 하고, 그들이 나를 받아들이도록 해야 한다.

그들 속에 내가 있고, 내 속에 그들이 있다. 모두가 마치 한 다발의 꽃, 한 과수원의 과일나무와 같이 얼마나 풍성하고 얼마나 아름다운가. 다만 꽃 한 송이, 과일 한 개는 너무 단조롭고, 너무 외롭고 의지할 데가 없으며, 너무 누추하다. 장작 한 개비로 어떻게 불길이 세차게 타오를 수 있겠는가? 많은 장작과 활활 타오르는 불빛이 있어야 화력을 증가시킬 수 있다. 손가락 하나로 사람을 때리는 것은 아무런 힘이 없다. 그러나 주먹 하나면 대단한 실력을 가질 것이다.

그래서 나에게는 대중이 있고, 팀이 있고, 친구가 있으며, 중생을 버리지 않는 마음이 있다. 만약 자신이 '내가 대중 속에 있다'고 느낀다면, 대중과 잘 어울려야 사람들에게 받아들여질 수 있다.

바라지 않아도 있다

바라지 않는 것은 탐내지 않고 집착하지 않는 것이며, 이 세상에서 내가 무리하게 구해야 할 게 있다고 생각하지 않는 것이다. 모든 것에는 자연스러운 인연因緣이 있다. 인연은 매우 기묘하다! 나의 것이 아니면 억지로 구해도 소용이 없고, 나의 것이면 내가 바라지 않아도 그것이 올 인연이 있다.

예를 들어 내가 채소를 재배한다고 치자. 채소를 심으면 물을 주어야 하는데, 갑자기 비가 오면 그것이 나에게 좋은 인연이 아닌가? 또는 홍법을 하고 경전을 강의하려는데 마땅한 곳이 없다. 그런데 갑자기 한 사람이 나타나서 "저에게 강당이 있는데 경전 강의에 사용하셔도 됩니다"라고 말한다. 이게 좋은 인연이 아닌가? 아마 내가 직접 가서 요청하고, 빌려달라고 해도 구할 수 있다는 보장이 없을 것이다. 하지만 나에게 인연이 있다면 상대가 자연히 나에게 줄 것이다. 때론 누군가가 나에게 선물을 주려고 한다. 나는 바라지 않는데 상대가 꼭 주려고 하면, 어떻게 받지 않을 수 있겠는가? 그러니 '바라지 않아도 있다(不要而有)'는 진실한 것이다. 평소복덕의 인연을 키울 줄 알아야 한다는 것을 알 수 있다. 진심으로인연을 맺고, 노력하고 씨를 뿌리면 수확이 없겠는가?

그러므로 '바라지 않아도 있다'는 것은 탐내어 구하는 것이 아니고, 교묘하게 빼앗아 오는 것이 아니다. 그것은 인연에 따르는 것으로 마땅히 나의 것이면 나의 것이요, 마땅히 나의 것이 아니면 나의 것이 아니다. 사회적으로 강탈·사기 등의 뉴스가 자주 나오는데, 이 사람들은 가지고자 하는 탐욕 때문에 죄를 범한다. 그러나 결국 법률의 제재를 받고, 마침내 아무것도 없게 된다. 그러니 탐하는 게 무슨 소용이 있는가?

다른 사람이 가진 것을 질투하지 말라. 그 사람에게는 그 사람의 인연이 있고, 우리에게는 잠시 그런 인연이 없으니 적극적으로 자발적으로 인연을 키우면 된다. 어떻게 인연을 키울까? 예를 들어 가난한 사람을 봤는데 돈이 있으면 조금 보시하고, 약간의 인연을 준다. 누군가에게 어려운 일이 생겨 직업을 구하지 못하고 생활할 수 없게 되면, 어느 곳에 할 수 있는 일이 있는지 적극적으로 정보를 알려준다. 비록 입으로 하는 간단한 몇 마디 말이지만, 생계를 해결해 주고 어려움을 해결해 주었으니 이게 다 인연을 주는 것이다(給人因緣). 내가 인연을 많이 주면 어떻게 돌아오지 않겠는가? 그래서 불광산佛光山을 개산할 때 나는 '사급四給'을 제시했다. '사람들에게 믿음을 주고, 기쁨을 주고, 희망을 주고, 편리함을 준다(給人信心, 給人歡喜, 給人希望, 給人方便).' 이는 불광산의 업무 신조로서, 모두에게 선한 일을 하고, 널리 좋은 인연을 맺도록 장려하는 것이다.

나는 일생동안 '바라지 않아도 있다', '무無를 유有로 삼는다'는 인생관을 가지고 살아왔다. '무無를 유有로 삼는다'는 즉 '바라지 않아도 있다'는 것이다. 그러나 '무無'인데 어떻게 있을 수 있는가? '바라지 않는데' 어떻게 있을 수 있는가? 나는 젊은 스님들과 이야기할 때 '십무사상十無思想'에 대해 자주 얘기한다. 왜냐하면 무無가 유有보다 더 많기 때문이다. 유有는 유한하고 다함이 있지만, 무無는 무한하고 무량하며 무궁무진하다.

또한 무無에서도 유有가 생길 수 있다. 마치 메마른 호수에는 원래 물고기가 없지만, 비가 내려 물이 생기면 물고기가 오는 것과 같다. 폐허가 된 버려진 땅을 열심히 치우고 씨앗을 뿌리면, 꽃이 피고 풀이 자라서 생기가 넘치게 된다. 그러므로 허공, 대자연, 모든 것은 다 인연에 따라 있는 것이다!

나의 마음밭(心田)에 맑은 강물이 있는가? 맑은 강물이 있으면 자연히 보장寶藏이 많이 보일 것이다. 나의 마음밭에 드넓은 땅이 있는가? 드넓은 땅이 있으면 자연히 오곡의 싹이 자랄 것이다. 모든 것이 인연을 따르고, 바라지 않아도 있게 된다!

인연을 주다

'인연을 준다(給人因緣)'는 이 말은 불법 가운데서 가장 아름다운 언어라고 생각한다. 부처님은 '연기緣起'를 깨달아 도를 이루었고, 세상의 모든 것은 인연에 의해 일어나는 법(因緣所生法)이라고 분명하게 말씀하셨다. 인연이 있어야 성공할 수 있고, 인연이 있어야 일이 성사될 수 있다. 그래서 불법을 배우는 사람들은 대개 불도를 이루기 전에 먼저 사람들과 인연을 맺을 줄 안다. 사람들과 인연을 맺는 가장 좋은 방법은 사람들에게 인연을 주는 것이다(給人因緣). 다른 사람에게 좋은 인연을 주면, 그가 나에게 좋은 인연으로 보답한다. 이는 마치 산골짜기에 대고 "사랑해"라고 소리치면, "사랑해"라는 메아리가 들려오는 것처럼 돌아오는 게 있다.

불교의 '인연관因緣觀'은 천 년 동안 중국 사회 전체에 영향을 미치고 있다. 중국 속담에 "인연이 있으면 천 리나 떨어져 있어도 서로 만나게 되지만, 인연이 없으면 마주하고서도 만나지 못한다"*라는 말이 있다. 그만큼 모두가 인연이 중요하다는 것을 알고, 사람은 널리 인연을 맺어야 한다는 것을 알 수 있다.

인연을 맺는 것은 상식적으로 알기만 하는 것이 아니고, 그냥 말

---

* 有緣千里來相會, 無緣對面不相識.

로만 하는 것도 아니다. 우리 주변의 어떠한 사물도 다 인연과 관계가 있다. 사람은 인연에 기대어 이 세상에서 살아가며, 한 사람의 힘은 약하고 제한적이라고 할 수 있다. 그러나 내가 사람들에게 인연을 주고, 사람들과 좋은 인연을 널리 맺고, 인연을 널리 맺을수록 성취는 자연히 더욱 커진다.

그런데 보통 사람은 늘 다른 사람이 나에게 인연을 주기를 바란다. 사실 이는 이기적이고 집착하는 생각이며, 불법은 이렇게 해석하지 않는다.

불교에서 말하는 '화연化緣'은 내가 먼저 사람들에게 인연을 주어야 한다는 것이다. 예를 들어 다른 사람에게 좋은 말을 한마디 해주어 밝은 길을 가리키거나 도와준다. 내가 사람들에게 인연을 줄 수 있어야 자신도 인연이 생길 수 있다. 어떤 사람은 학식이 있어도 일을 이루지 못하고, 어떤 사람은 학식이 없는데도 큰일을 이룰 수 있는 이유는 다 인연이 있고 없고에 있다. 굉장히 능력이 있지만 아무 일도 할 수 없는 사람은 인연이 구족되지 않았기 때문이고, 능력이 결코 좋지 않은데 무슨 일을 해도 성공할 수 있는 사람은 인연이 구족되었기 때문이다.

"남을 공경하는 사람은 남이 항상 그를 공경한다(敬人者, 人恒敬之)"라는 말이 있다. 내가 다른 사람에 대해 좋은 말을 하면, 그 사람도 반드시 나에 대해 좋은 말을 할 것이다. 이 세상에서의 수행중에 '사람들에게 인연을 주는 것'보다 좋은 것도 없다. 세상의 번뇌, 분쟁은 대부분 나와 남이 조화롭지 못하고 나와 남의 관계가 화합할 수 없어서 발생하기 때문이다. 만약 내가 사람들에게 좋은 인연을 줄 수 있다면, 그렇게 많은 부당하고 악한 인연이 나를 방해하지 못할 것이다.

그러므로 세상의 능력 있는 사람, 재능 있는 사람, 선량한 사람, 신앙이 있는 사람은 불법의 가르침을 존중해 어느 나라, 어느 민족에 대해서든 사람들에게 인연을 주고, 도움을 주고, 사람들과 좋은 인연을 맺어야 하며, 자신만을 위해서가 아니라 남을 위해 더 많이 노력해야 한다.

특히 남에게 이용당하는 걸 두려워하지 말고, 다른 사람과 나누는 걸 두려워하지 말아야 한다. 왜냐하면 사람과 사람은 서로 관계된 존재로, 서로가 인연의 조합이기 때문이다. 따라서 남에게 주는 것은 곧 자신에게 주는 것이며, 다른 사람을 돕는 것은 곧 자신을 돕는 것이다. 씨앗 한 알을 밭에 뿌리면 장래에 자라서 수확을 거둘 것이다. 이 모든 의외의 수확은 놀라움과 기쁨을 가져올 것이다. 그러므로 사람들에게 인연을 주는 것은 곧 자신에게 인연을 주는 것이다.

서로 보시하다

신도님들이 절에서 차를 마시고 공양하면 절에 폐를 끼쳐선 안 된다며 보시를 좀 한다. 또는 모처럼 절에 왔는데 하며 인연을 맺으려고 보시하기도 한다. "돈이 산문에 들어오면, 복은 시주에게 돌아간다(錢進山門, 福歸施主)"라는 말이 있다. 보시는 좋은 인연과 복덕을 증장시킬 수 있다.

한번은 내가 불광산의 분원 및 포교당을 둘러본 뒤 제자들에게 물었다. "전통 사찰은 신도님들이 도량에 와서 보시하는데, 우리 출가자들은 신도님들을 위해 무엇을 보시할 수 있을까요?" 당시 서로 얼굴만 쳐다보고 있는데 한 제자가 이해되지 않는 듯이 물었다. "신도님들이 절에 와서 경전 강의를 듣고, 절하고, 공양하고, 차를 마시면 항상 보시하려고 하는데, 이는 신도님들과 부처님 사이의 왕래입니다. 그런데 왜 스님들이 신도님들에게 보시해야 하나요?" 나는 말했다. "불교가 발전하려면 물론 신도님들의 보시가 필요하거니와, 신도님들이 사찰에 지원하고 후원해 주는 것은 시간이든, 체력이든, 금전이든 이 공덕들은 다 그분들의 선량하고 아름다운 마음입니다. 그러니 우리도 보답해야 하고, 마음으로 신도님들께 보시해야 합니다."

사실 중국 사찰은 오래전부터 신도들에게 보시한 예가 있다. 예를 들어 사찰에서 신도가 묵을 수 있게 해주고, 재주齋主*의 성명을 적어 회향하고, 신도님의 새집을 위해 쇄정灑淨**해 주고, 경사스러운 날 축원하고 기도해 주는 등이 있다. 또는 연말마다 납팔죽臘八粥***·부뚜막 부적·춘련****·공양하는 물품 등을 집집마다 보내 신도님에 대한 사찰과 스님들의 감사·관심·축복을 표했다. 여기에는 다 신도를 위해 보시하는 아름다운 뜻이 담겨 있다. 나중에 이런 것들이 관례가 된 후, 일반 민중들도 이런 물품을 받으면 재난을 소멸하는 길한 상징으로 여겼다.

"그럼 신도님들에게 어떻게 보시해야 하나요?" 제자가 또 물었다.

나는 이렇게 말했다. "극락세계는 칠보누각으로 장엄되어 있고, 물과 새들이 법을 설해 중생에게 복과 이익을 줍니다. 유리정토琉璃淨土는 옷과 음식이 부족하지 않고, 온갖 욕염欲染을 떠나 유정중생을 안락하게 해줍니다. 미력하나마 우리도 발원하고 제불보살의 대비원력을 본받아, 좋은 시설과 쾌적한 환경으로 신도님들에게 보시해야 합니다. 또한 먼저 인사하고, 온화하게 웃고, 어려움을 해

---

* 재주齋主: 스님에게 공양하는 사람. 공덕주.
** 쇄정灑淨: 스님이 진언을 외워 가지加持한 감로법수를 뿌리면서 주변의 사람이나 사물 등이 청정하고 장애가 없도록 하는 것.
*** 납팔죽臘八粥: 매년 음력 12월 8일(납월臘月 초파일) 부처님 성도일成道日에 절에서 오곡 등 8가지 재료로 죽을 만들어 부처님과 대중에게 공양하는 것을 납팔죽이라고 한다.
**** 춘련春聯: 춘절(음력설)에 문에 붙이는 대련.

결해 주고, 친절한 배려, 인격 존중, 진심 어린 위로, 열성적인 봉사, 신앙의 법재(法財: 법의 재산, 불법), 좋은 시설, 지혜로운 조언 등 아름다운 공양으로 출가자도 신도님들에게 보시할 수 있습니다."

불광산은 개산 이래 조사 대덕 스님들의 자비로운 원을 잊지 않고, 옛 제도를 따르면서도 시대에 맞게 매년 새해가 되면 일필자一筆字* 춘련을 써서 축복의 의미로 신도님들에게 드린다. 또한 신도님들이 법당 참배를 하면 염주, 평안부(평안을 기원하는 부적), 작은 불상 등의 기념품을 선물해 신도님들이 몸에 지니거나 차에 두어 평안한 삶을 누릴 수 있기를 바란다. 이밖에도 다양한 법회와 행사를 봉행하고, 출가자들이 신도 가정을 방문해 설법하고 법담을 나누며, 외진 곳에 찾아가 의료봉사를 하고, 운수雲水병원을 설립한 것도 모두 신도들에게 보시하는 것이다.

신도들은 사찰을 후원함으로써 보시하고, 출가자들은 봉사함으로써 신도들에게 보시해, 서로 간에 보시하는 것이 서로 도와주는 매우 아름다운 인연이라고 생각한다.

---

* 일필자一筆字 : 성운 대사는 나이가 들고 시력이 모호해져서 붓글씨를 쓸 때 중간에 붓을 떼면 다음 글자를 어디에서 시작해야 할지 모른다. 그래서 붓을 한 번 대면 한 필, 즉 일필一筆에 모든 글자를 완성해야 한다. 그래서 일필자라고 한다.

자신의 귀인이 되다

이 세상은 인간의 세계이고, 사람들이 왕래하고 관계하는 세계이다. 그래서 '인간 세상'이라고도 한다. 인간 세상에는 우리와 가까운 조상, 부모, 후손부터 먼 친척, 친구, 직장 상사, 부하 직원까지 모두 우리와 인연 있는 사람들이다.

물론 우리와 함께 지내고 왕래하는 많은 인연 있는 사람들 중에는 우리를 도와주는 사람도 있고, 우리가 도와줘야 하는 사람도 있으며, 선한 사람도 있고, 악한 사람도 있다. 하지만 기본적으로 사람은 일생 다른 사람의 도움이 필요하고, 당연히 도움을 받을 귀인貴人을 찾을 수 있기를 바란다.

그렇다면 도대체 우리의 귀인은 누구인가? 내가 좋은 직업을 구할 수 있도록 도와주는 사람이 나의 귀인이고, 나에게 돈 버는 방법을 알려주는 사람이 나의 귀인이며, 나를 위해 어려운 문제를 해결해 주는 사람이 나의 귀인이다. 사실 다른 사람이 와서 자신의 귀인이 되리라고 망상할 필요가 없다. 귀인은 쉽게 만날 수 없고, 자신에게 가장 가까운 귀인은 바로 우리 자신이기 때문이다. 자신의 인격이 건전하고, 도덕을 중시하고, 인의를 중시하며, 부지런하고, 예의 있고, 인내하고, 자비롭고, 다른 사람에게 봉사하고, 근검절약하면 사람들이 나를 칭찬하고 받아줄 것이다. 이렇게 하면 내가 자신의 귀인이 아니겠는가?

　반대로 자신의 품행이 좋지 않고, 성질이 괴팍하고, 욱하고, 게으르고, 생트집을 잡고, 다른 사람과 인연을 맺으려 하지 않으면 당연히 다른 사람도 나를 받아들이지 않을 것이다. 이렇게 되면 내가 귀인을 찾으러 가도 누가 나의 귀인이 되려고 하겠는가?

　세상에서 귀인의 도움을 구하기는 쉽지 않고, 많은 선한 인연이 있어야 귀인이 나타난다. 그러므로 가장 좋은 방법은 자신을 변화시키는 것부터 시작하는 것이다. 사람으로서 처세함에 예의가 있어야 하고, 사람을 대할 때는 자비롭고 인내해야 하며, 다른 사람과 지내는데 기꺼이 손해를 봐야 한다. 자주 사람들을 칭찬해 주고, 감동을 주고, 봉사하고, 도와준다. 이렇게 할 수 있으면 다른 사람이 나의 귀인이 될 뿐만 아니라, 내가 세상을 돌아다녀도 다른 사람 인생에서의 귀인이 될 것이다.

　염불하는 사람이 물었다. "우리는 염주를 손에 들고 '아미타불'을 염불합니다. 아미타불도 손에 염주를 들고 있는데, 누구를 염불하나요?" 아미타불도 '아미타불'을 염불한다. '왜 자신이 자신을 염불할까?' 남에게 구하는 것보다 자기에게 구하는 것이 낫기 때문이다!

　한 사람의 성취는 결코 하늘에서 떨어지는 것도 아니고, 누가 주는 것도 아니며, 모두 자신의 노력으로 얻어지는 것이다. 모든 일은 남에게 도움을 청하는 것이 매우 어렵다. 신에게 구하고 부처님께 묻는다고 해서 반드시 유용하지도 않다. 내가 직접 책임지고, 내가 아니면 안 되고, 자신에게 방법이 있어야 누구도 나를 쓰러뜨릴 수 없다. 자신에게 방법이 없으면 설령 부처님이 와도 나를 구할 수 없다. 그래서 내가 자신의 귀인이 되는 것이 가장 중요하다.

재신財神은 누구인가?

어렸을 적 내가 중국에서 공부할 때의 일이다. 어느 해에 한 총림에서 방부를 들였는데, 마침 설을 맞아 대중에게 줄을 서서 산문 밖에 가서 재신(財神, 재물을 관장하는 신)을 맞이하라고 했다. 당시에 나는 굉장히 반감을 느꼈다. 나는 가난하고 돈이 없지만 재신을 맞이하고 싶지 않았다. 우리는 왜 부처님을 맞이하지 않고 재신을 맞이해야 하는가? 도대체 불법을 믿는 것이 위대한가? 아니면 돈이 위대한가?

이런 행위는 불교가 세속을 벗어나지 않고, 돈을 벌기만을 바라고, 불법佛法을 희구하지 않는다는 것을 설명해 준다. 심지어 사찰 자체도 포교보다 시주받는 것을 더 중요시한다. 과거 총림에는 장경루藏經樓와 강당을 갖추고 경전 강설과 홍법을 하는 곳이 많았지만, 대부분의 사찰은 시주받는 것을 위주로 하고, 곳곳에 불전함을 두어 신도들이 와서 보시해 주기를 기다리기만 했다.

물론 사찰은 신도들이 기꺼이 기부하는 희사喜捨를 받을 수 있고, 그래서 불전함을 설치하는 것은 당연한 일이다. 그러나 법당에도 설치하고, 객당客堂에도 놓고, 심지어 창고에도 있고, 이렇게 무절제하게 해서는 안 된다. 또한 불교에서 말하는 보시는 자신이 괴롭지 않고, 번뇌하지 않는 상황에서 수희隨喜의 보시*·기쁨의 보시를 하는 것이 여법한 것이다. 그런데 지금은 불법佛法을 따르지 않고, 오히려 불법을 돈을 탐하는 욕망 위에 세워, 불쾌한 기부를 하게 해서야 우리가 부처님께 떳떳하겠는가?

그래서 오늘날 우리는 인간불교를 제창하며, 사찰은 교묘하게 명목을 만들어서는 안 되며 부당한 보시를 함부로 받아서는 안 된다고 주장한다. 신도들도 신앙을 돈 벌기를 기원하는 위에 세워서는 안 된다. 사실 우리 모두가 다 자신의 재신財神이 될 수 있다. '재신에게 구하고 재신에게 절하느니, 자신이 재신이 되는 게 더 낫다'는 말이 있다. 우리의 두 손으로 일하고, 부지런히 분발하여 돈을 벌면, 두 손은 우리의 재신이다. 우리의 두 다리로 부지런히 걷고, 재원을 개발하면, 두 다리는 우리의 재신이다. 귀와 눈이 밝고, 만면에 웃음을 짓고, 입으로 좋은 말을 많이 하고, 사람들에게 고개를 끄덕여 호의를 보이면, 이러한 것들이 우리에게 부富를 가져다줄 수 있다. 우리의 오근(五根, 다섯 가지 감각기관)과 육식(六識, 육근에 의하여 대상을 인식하는 여섯 가지 마음의 작용)이 우리의 재신財神이 아닌가? 특히 우리는 재신을 머릿속에 키울 수 있다. 나의 머리가 명석하고 지혜롭고 맑으면 내가 돈을 버는 데 도움이 될 수 있지 않겠는가? 남에게 부탁하기 어렵고, 신에게 구하기도 어려우니, 자신이라는 재신에게 구하는 것이 쉬울 것이다.

이제 불법을 수호하는 호법신장에 대해 얘기해 보자. 위타韋馱천신, 호법가람(護法伽藍, 관우)은 누가 호법신장으로 봉했을까? 위타

---

* 수희隨喜 보시: 다른 사람이 보시하는 것을 보고 기쁘게 따라 하는 보시.

천신은 도대체 어디에서 왔는가? 부처님과 동향인가? 관세음보살과 동향인가? 아니면 제바提婆, 용수龍樹와 동향인가? 위타천신은 어디에서 태어났는가? 누가 절을 지키는 호법신장으로 봉했는가? 관우는 누가 가람존자伽藍尊者로 봉할 자격이 있는가? 관우는 어느 절에 얼마나 보시했는가? 아니면 관우가 어느 절을 지은 적이 있는가?

이 명확하지 않은 많은 일에 대해 누가 제창하고 있는지 알지도 못하면서, 우리는 자세히 생각해 보지도 않고 맹목적으로 따른다. 오히려 오늘날의 위타천신, 호법가람은 우리의 대공덕주, 우리의 봉사자들이다. 전 세계의 사찰에 기부하고 열성적으로 봉사하는 이분들에게 왜 감사하지 않는가?

그래서 나는 위타·가람존자(관우)만이 호법신장이 아니라, 전 세계에서 불교를 보호하고 수호하는 사람들이 모두 위타천신이고 호법가람이라고 생각한다. 호법신은 형상이 없고 모양이 없다. 불교에 마음이 있는 모든 사람, 절에 기여하고 보시하는 모든 신도가 다 절이 존중해야 하는 호법위타이고 가람존자이며, 우리는 그분들께 보시해야 한다. 즉 적극적으로 배려하고 보살펴 주어야 하며, 그분들에게 법희法喜*와 법익法益을 보시해, 그분들이 위없는 법재法財를 얻도록 해야 한다. 이렇게 하는 것이 재신을 맞이하는 것보다 훨씬 의미가 있다.

---

* 법희法喜: 부처님의 가르침을 듣거나 배워서 일어나는 기쁨.

불법이 있으면 방법이 있다

어떤 신도가 나에게 물었다. "스님께서는 '불법이 있으면 방법이 있다'고 말씀하시는데 불법·방법이 무엇입니까?" 내가 그분에게 말했다. "자비·지혜·포용·평등·방편·선교善巧*가 불법佛法입니다."

인도 역사상 유명한 아육왕은 중국의 진시황과 마찬가지로 남쪽을 정벌하고 북쪽을 토벌하여 모든 전투에서 승리했다. 비록 사방을 굴복시켰지만, 아육왕은 각국을 순시하면서 가는 곳마다 민중의 시선이 증오로 가득 찬 것을 보고, 민심이 승복하지 않았음을 알 수 있었다. 훗날 아육왕이 불법을 굳게 믿어서 자비와 인도仁道로 나라를 다스리자, 백성은 편안하게 살고 즐겁게 일했으며, 덕이 널리 퍼져 민중의 존경과 사랑을 받았다. 한번은 아육왕이 다시 전국을 순시하자 길가에 늘어서 환영하는 백성들이 일제히 기뻐하며 고무되어 있었다. 이때 아육왕은 마음속에서 진심으로 우러나 찬탄하며 말한다. "힘의 승리는 진정한 승리가 아닙니다. 법法은 모든 것을 이길 수 있습니다. 오직 법의 승리만이 진정한 승리입니다!"

이것이 불법에서 말하는 평등 정신이고, 무아無我의 넓은 아량이

---

* 선교善巧: 중생을 구제하기 위한 교묘한 수단과 방법.

다. 사람은 사심이 없고 무아여야 비열한 욕망과 탐욕을 이겨내고 심신의 구경의 자유를 얻을 수 있다.

"달빛이 평소와 같이 창가에 비추는데, 매화가 있어 달빛이 달라 보인다(尋常一樣窓前月, 才有梅花便不同)"라는 시가 있다. 불법을 적절하게 사용하면 삶 전체가 향상된다. 그래서 '불법이 있으면 방법이 있다'는 말은 우리 마음속에 신앙의 힘·지혜의 힘·선정禪定의 힘·스스로 깨닫는 힘……이 있게 해서, 불법의 '지혜보장智慧寶藏'을 배우면 자연히 천하를 두루 다닐 능력이 있게 된다.

예를 들어 부부가 함께 살면서 외도를 걱정하는 사람도 있고, 사이가 나빠질까 걱정하는 사람도 있다. 사실 부부가 오계 중의 불사음不邪淫을 지키고, 사랑스럽고 부드러운 말과 화합으로 서로 보살피고 초심을 잃지 않는 한 가정의 화목은 보장된다. 또 어떤 사람은 부·명예·사업·조화로운 삶을 바란다. 사실 거짓말을 하지 않고 좋은 말을 하면 좋은 명성을 얻을 수 있고, 도둑질하지 않고 보시하면 풍족하고 안락할 수 있다.

불교에서는 세간법世間法爲을 유루법有漏法이라고 한다. 왜냐하면 이 세상에서 우리가 부귀영화를 누리고 가족의 사랑이 변하지 않는다고 하더라도, 삶의 지침이 되는 불법이 없다면 세상의 모든 법에 대해 통찰하는 지혜를 잃어버리고, 오욕과 육진六塵에 대해서도 깨닫기 어려우며, 삶은 자연히 향상되지 못하고, 남이 하는 대로 휩쓸려, 미혹하고 업을 지어 고통이 계속되기 때문이다. 반대로 불법을 배우고 불법을 실천하면 세상의 진상眞相을 분명히 보게 되고, 모든 생멸生滅과 윤회가 다 연기緣起의 현상이라는 걸 알게 된다.

우리가 생명의 진상眞相을 꿰뚫어보면 집착을 내려놓고, 번뇌에서 벗어나고, 의기소침에서 다시 힘을 내고, 게으름에서 의욕적으로 바뀌고, 분노를 자애로 돌릴 수 있다. 그래서 '불법이 있으면 방법이 있다'는 말은 우리 마음속에 자비·기쁨·선정禪定·평온 등의 법락法樂이 있으면 오욕의 허망한 쾌락에 탐닉하지 않고, 인간 세상에서 겪는 부침에 대해서도 자재하고 편안할 수 있다는 뜻이다.

불법은 인생의 오묘한 법이다. 온갖 무기를 갖춘 용사처럼, 법의 즐거움이 있는 사람에게는 마음의 평화가 가장 좋은 장비이다. 이들은 빈부귀천의 환경에 처하거나, 비방 또는 칭찬에 직면하더라도 지혜로 처리하고, 풀고, 극복할 수 있고, 자신의 인생을 위해 탄탄한 길을 걷는다.

남에게 이용당해야 가치가 있다

'남에게 이용당해야 가치가 있다.' 이 말은 우리 불학원(佛學院, 강원)에서 강의하는 당일현唐一玄 선생님께서 쉬는 시간에 나와 얘기를 나누며 한 말이다. 이는 일반 대중의 인식과는 다른 관점으로, 내 평생의 마음의 소리를 다 담은 말이라고 할 수 있다.

보통 사람들은 대부분 손해 보고, 남에게 이득을 보게 하고, 남에게 이용당하기를 원치 않는다. 하지만 남에게 이용되는 것도 일종의 인연을 맺는 것이라고 생각한다. 남에게 이용당하는 것을 두려워하지 말고, 가진 것이 있으면 사람들과 나누는 것을 두려워하지 말아야 한다. 왜냐하면 사람과 사람 사이는 서로 연관되어 존재하고, 서로가 인연의 조합이기 때문이다. 그러므로 남에게 주는 것은 곧 자신에게 주는 것이고, 남을 돕는 것은 곧 자신을 돕는 것이다.

예를 들어 집을 아무리 호화롭게 지어도 길을 막아 사람들을 불편하게 하면 이용 가치가 없어 철거될 수밖에 없다. 땔감은 불을 때어 밥을 지을 수 있으니, 이용 가치가 있어 잘 아껴야 한다. 예로부터 충신은 국가에 이용되고, 억울함을 당해도 원망하지 않고 죽을 때까지 온 힘을 다했다.

불광산이 개산한 지 얼마 되지 않았을 때, 불학원 학생들은 운력 시간에 일하는 것을 통해 심신을 단련했다. 일부 여행객들이 이를 보고 "이 학생들은 정말 불쌍하다. 사찰에서 일하는 데 이용되고 있다"고 말했다. 그런데 한 학생은 오히려 즐겁게 말했다. "우리는 일하는 것으로 수행하는 거예요!" 같은 일에 대해 다르게 바라보는 두 가지의 사고방식은 각자 마음속의 가치가 다르다는 것을 설명해 준다.

신도님들이 절에 와서 참배하는 데 편의를 주기 위해, 우리는 조산회관朝山會館을 지어 숙식을 제공한다. 그런데 여행사들이 수십 테이블을 예약해 놓고, 몇만 원만 내고 가는 경우가 흔히 있다. 봉사자가 불평을 늘어놓으며 나에게 끊임없이 하소연하면, 나는 자신이 손해를 좀 보고 사람들에게 이용당하고, 남에게 이득을 보게 하는 것도 일종의 좋은 인연을 널리 맺는 것이라고 위로해 주곤 했다.

나는 모든 사람이 남에게 많이 이용되는 방법을 생각해야 한다고 본다. 이용 가치가 없게 될 때 생명도 존재의 의미가 없게 된다. 따라서 생명의 존재 여부는 중요하지 않고, 남에게 이용되어 생명의 기능을 발휘할 수 있는 것이 중요하다. 소와 말이 무게를 많이 짊어지고, 사람을 위해 일을 많이 해야 키울 가치가 있는 것과 같다. 물 한 그릇도 꽃에 물을 주어 꽃을 활짝 피울 수 있게 하는 것이 사람에게 이용되는 물의 가치이다.

또한 장기 기증의 경우, 각막을 기증하면 광명을 다른 사람에게 줄 수 있고, 심장을 기증하면 상대방에게 생명의 동력을 줄 수 있다. 골수를 기증하면 생명의 흐름을 타인의 생명 속으로 흘러들게 한다. 장기이식은 다른 사람에게 생명력을 가져다주는 동시에, 자기 생명의 연장이기도 하다.

발심한 사람은 마지막에 죽더라도 생명의 가치를 발휘할 수 있고, 남에게 이용당할까 두려워하는 사람은 살아있어도 소용이 없다. 그러므로 다른 사람에게 많이 이용당해야 하며, 그렇지 않으면 산송장이 되니 생명이 무슨 의미가 있겠는가?

사람은 인연에 기대어 이 세상에서 살아간다. 한 사람의 힘은 미약하고, 남에게 이용될 수 있으면 널리 좋은 인연을 맺는 것이며, 인연이 많을수록 성취는 더욱 커진다. 따라서 인연을 맺는 기회를 쉽게 놓치지 말아야 하며, 인연을 맺으면 사업에서 인맥을 넓힐 수 있고, 남들보다 더 많은 성공의 인연을 가질 수 있다.

초심을 잊지 않다

나는 경전을 강의할 때 『화엄경華嚴經』의 명언 '불망초심(不忘初心, 초심을 잊지 않는다)'을 자주 인용하고, 『유마경維摩經』의 명구인 '불청지우(不請之友, 청하지 않았는데도 찾아와 벗이 되어주는 친구)'도 자주 인용한다. 우리가 수행하고 공부하는 데 가장 중요한 것은 처음에 왜 내가 불교를 믿고, 불교를 공부하고, 출가하고, 수행했는지 기억해야 한다는 의미에서다. 처음에 마음에 일어난 생각, 처음에 뜻한 바가 있을 것이다. 마음을 내고 발심해 불교를 공부하고 출가하려고 할 때 무한한 용기가 있었을 것이고, 주저 없이 불문佛門으로 들어왔을 것이다.

그런데 불문에 들어오면 단번에 천상에 갈 수도 없고, 고되게 수행하고, 고되게 공부해야 한다. 대중의 요구, 과중한 사찰 업무, 온갖 일을 겪다 보면 낙심해서 불교 공부가 이렇게 힘들 줄 진작 알았으면 굳이 출가해서 불교 공부를 할 필요가 있었을까 하는 생각이 든다. 나는 사회에서 자유로울 수 있고, 월급을 받을 수 있고, 먹고 마시고 놀 수 있는데…… 그래서 많은 사람이 중도에 그만두고 환속한다. 이를 초발심을 잊었다고 하는데 정말로 한없이 아쉽다.

나는 항상 젊은 사람들에게 처음의 발심을 잊지 말고, 물러서지 말라고 격려한다. 초심을 잊으면 무기를 버리고 도망가는 군대와 같다. 이는 총살되어야 하고 구원받을 수 없다. 동시에 '초심을 잊지 않는다(不忘初心)'는 출가자에게만 적용되는 것은 아니라고 생각한다. 부처님께서 말씀하신 모든 불법은 사실 중생에게 법문한 것으로, 모든 이가 초월하고 승화될 수 있도록 하는 것이다.

예를 들어 결혼해 부부가 되었는데 어떻게 일이 년 만에 이혼을 하는가? 만약 처음에 쫓아다니고, 알콩달콩하고, 연애할 때를 기억한다면 함부로 이혼할 수 있을까? 결혼한 후에는 아들 낳기를 원하고 딸 낳기를 원해서 매일 부처님께 빌고, 관세음보살님이 아들을 낳게 해주기를 바라고, 삼신할머니가 도와주기를 바란다. 자녀가 생기면 아이를 키우기가 힘들다며 후회하고 괴로워한다. 그래서 자녀를 낳고 키우는 걸 원하지 않는다며, 전생의 빚을 받으러 온 자녀가 자신에게 많은 폐를 끼친다고 한다. 이러한 것들은 다 처음의 바람을 기억하지 못해서, 힘이 없게 되어 중도에 포기하게 되는 것이다. 이를 초심을 잊었다고 한다.

『화엄경』에 선재동자가 53분의 선지식을 찾아가 법을 구한 이야기가 나온다. 우리도 선재동자에게 배워서 보살님이 나에게 '초심을 잊지 않는다(不忘初心)'라고 한마디 하면 평생 기억하며 행한다.

예를 들어 부모가 나에게 못하는데, 누가 나더러 그분들의 자녀가 되라고 했는가? 그래도 나는 부모와 자녀의 관계를 잊지 않는 한 부모에게 효도할 것이다. 친구가 나를 속여 손해를 보게 하면, 인내하고 너그럽게 용서하고 따지지 말자. 인연이 있으면 서로 왕래하고 인연이 없으면 각자 헤어지니, 원한 품을 것도 없고 따질 것도 없다.

우리가 처음 친구를 사귈 때 의형제를 맺기까지 하고, 많은 모임 또는 파벌을 결성해 이익이 되면 다 친구이다. 그런데 남이 내 도움을 필요로 하면 핑계를 대어 거절하고, 나의 친구로 인정하지 않는다. 이런 식으로 처음의 우정과 마음을 제멋대로 잊어버린다면 정말 사람으로 부끄러운 것인데, 어떻게 불교 공부할 자격이 있고, 어떻게 불도에 들어갈 자격이 있겠는가?

우리는 사회에서 잘 아는 사람이나 친구에게 자주 이렇게 말한다. "나를 초대하지 않았잖아요!" "나한테 알리지 않았잖아요!" 그러면서 일을 도와주지 않거나, 모임에 참가하지 않는 건 여러 번 초대하지 않아서라고, 나에 대해 공손함이나 예의가 없어서라고 탓한다.

이것은 잘못된 생각이다. 만약 내가 보살이라면 보살은 '불청지우不請之友', 즉 청하지 않았는데도 찾아가 벗이 되어주는 친구임을 기억해야 한다. 상대에게 일이 있는 걸 내가 알면 바로 달려가서 도와주고, 상대에게 내 도움이 필요하면 마음과 힘이 되는 대로 도와준다. 그러므로 청하지 않아도 되는 친구야말로 진정한 친구이며, 여러 번 부탁하고 절을 해야 호의를 베푸는 이는 진정한 친구가 아니다.

경전의 '초심을 잊지 않는다(不忘初心)'를 보통 사람들은 간단하고 가볍게 말만 하고 실천하지 않으니 정말 안타깝다. 실천하지 않으면 불교에서 10년, 20년, 30년을 있어도 세월을 헛되이 보낸 것이다. 만약 초심을 잊지 않고 자비행을 한다면, 초심을 잊지 않고 모든 일을 인내하면, 초심을 잊지 않고 고된 일을 하며 수행하면…… 언제 어디서든 처음의 발심을 잊지 않으면 어찌 불도에 들지 못하겠는가?

누림의 묘미

세상 사람들은 모두 '소유'를 좋아한다. 권력·명예·지위·부귀를 소유하고 "이것은 '내 것'이다. 당신들은 나와 함께 누려서는 안 된다. 당신들은 내가 소유하는 것을 침범해서는 안 된다"라고 한다. 만약 세상의 모든 것을 나에게 주고, 내가 이 소유한 것들에 집착해서 언젠가 잃어버릴까 걱정한다면, 아무리 많이 소유한들 무슨 즐거움이 더해지고 무슨 행복이 더해지겠는가?

'소유'하려면 복덕 인연이 있어야 한다. 복덕 인연이 구족될 경우 마땅히 나의 것이면 나를 찾아올 것이고, 나의 것이 아니면 다 잡은 것도 놓칠 것이다. 강렬한 소유욕은 끝없이 욕심을 부리게 하고, 그로 인해 힘들고, 해탈의 즐거움을 얻지 못하게 한다. 세상은 소유를 추구하는데 이는 최고가 아니다. 오히려 누릴 줄 알아야 하며, 함께 누리는 세계와 삶이 훨씬 더 넓다.

꽃은 내 것이 아니어도 나는 꽃의 아름다움을 누릴 수 있고, 해와 달과 별은 내가 감상할 수 있으며, 산과 강과 대지는 내가 걸을 수 있고, 화초와 나무는 내가 볼 수 있으며, 수많은 중생은 나와 벗이 된다. 이 세상은 다 나의 것이다. 날씨가 추우면 나는 햇볕을 쬘 수 있고, 여기가 좋지 않으면 나는 산 좋고 물 맑은 다른 곳을 고를 수 있다. 다른 사람이 빌딩을 지으면 내가 들어가 비라도 피할 수 있다. 당신은 텔레비전을 살 돈이 있고, 나는 살 수 없지만 괜찮다. 당신은 앉아서 보고 나는 서서 봐도 된다! 이 세상은 나와 인연만 있다면 굳이 혼자 소유하고 차지할 필요가 있을까?

다른 사람이 소유한 것에 나는 질투하지 않고 방해하지 않는다. 남이 돈을 벌면 그 돈은 내 것이 아니지만, 나는 그를 위해 기뻐한다. 남이 상을 받고, 출세하고, 영예를 얻으면 나도 같이 기쁨을 느낀다. 비록 내 것은 아니지만 나는 그의 기쁨을 누리기 때문이다. 심지어 내가 사람들을 잘 대하고 사람들이 나를 존경해서 내가 기뻐하면, 나는 다른 사람이 내게 주는 기쁨을 누릴 수 있다.

세상에서는 내가 소유하고 있다고 해서 다 누릴 수 있는 것은 아니다. 내가 소유하고 있지 않다고 해서 누릴 수 없는 것도 아니다. 시간상으로 백세 인생을 살았다고 해도 얼마 동안의 한가함을 누렸는가? 공간적으로 화려한 집과 아름다운 빌딩을 수천 채나 소유하고 있지만 몇 번이나 편안하게 푹 자는 숙면을 누렸는가? 인간 세상에서 나는 가족이 있지만 가족이 나의 것인가? 내가 사업을 소유한다고 해서 그 사업들이 반드시 나에게 안정과 만족을 가져다 줄 수는 없다.

때로는 사람들에게 주는 것도 누리는 것이고, 봉사하는 것도 누리는 것이다. 사람들에게 주는 기쁨과 만족을 누리는 것이다. 그래서 누리는 삶은 남과 경쟁해야 얻을 수 있는 게 아니다. 세상의 어떤 것도 우리는 다 누릴 수 있으니, 힘들게 차지할 필요가 없다. 누릴 줄 아는 삶은 행복하고 안락하다. 왜냐하면 나를 질투하고, 압박하고, 내가 누리는 모든 것을 빼앗아 가는 사람이 없기 때문이다.

진정으로 세상에 가난한 사람은 없다! 왜냐하면 나무와 풀과 꽃을 내가 감상할 수 있고, 산천을 내가 걸을 수 있으며, 나는 하늘과 땅·해와 달을 가졌으니 가난하지 않다. 그래서 삶은 공유하고, 공존하고, 다 같이 번영하는 것이 더 좋다.

이 세상에서 모든 것을 다 가질 수는 없는 법인데, 어째서 '누림'이라는 아름다운 마음을 갖지 않는가? 세상의 모든 것은 누리기만 하면 천지의 모든 만물도 내가 다 소유할 수 있다.

불교적이지 않으면 하지 않는다

처음 불교를 배우는 사람에게 스승님은 보리심을 내야 한다고 한다. 보리심菩提心이란 '위로는 깨달음을 구하고, 아래로는 중생을 구한다(上求菩提, 下化衆生)'는 것이다. 깨달음을 구하든 중생을 구하든, 끝이 없는 중생 제도 사업이 항상 있다. 그런데 이 세상은 성인聖人과 평범한 사람이 어우러지는 곳으로, 조금만 마음을 단속하지 않으면 한 생각의 차이로 수행·일·신앙이 다 잘못될 수 있다. 그래서 나는 불광인*을 위해 '불교적이지 않으면 하지 않는다(非佛不作)'는 신념과 방향을 정했다.

'불교적이지 않으면 하지 않는다'란 무엇인가? 예를 들어 옛날 스님들은 '부처님께 절하지 않으면 한 걸음도 함부로 걷지 않는다. 경전을 보지 않으면 함부로 불을 켜지 않는다'는, 경계하고 삼가는 도의가 있었다. 또한 백장회해百丈懷海 선사는 '하루 일하지 않으면 하루 먹지 않는다(一日不作, 一日不食)'라고 하는 농사와 선禪을 병행하는 생활을 했다. 이는 '불교적이지 않으면 하지 않는다'는 신념을 생활 속에서 구체적으로 구현한 것이다.

---

* 불광인佛光人: 좁은 의미로는 불광산 교단의 승려와 신도를 가리키고, 넓은 의미로는 불광산과 인연 있는 사람들.

그러면 현대의 불교는 '불교적이지 않으면 하지 않는다'라는 신념을 어떻게 실현할 수 있을까? 나는 불교가 '인간화'*, '사업화' 외에 더 중요한 것은 '불교화'이고, '세속화'되어서는 안 된다고 생각한다. 예를 들어 학교를 설립해 교육하는데 이익 추구를 근본으로 해서는 안 되고, 병원을 설립해 사람 생명을 구하는데 돈이 우선이 돼서는 안 되며, 채식 식당을 운영하고 과수원이나 농장을 운영하며 이익만 추구해서는 안 된다. 불법을 빛낼 수 있는 문화교육, 자선 등의 복지 사업은 발심한 사람이 할 수 있도록 장려해야 한다. 하지만 '불교적이지 않으면 하지 않는다'는 본뜻을 파악해, 세간의 이익과 명성에 오염되지 않도록 해야 한다.

대만에 처음 왔을 때 불교의 쇠퇴를 보고, 불교를 부흥하기 위해 나는 부탁을 받아들여 의란宜蘭 지역에 가서 홍법 활동을 했다. 불교합창단을 창단하고, 청년회·홍법팀·어린이반을 설립하고, 문예 보습반을 창설하고…… 한 걸음 한 걸음 청년들을 불교로 이끌어 불교를 함께 알렸다. 이 많은 혁신적인 일들로 당시 보수적인 불교계의 비판을 많이 받았고, 심지어 나를 재앙이라고까지 했지만, 나는 이것들이 다 '불교적이지 않으면 하지 않는다'는 홍법 방식으로, 불교를 위해 조금이라도 힘을 다해 불교가 현대 사회에 잘 적응할 수 있도록 하고, 개인의 영욕을 따지지 않고 용감하게 앞으로 나아가는 것이라고 생각했다.

---

* 인간화: 불교가 사찰에만 있는 게 아니라 인간 세상에 들어가고, 사회에 들어가고, 가정으로 들어가고, 사람들의 마음속으로 들어가야 한다는 뜻이다.

이후 불광산은 각 지역의 분원 및 포교당에 불교용품점, 적수방(滴水坊, 채식 식당 및 카페)을 잇따라 오픈했다. 이는 불자들이나 일반인들에게 다양한 불교서적, 불상 등의 불교용품을 편리하게 구매할 수 있도록 함으로써 불교용품의 유통을 이끌기 위한 것이다. 또한 인간TV방송국, 인간복보신문, 불광서국(서점) 등을 설립한 것은 영리를 목적으로 하는 것이 아니라, 불교문화를 널리 알리고 문화 전파를 통해 사회를 맑게 하는 역할을 하기 위해서이다.

사찰에서 유통하는 용품이나 서적은 일반 사회의 사업이나 장사와는 달리 영리를 목적으로 하지 않는다. 우리가 버는 것은 불법佛法과 인연人緣이다. '불교적이지 않으면 하지 않는다'는 경영방식은 불교와 무관한 물품을 팔지 않는다는 것이다.

또한 불광산에서는 다양한 행사를 자주 개최해 신도들을 이끄는 방편으로 삼는 동시에 불법을 실천하고 있다. 예를 들어 국제과일축제 개최는 겉으로는 농민의 과일 판매를 돕는 것으로 보이지만, 실제로는 불교의 자비·지혜·이타·봉사 정신의 구현이며, 무아無我와 바라는 것이 없는(無求) 봉사이고, 또한 '불교적이지 않으면 하지 않고, 오직 법에 의지하고, 단체 창작, 제도를 통한 지도(非佛不作, 唯法所依, 集體創作, 制度領導)'는 종문 사상의 실천이다. 이 활동을 통해 농민과 사회 대중에게 감동을 주고, 더 나아가 불교에 믿음을 갖게 하는 것이 '불교적이지 않으면 하지 않는다'는 신념이다.

'불교적이지 않으면 하지 않는다'는 불광인이 세상에 나가 불법을 전할 때 반드시 따라야 하는 내가 정한 '중심사상'이다. 불광인은 '불교적이지 않으면 하지 않는다'는 원칙을 지켜야만 전진하는 발걸음을 항상 규범화할 수 있다. 다시 말해 우리가 세상을 일깨우고 이끌기 위해 오욕과 육진六塵 속에서 불사佛事를 하려면 반드시 종교의 초월성, 신성성을 유지하고 사심 없는 언행을 해야 사람들이 존경하고 우리를 따르는 믿음을 가지게 된다. 따라서 '불교적이지 않으면 하지 않는다'는 미래 불교의 행동 지침이다.

신도에게 저축하다

과거 중국의 총림은 소작료·집세를 받아 절을 운영했다. 예를 들어 상주常州 천녕사天寧寺는 매년 20~30명의 장주(莊主, 사찰의 전답과 관련된 일을 맡은 소임)들이 세를 받으러 나가, 대략 반년이 지나야 돌아올 수 있었다. 사찰의 전답이 대만 영토만큼 컸고, 인근 몇백 리 이내가 다 사찰의 전답이었기 때문이다. 과거 중국의 황제는 땅한 뙈기만 공양한 것이 아니라, 한 현縣*이나 몇 개의 현을 절에 보시했기 때문에 천녕사, 금산사金山寺의 경우 1년의 소작료를 받아 2~3년간 유지할 수 있었다.

현재 대만 사찰의 경제는 과거 중국의 사찰이 소작료나 부동산에 의존했던 것과 달리, 대부분 납골탑·법회·신도의 보시에 기대기 때문에 신도들의 돈을 함부로 써서는 안 된다. 나는 항상 제자들에게 '신도에게 저축해야' 하고, 시방의 공양을 받는 데 도리가 있어야 하며, 너무 많은 보시를 받지 말라고 말한다. 또한 신도들 자신이 괴롭지 않고, 번뇌하지 않는 상황에서 할 수 있는 만큼 보시하기를 바란다. '자신이 괴롭지 않다'는 보시할 때 어려움을 느끼지 않는 것이고, '자신이 번뇌하지 않는다'는 보시를 하고 나서 후회하

---

* 현縣: 중국의 지방행정구역의 하나. 성省 아래에 있다.

고 번뇌하지 않는 것이다. 왜냐하면 정법을 믿는 불자들은 가정과 사업을 중요시해야 한다고 생각하기 때문이다.

평소에 우리가 쉽게 시주를 받지 않고, 신도들에게 저축을 충분히 하도록 해서 부유해지게 해야 불교가 부유해질 수 있고 필요할 때 신도들이 지원할 것이다. 만약 신도들에게 자주 이 공덕을 짓는 데 기부하라고 하고, 저 불사를 후원하라고 하면 언젠가는 신도들이 부담을 이기지 못할 것이고, 그러면 누가 불교를 수호해 줄 것인가? 보시는 꼭 돈으로만 하는 것이 아니라, 마음을 내고 힘을 쓰는 보시도 마찬가지로 공덕이 있다고 나는 거듭 신도들에게 가르친다. 아울러 돈을 버는 방법이 올바르고 이치에 맞아야 한다고 신도들에게 말한다. 내 생각에 불교에서 가장 좋은 방법은 '신도에게 저축하는 것'*이다.

재무에 대한 불교의 관점을 보면, 승단의 재산은 승단 소유이고, 시방 대중의 것이며, 개인이 사유하지 않는다. 재산은 반드시 복전고福田庫**에 놓아야 합법적인 정재(淨財, 깨끗한 재물)이다. 개인은 돈을 저축하지 않지만, 승단 단체의 돈은 많을수록 좋은데 홍법에 필요하기 때문이다.

---

* 사찰에서 신도의 보시가 필요하지만 무리하게 신도에게 보시하라고 하면 안 된다. 신도가 감당할 수 있는 만큼 소액으로 보시하면 오히려 길게 갈 수 있다. 신도에게 운용할 수 있는 돈이 있고 부유해지면 장래에 사찰이 필요할 때 신도가 부담할 수 있을 것이다. 우선 신도에게 저축한다고 생각하고 나중에 필요할 때 쓰는 것이다.
** 복전고福田庫: 사찰의 돈은 모두 복전고에 놓고 통일적으로 관리한다.

신도에게 저축하다

불광산佛光山을 개산할 때 모두가 열심히 일했다. 불사가 끝나자 출판사, 불학원(佛學院, 강원), 미술관, 대학교, TV방송국, 신문사 등 불교사업이 계속 이어져 엄청난 비용이 들었다. 그렇다고 해서 우리는 신도들에게 쉽게 시주받지 않았다. 나는 큰돈을 모금하지 말고, 적은 돈을 모금하고, 마음을 시주받아야 한다고 말했다.

처음 불광산 불사를 할 때 50만 원을 보시하는 사람은 매우 드물었고, 대부분은 '한 사람당 50원'씩 보시한 것이 쌓여서 불사가 시작됐다. 후에 남화대학교, 불광대학교 건립 계획을 세우며, 많은 사회 대중이 학교 설립에 참여할 수 있도록 한 사람이 매달 5,000원을 후원하는 '백만인흥학百萬人興學'을 추진했다. 왜냐하면 소액의 보시가 끊임없이 이어지면, 오래 지속될 뿐만 아니라 좋은 인연을 널리 맺을 수 있어, 보다 많은 사람에게 복전福田을 심을 기회가 주어지기 때문이다.

반반

예로부터 사람들은 원만한 것을 좋아하고, 모든 일이 완전히 원만하기를 바라지만, 이는 쉽지 않은 것 같다. 심지어 세상을 통일하려는 사람도 있지만 불가능하다. 왜냐하면 우주 만물은 일찍이 '반반'의 세계를 이루었기 때문이다. 낮이 반, 밤이 반, 육지가 반, 강과 바다가 반, 좋은 사람이 반, 나쁜 사람이 반, 가난한 사람이 반, 부유한 사람이 반, 부처가 반, 마魔가 반……. 시간의 흐름 속에서 '반반'은 서로 줄어들고 늘어나는 변화가 있지만, 반쪽이 다른 반쪽을 완전히 대체하지는 못한다. 반쪽의 세계는 원만하지 않은 것 같지만 희망으로 가득하다.

"천하의 대세는 오랫동안 나누어져 있으면 반드시 합쳐지고, 오랫동안 합쳐져 있으면 반드시 나누어진다(天下大勢, 分久必合, 合久必分)"는 말이 『삼국지』에 나온다. 시간의 긴 강에서 분열과 통합도 반반이다. 누구든 다른 반쪽을 없애거나 통일하고 싶어도 불가능하며, 우리는 좋은 반쪽으로 나쁜 반쪽에 영향을 줄 수밖에 없다.

한 선사가 제자를 받아들였는데, 절에서 물건을 자주 훔쳐서 여러 번 타일러도 소용이 없었다. 그러던 어느 날 참다못해 모두가 함께 선사에게 그를 내쫓으라고 청원했다. 그렇지 않으면 모두가 도량을 떠나겠다고 했다. 선사가 모두를 보고 말했다. "너희들은 다 떠나고, 이 도둑은 남아라."

"왜요?" 모두가 이해할 수 없다는 듯 물었다.

선사가 말했다. "너희들은 모두 온전한 사람이다. 어디에 가든지 원하는 사람이 있을 것이다. 이 도둑은 심신이 온전하지 못한데, 떠나라고 하면 어디로 갈 수 있겠느냐?" 모두가 듣고는 부끄러운 마음이 일어나, 함께 자비로 그를 감화하기로 했다. 결국 그 나쁜 제자는 많은 이들이 차근차근 이끌어준 덕분에, 점차 허물을 고치고 착하게 되었다.

『대승기신론大乘起信論』은 일심一心을 이문二門으로 나눈다. 두 개의 문(二門)이란 마음의 '진여문眞如門'과 '생멸문生滅門'으로, 진심眞心과 망심妄心이다. 진심과 망심은 결코 다른 마음이 아니라 한 몸의 양면으로, 망심이 점차 제거되면 진심이 서서히 드러난다. 그러므로 세상에는 선악이 반반이어도, 선한 사람이 인내심을 가지고 권유하고 이끌어준다면 선악도 절대적인 것은 아니다.

노자老子가 말했다. "화는 복이 의지하는 것이요, 복은 화가 잠복해 있는 것이다. 즉 화 속에 복이 깃들어 있고, 복 안에 화가 숨어 있다(禍兮福所倚, 福兮禍所伏)." 화와 복이 서로 의지하고 부처와 마魔가 공존하는 세상이다. 이 반반의 세상에 살면서 선과 악, 좋고 나쁨, 부처와 마魔는 사람의 한 생각 사이에 불과하다. 인자한 생각을 하면 바로 범인을 초월하여 성인에 들 수 있고, 사악한 생각을 하면 깊은 구렁텅이로 떨어질 수 있다. 생각을 바꾸면 미혹을 돌이켜 깨달을 수 있고, 잘못을 고쳐 바른길로 돌아갈 수 있다. 좋고 나쁨이 반반인 세상, 너무 따질 필요 없이 마음에 진실·착함·아름다움만

간직하면 다른 반쪽에 영향을 줄 수 있다.

과거 약산藥山 선사가 나무 두 그루를 가리키며 제자들에게 물었다. "무성한 것이 좋으냐? 마른 것이 좋으냐?" 그 결과 세 가지 답이 나왔다. 도오道吾는 "무성한 것이 좋습니다"라고 말했다. 운암雲巖은 "마른 것이 좋습니다"라고 말했다. 마지막으로 고高 사미가 말했다. "무성한 것은 무성하게 두고, 마른 것은 마르게 두지요." 사실 이 세상에서 우리가 서로 존중하고 포용할 줄 알고, 서로 화합하고 균형을 이루면 '반반'의 세계에도 무한한 묘미가 있다는 것을 알게 될 것이다.

예를 들어 사람은 일생동안 때론 기뻐하고 때론 근심한다. 기쁨과 근심은 낮과 밤처럼 서로 번갈아가며 조화를 이루고, 서로 전환할 수 있다면 명암과 희비를 잘 활용할 수 있다. 어떤 사람의 일생은 기복이 크고, 늘 돈이 왔다 갔다 하며, 단번에 평지에 빌딩을 짓고, 재산이 많다가, 한순간에 가산을 탕진하여 가난하고 초라해진다. 우리는 이와 같은 사람들을 자주 본다. 그래서 세상의 영욕과 귀천은 무상하고, 일시에 실의에 빠져도 열심히 노력하고 희망을 버리지 않으면 성공할 날이 있을 것이다.

반반의 세계에서, 보름달의 밝은 빛을 좋아하면 달이 어둡고 둥글지 않을 때가 있다는 것을 받아들여야 한다. 과일의 달콤함을 좋아하면, 쓸쓸한 성장 과정을 통과하도록 허용해야 한다. 좋은 사람은 아무리 잘해도 절반의 사람들은 칭찬하고, 다른 절반의 사람들은 비방할 것이다. 나쁜 사람은 아무리 못해도 절반의 사람들은 거들떠보지 않고, 다른 절반의 사람들은 여전히 동정하며 그를 위해

변명할 것이다. 그러므로 인생의 즐거움과 괴로움, 득과 실, 비방과 칭찬 속에서 마음을 넓혀 불완전함을 품으면 자유롭고 즐겁게 살 수 있다.

마음속에 사람이 있다

1989년, 중국에 계신 어머니께서 미국 로스앤젤레스에 있는 사찰에 가서 잠시 머무셨다. 그때 나는 아침저녁으로 문안드리고, 자식된 도리를 할 기회를 가질 수 있었다.

어느 날, 나는 서래사(西來寺, 대만 불광산사에서 미국 로스앤젤레스에 지은 사찰)에서 경전 강좌를 개설하고 『금강경』을 강의했다. 나는 아흔이 넘은 어머니께서 뒤에 앉아 경전 강의를 듣고 계시는지 몰랐다. 그때는 참가비를 받았고, 한 사람당 60달러였는데 어머니께서 참가비를 냈는지 모르겠다.

경전 강의가 끝난 뒤, 평소 하던 대로 자기 전에 저녁 문안을 드리러 갔다. 어머니께서는 나를 보자마자 "너는 출가해서 지금까지도 경전 강의할 줄을 모르는구나"라고 말씀하셨다. 나는 그 말을 듣고 깜짝 놀랐다. 내가 경전 강의하고 홍법을 한 지 수십 년이 됐는데, 왜 어머니께서는 일흔 살이 다 되어가는 나한테 경전 강의를 못한다고 나무라시는 걸까?

하지만 마음속으로 생각했다. 어머니는 글을 모르고, 불법도 모르는 할머니인데, 내가 경전 강의를 잘하는지 못하는지 어떻게 아실까? 나는 궁금해서 물어봤다. "제가 경전 강의할 줄 모르는 걸 어떻게 아세요?"

"방금 네가 경전 강의할 때, 많은 신도님에게 '무아상無我相·무인상無人相'에 대해 말하는 걸 들었다. '아상我相'이 없다고 말하는 건 괜찮다. 따지지 않고, 집착하지 않고, 이기적이지 않다는 거니까. 하지만 '인상人相'이 없으면 안 된다! 사람을 대할 때 우리는 존중하고, 호의를 보이고, 칭찬하고, 도와줘야 하는데, 너는 어떻게 된 게 '인상人相'이 없다는 것에 대해 말하느냐? 마음속에 (다른) 사람이 없으면 안하무인이 된다. 이렇게 오만하고 겸손하지 않은데 어떻게 경전 강의를 하느냐?"

얘기를 들어 보니, 방금 내가 『금강경』을 강의할 때 한 말을 듣고 오해했다는 걸 알았다. 불교에서는 사상四相을 떠나야 한다고 가르친다. 즉 아상我相·인상人相·중생상衆生相·수자상壽者相이 없어야 한다는 것이다. 모든 나쁘고 법이 아닌 것을 끊는다. 이것은 일반적으로 불법에서 흔히 언급하는 도리다. 가령 나와 남이 대립하는 것은 내 마음속에 나와 남이 있어서이다. 나와 남이 있으면 분별하고, 집착하게 되고, 대립하게 된다. 그러므로 불교는 나와 남이 없어야 한다고 가르친다. 당연히 아상·인상이 없어야 한다.

그런데 나중에 생각해 보니 어머니 말씀도 틀리지 않았다. 오늘날 우리가 사회생활을 하면서 불법의 이치를 내세워 '아상'·'인상'이 없어야 한다고 말만 늘어놓아서는 안 된다. 자아에 대해 우리는 물론 겸허해야 하고, 자아에 대한 집착을 없애야 하고, 자아에 대한 번뇌를 없애야 하는 것은 필연적이다. 그러나 타인에 대한 존중·포용·공경·사랑·봉사·도움도 필연적이다. 따라서 아상이 없어야 한다는 건 이해하기 쉽지만, 인상이 없어야 한다는 건 설명이 필요하다.

이 사회는 사람을 근본으로 하고, 사람을 중시하며, 사람을 우리의 조연(助緣, 도와주는 인연)으로 한다. 만약 다른 사람들이 없다면, 나 혼자 어떻게 세상에서 살 수 있겠는가? 우리의 의식주는 농부·상인·노동자·지식인 등 각 분야에서 공급해 주어야 하고, 내가 세상을 살아가는 데 필요한 지식도 스승·어른·친구의 지도에 의지해야 한다. 내가 사회에서 활동할 수 있으려면 여러 분야 친구들의 도움에 의지해야 한다. 내 마음속에 (다른) 사람이 있어야(心中有人) 편안하고 자유롭게 살 수 있다.

나는 어머니의 말씀을, 너무 심오해서는 안 되며, 너무 추상적이어서도 안 되고, 불법을 철학으로 바꾸지 말라는 것으로 이해한다. 현실의 삶은 사람이 주가 되어야 하고, 나는 다른 사람의 즐거움과 괴로움, 부유함과 가난함, 있고 없음에 관심을 가져야 하고, 나는 다른 사람의 사업·생활에 관심을 가져야 하며, 그들의 어려움이 모두 나와 관련되어 있으니, 나는 다른 사람을 위해 봉사해야 한다.

과거에 내 마음속에 부처가 있다고 했는데, 부처가 내 마음속에 있을 수 있는가? 마음속에 (다른) 사람이 있으면, 다른 사람에게도 불성佛性이 있다! 만약 마음속에 성현이 있다면, 내 마음이 성현과 가까이할 수 있지 않은가? 가령 내 마음속에 자비희사의 생각이 있다면, 나는 자비희사가 있는 사람이 아닌가? 만일 내 마음속에 관음보살·문수보살·지장보살·보현보살이 있다면, 이 대보살들의 자비·지혜·원력·수행의 정신을 내가 배우고 장점을 본받을 수 있지 않겠는가?

우리의 신앙은 단번에 하늘로 올라가는 것이 아니며, 매일 아상·인상·중생상·수자상이 없어야 한다고 외치는 것이 아니다. 실제로는 날마다 이기적이고, 집착하고, 욕심내고, 화내고, 어리석다. 매일 나의 가족·나의 친척·나의 아들딸·나의 돈·나의 집·나의 소유, 이렇게 집착하는데 단지 '무아無我'라고 말만 해서 어떻게 '무無'가 될 수 있는가? '무인無人'은 더욱 부당하다.

불법에서는 먼저 아집我執을 줄여서 나의 탐진치가 제거되면 다른 사람에 대한 오만·비난·배척·질투도 서서히 제거될 수 있다. 사람들이 다 나를 방해한다고 생각해서는 안 된다. 사실 다른 사람들이 나를 성취시켜 줄 수 있다. 다만 남이 나에게 인연을 주면 나도 남에게 좋은 인연을 주어야 한다. 이것도 나쁘지는 않다.

인간불교人間佛敎는 사람에서 시작하여, 사람에서 부처에 이르기까지, 이 신앙의 여정은 이론적으로 '나는 부처다'라고 말하는 것이 아니다. 이理는 이와 같지만, 사상事相에서 수행해야 한다. 그러므로 나와 남의 관계가 조화를 이룰 수 있고, 화합할 수 있고, 평화로울 수 있는 것을 중요시해야 한다.

내 마음속에 부처가 있으면 이는 최고의 경지이다. 왜냐하면 나와 부처가 서로 하나이니, 이는 신성성이다. 나와 남이 분별이 없고, 내가 다른 사람을 자기처럼 보고, 내 마음속에 (다른) 사람이 있으면(心中有人), 이것은 인간불교의 초심자가 마땅히 갖춰야 할 도덕·윤리관이 아닌가?

인생의 가치

인생의 가치는 얼마나 될까? 어떤 노동자는 하루 종일 힘들게 일해도 몇만 원밖에 못 번다. 어떤 기업가는 몇 마디 말로 수백만 원이 들어온다. 소득만으로 한 사람의 가치가 얼마나 되는지 판단할 수 있을까?

한 제자가 큰스님께 물었다. "인생의 가치가 도대체 얼마나 되나요?" 큰스님은 대답하지 않았다. 왜냐하면 이 문제가 그리 간단하지 않기 때문이다. 답을 듣지 못한 제자는 "인생의 가치가 얼마나 되나요?"라고 자꾸 물었다.

어느 날, 큰스님이 투명하고 반짝이는 돌을 제자에게 주면서 장에 가서 팔라고 했다. 사람들에게 가격을 제시하게끔 하되, 정말로 돌을 팔면 안 된다고 했다. 시장에서 사람들이 외쳤다. "500원!" "2천 원!" "만 원!" 저녁에 절에 돌아온 제자는 신이 나서 큰스님께 말했다. "큰스님! 큰일 났어요. 이 돌에 어떤 사람이 만 원을 불렀어요." 큰스님이 듣고는 말했다. "아! 그래!"

이튿날, 큰스님은 제자에게 돌을 백화점에 가져가서 팔게 했다. 마찬가지로 가격만 알면 된다고 했다. 제자가 백화점에서 말했다. "신사 숙녀 여러분, 이 돌을 보세요. 투명하고 반짝이는 게 정말 아름답습니다. 여러분 구매하시겠습니까? 가격을 부르세요." 한 사람이 보더니 "오만 원!" "안 팔아요." "20만 원!" "50만 원!" "백만 원!" 더 이상 가격을 부르는 사람이 없었다. 제자가 절에 돌아가서 큰스님께 말했다. "큰일 났어요. 오늘 백화점에서 어떤 사람이 백만 원을 불렀어요." 큰스님은 이 말을 듣고 담담하게 아무 말도 하지 않았다.

며칠 지나서 보석박람회가 열렸다. 큰스님은 제자에게 돌을 보석박람회에 가져가 보라고 했다. 마찬가지로 얼마인지 가격만 알면 된다고 했다. "바이어 여러분, 이 돌은 마치 다이아몬드처럼 투명합니다. 마음에 드시면 가격을 부르세요." 많은 보석상들이 이리저리 보더니 가격을 불렀다. "천만 원!" "2천만 원!" "1억!" "5억!" 제자는 얼른 돌아가서 큰스님께 5억을 부른 사람이 있다고 알려드렸다.

이때 큰스님이 말했다. "제자야! 인생의 가치가 얼마나 되는지 자꾸 물었지? 이 돌은 시골 시장에서는 만 원까지 팔 수 있고, 도시의 백화점에 가면 백만 원에 달하지만, 보석상의 눈에는 5억의 가치가 있다. 장소에 따라 인식이 다르고 가치도 달라지는 것이다."

사람마다 가치관이 다르고, 각자 추구하는 바가 있다. 인생의 가치가 도대체 얼마나 되는지는 그 사람이 어느 위치에 있는지를 보고, 과정에서 어떤 노력을 했는지를 보고, 어떤 성과를 낼 수 있는지를 봐야 한다. 한 사람의 인격·도덕·신앙이 쉽게 돈에 매수된다면 그의 인생은 그만큼의 돈의 가치가 있을 뿐이다. 한 사람의 사상·신념·원칙이 사랑에 좌우된다면 그의 인생은 사랑에 유혹될 것이다.

장기에서 차車·마馬·포炮는 가장 힘이 있고 가장 가치가 있다. 그러나 한 판의 승패가 때로는 작은 병兵이나 졸卒로 결정되기 때문에, 그 가치도 무시할 수 없다. 가치는 일시적인 것이 아니며 미래성이 있어야 한다. 가치는 표면만 보는 것이 아니며, 내면의 잠재력이 있어야 한다. 인생의 가치가 도대체 얼마나 될까? 어떤 이는 덕을 쌓고 공을 세우고, 어떤 이는 평범하게 살아가는데, 위에서 얘기한 돌처럼 놓인 위치와 장소에 따라 그 가치도 달라진다.

인생의 가치

인생 무량수無量壽

"사람이 일흔 살까지 사는 것은 예로부터 드물다(人生七十古來稀)"라고 말하는 사람이 있다. 또 "인생은 칠십부터 (시작이다)"라고 말하는 사람도 있다. 불교에서는 생명에 '예로부터 드물다'도 없고 '시작이다'도 없다. 생명은 마치 시작점도 없고 종점도 없는 원과 같이 시작도 끝도 없다.

한 부자가 예순 번째 생일을 맞아, 양관良寬 선사에게 기도해 달라고 청했다. 선사가 물었다. "거사님은 얼마나 오래 살기를 원하세요?"

부자가 생각해 보더니 말했다. "20년 더 살고 싶습니다!"

선사가 말했다. "거사님은 이미 예순인데, 20년이 지나면 겨우여든이 됩니다. 너무 적어요."

"그럼 백 살로 하죠!"

양관 선사가 또 말했다. "백 살도 고작 40년 더 늘어날 뿐이에요. 곧 지나갈 겁니다!"

"설마 120세까지 살 수 있나요?"

"120세라고 해도 60년 증가에 불과합니다. 거사님은 이미 60세인데, 60년 더 늘어나도 별로 대단한 것은 아닙니다."

부자가 물었다. "그럼 얼마나 오래 살게 해달라고 할까요?"

양관 선사가 말했다. "무량수無量壽를 구하세요."

도대체 얼마나 오래 살 것인가? 시간적인 수명으로만 보지 말고, 사업·언론·공적·도덕·신앙의 수명이 얼마나 되는지 봐야 한다. 만약 우리의 정신·지혜·공헌을 무한한 시공 속으로 유입되게 할 수 있다면, 아미타불처럼 수명이 한량없고(무량수無量壽) 무량한 빛을 발할 수 있다.

한 신도가 조주趙州 선사에게 물었다. "십이시十二时*에 어떻게 마음을 쓰나요?"

조주 선사가 대답했다. "그대는 시간에 부림을 받지만, 나는 시간을 부린다. 그대는 어느 시간을 물은 것인가?"

나는 '삼백 세 인생' 사상을 제창한다. 하지만 사람이 어떻게 삼백 살까지 살 수 있겠는가? 나는 스무 살에 불학원(강원)을 졸업한 뒤, 사회 대중에게 헌신해 평생 설 휴가도 없었고, 여름휴가나 겨울휴가도 없었고, 심지어 일요일이나 휴일도 남들보다 더 바빴다. 아침부터 저녁까지 쉬지 않고 법당·강의실에서 강의와 홍법 활동을 하고, 손님을 만나 이야기를 나누고, 영상 촬영을 하는 것 이외에,

---

* 십이시十二時: 하루를 열둘로 나누어 십이지十二支의 이름을 붙여 이르는 시간.

길을 걷고 수업이 끝나 비는 시간에, 자동차·기차·비행기에서 나는 열심히 일하고, 원고를 쓰고, 책과 신문을 읽는 등 매일 거의 분초를 다투었다. 만약 하루에 다섯 명의 일을 할 수 있다고 계산한다면, 80세가 되면 '삼백 세 인생'이 되는 것이 아닌가?

시간을 소중히 여기는 것은 생명을 저축하는 것이다. 왜냐하면 생명은 헛되이 보내서는 안 되기 때문이다. 시간을 운용할 줄 아는 사람에게 시간은 마음의 시간이다. 왜냐하면 법계法界를 유유히 돌아다니며 무한한 우주 사이에 생명을 펼칠 수 있기 때문이다. 시간을 운용할 줄 모르는 사람에게 시간은 시곗바늘에 의해 지배되어 생명의 에너지는 미약하고 한계가 있다.

삼백 세의 인생은 불법의 헤아릴 수 없는 광대함 속에서 단지 잠시의 짧은 이상일 뿐이다. 우리는 아미타부처님의 무량수·무량광을 배워, 소아小我의 생명을 우주 대아大我로 융합하고, 다양한 봉사와 헌신을 통해 좋은 인연을 널리 맺고, 사회를 행복하게 할 수 있다. 이처럼 자신의 정신이 영구하게 되면, 무량수無量壽의 생명을 창조하는 것과 같다.

역발상

세상에는 자신의 이익·견해·직위·권리……를 위해 다른 사람과 시시콜콜 따지고, 늘 불평불만을 하는 사람들이 있다. 이런 인생은 즐겁지도 않고 자유자재하게 살 수도 없다.

사실 세상에 원래 완벽한 일이란 없고, 결함은 피할 수 없다. 어떻게 하면 뜻대로 되지 않는 삶 속에서 자유자재하고 뜻대로 살 수 있을까? 나는 네 가지 묘법妙法을 제시한다.

1. 당신은 옳고 나는 그르다.

사람과 사람 사이에 다툼·화·오해 등의 상황이 생길 수 있다. 나와 다른 사람 사이의 문제를 어떻게 풀 것인가 하는 것은 인생에서 반드시 해야 할 공부이다.

어느 날 장 씨가 이 씨에게 물었다. "왜 우리 집은 매일 싸우고 하루도 편안할 날이 없는데, 당신네 집은 화목하고 여태껏 다툼이 일어난 적이 없는 건가요?"

이 씨가 말했다. "당신네 가족은 다 좋은 사람이고, 우리 가족은 다 나쁜 사람이라서 그래요."

"이 말이 무슨 뜻인가요?"

"예를 들어 누군가 컵을 깨면, 당신네 집 사람들은 자기 잘못이 아니라고 생각하고, 바로 상대방에게 왜 컵을 아무렇게 놓았는지 질책할 거예요. 그러면 상대방도 화가 나서 말할 거예요. '당신 자신이 조심하지 않아서 컵을 깨뜨린 거예요.' 이렇게 하면 쌍방이 끊임없이 싸울 수밖에 없어요. 우리 가족은 반대로 다들 자기 잘못을 인정할 거예요. 컵을 깨뜨린 사람이 바로 사과하고, 상대방도 컵을 여기에 두지 말았어야 했다고 자책할 거예요. 우리 집 사람들은 모두 자기 잘못을 인정해서, 자연히 화목하고 다툴 것이 없어요."

모든 사람이 이해심을 가지고 상대방의 입장에서 생각하는 공감 능력이 있다면 대립을 해소할 수 있고, 오해가 풀릴 수 있다고 생각한다.

2. 당신은 크고 나는 작다.

사람은 덕망과 명망으로 존경받아야 한다. 스스로 위대하다고 하면 사람들이 불복한다. 불교에 상불경常不輕보살이 있는데, 그를 얕잡아보는 사람들에게 말했다. "나는 감히 그대들을 가벼이 여기지 않나니, 그대들은 다 부처가 될 것이기 때문입니다(我不敢輕於汝等, 汝等皆當作佛)." 만약 우리가 마음에 '당신은 위대하고, 나는 보잘것없다'는 생각을 품는다면 자연히 분쟁이 없을 것이다. 가령 다섯 손가락이 서로 잘났다고 다투면, 저마다 특징이 있다. 그런데 새끼손가락은 가장 작지만 다섯 손가락이 합장할 때 불보살에 가장 가깝다. 사실 위대한 것을 갈망하는 사람이 반드시 위대할 수 있는 것은 아니다. 스스로 보잘것없다고 생각하는 사람이 정말로 보잘것없지도 않다. 오히려 참을 수 있으면 크고, 포용할 수 있으면 크다. 다른 사람을 너그럽게 받아들이고 포용할 줄 아는 사람이 더 위대하다.

3. 당신은 있고 나는 없다.

많은 사람이 다른 사람보다 더 많이 갖고 싶어 하고, 다른 사람의 궁핍을 돌보지 않는다. 하지만 만약 모두가 다 없는데 나만 가지고 있다면, 나의 소유는 다른 사람의 질투와 배척을 받게 될 것이다. 그러면 즐거울까? 게다가 '무無'는 결코 진짜 모든 것이 텅 빈 것이 아니라 무한하고, 무량하고, 무궁무진하다. 반면에 '유有'는 오히려 유한하고, 다함이 있다.

황금을 놓고 사람들이 몸이 부서져라 다투는 것은 귀중하기 때문이다. 돌은 가치가 높지 않기 때문에 온전할 수 있다. 만약 우리가 정신적으로나 도덕적으로 불법과 상응한다면, 세상의 보이지 않는 많은 것들이 오히려 더 귀하다는 것을 알게 될 것이다. 모든 가치는 허무한 겉모습이 아니라 풍부한 내면에 있다.

4. 당신은 즐겁고 나는 괴롭다.

어떤 이는 자신의 안일과 즐거움만을 추구하고 타인의 고통은 아랑곳하지 않는다. 이는 세상의 분쟁을 야기하는 원인이다. 만일 내가 즐거움을 다른 사람에게 줄 수 있다면 손해 보는 것 같지만 실제로는 이득을 보는 것이다. 세상은 넓다. 고난과 시련을 이겨낼 수 있는 사람은 소나무와 같이 늘 푸르다. 반대로 일시적인 안일을 추구하고 근시안적인 사람은 변화가 왔을 때 자신의 응변 능력이 부족해 쉽게 도태된다.

대인관계를 조화롭게 하려면 반드시 '당신은 옳고 나는 그르다. 당신은 크고 나는 작다. 당신은 있고 나는 없다. 당신은 즐겁고 나는 괴롭다'는 마음을 가져야 한다고 생각한다. 이럴 수 있다면 개인의 견해가 다르고 일 처리 방법이 천차만별이어도, 서로 다투지 않고 조화롭게 공존할 수 있다.

무리無理와 무정無情

사람 간에 어울려 지내면서 인맥을 쌓고, 체면을 차리고, 친분을 맺는 것이 일반인의 눈에는 인정과 이치에 맞는 듯하다. 그러나 어릴 때부터 절에서 공부하고 수행한 나는 '무정無情하고 무리無理한(이치에 맞지 않는)', 때리고 욕하는 교육을 받았다. 여법하지 않으면 따귀를 몇 대 때리거나 주먹을 몇 대 때리는 건 흔히 있는 일이었다.

그때는 나이가 어려서 일부러 괴롭히고 처벌하는 이런 식의 교육방식은 무정하고 이치에 맞지 않다고 느꼈다. 여러 해가 지난 후, 나이가 들면서야 스승님이 '무정無情으로 유정有情을 대하고, 이치에 맞지 않는 것으로 이치에 맞는 것을 대하는(以無情對有情, 以無理對有理)' 교육법으로, 체면이나 정에 구애되지 않고 천천히 단련한 것임을 깨달았다. 그런 상황에서 성장하다 보니 나는 다른 사람의 관심과 보살핌에 기대지 않고, 자연스럽게 독립적인 습관이 생겼다.

열다섯 살에 계를 받을 때 스승님께서 물었다. "누가 너에게 계를 받으러 오라고 했느냐?" 무엇이라고 대답하든 나는 항상 스승님께 매를 맞았다. 그래서 당시 마음속으로 생각했다. 이렇게 해도 안 되고 저렇게 해도 안 되니, 더 이상 말하지 말고 변명하지 말자.

왜 그런가? 불교에서 자주 하는 말이 있다. "생각을 죽을 정도로 때리면, 그대의 법신法身이 산다(打得念頭死 , 許汝法身活)." 집착, 자신이 옳다고 여기는 생각을 때려죽여야 한다. 그러므로 선문禪門의 교육은 항상 '이치에 맞지 않는 것으로 이치에 맞는 것을 대하고, 무정無情으로 유정有情을 대한다(以無理對有理, 以無情對有情).' 이치에 맞지 않는 앞에서 복종할 수 있다면, 진리 앞에 어찌 복종하지 않을 수 있겠는가? 무정한 아래에서도 참을 수 있는데, 기쁨·자비·인애仁愛 아래서 어찌 즐겁지 않겠는가? 지금 돌이켜보면 그런 이치에 맞지 않는 무리無理한 교육에 정말 감사한다. 그게 평생 큰 도움이 됐다.

중국 사찰은 일반적으로 산문 입구에 활짝 웃는 미륵보살이 있어 사찰에 참배하러 오는 모든 이를 자상하게 맞이한다. 산문에 들어서면 눈을 부라리는 위타보살이 많은 사람들로 하여금 그 늠름한 자태에 두려워하게 한다. 이는 불교에서 자비로운 섭수攝受와 함께, 완강한 중생을 때로는 위력으로 굴복시켜야 한다는 것을 나타낸다. 자비와 위엄이 똑같이 중요하다(慈嚴同尊)는 불교 교육의 특색이라 할 수 있다.

또한 선문禪門의 고승들은 수행자 기존의 아집我集 관념을 버리게 하려고 자주 인정을 거스르는 일을 함으로써, 수행자가 있고 없음·옳고 그름·맞고 틀림·좋고 나쁨 등 양변의 집착을 끊고, 마음을 밝혀 성품을 볼(明心見性) 수 있도록 했다. 이치에 맞지 않고 무정無情해 보이는 이런 교육은 실제로는 훌륭한 지혜와 깊은 자비로 충만해 있다.

요즘 젊은 사람들의 문제는 이유가 너무 많다는 것이다. 그들은 항상 "내 생각에", "나는……생각한다", "나는……하고 싶다", "나는……원한다", "나는……인 것 같다"라고 말한다. 오늘날 사회에서 젊은이들이 성공하고 싶으면 너무 많은 이치를 말하지 말아야 하고, 부모에게 너무 의존하거나 너무 많은 외적인 관계에 기대려 하지 말아야 한다. 이런 것들은 우리의 성공에 긍정적인 도움이 되지 않는다. 군대에서의 교육처럼, 이치에 따르는 것은 훈련이고 요구이며, 이치에 따르지 않는 것은 인생을 단련시키는 것이다. 자신을 위해 너무 많은 이치를 말하면 사람들에게 받아들여지기 어려울 뿐만 아니라, 간접적으로 인간관계가 안 좋아진다. 그러니 습관적으로 자신을 위해 이유를 찾으려 하지 말고, 스스로 문제를 해결하는 능력을 훈련해야 한다. 이것이 수행의 길이자 성공의 비결이다.

날마다 좋은 날

예로부터 중국인은 풍수지리, 시간과 방위가 한 사람의 평생의 화와 복에 영향을 준다고 믿었다. 따라서 발인은 시간과 날짜를 골라야 하고, 조상의 위패를 모실 때 좋은 풍수지리를 선택해야 한다. 심지어 집을 사고, 이사하고, 가게를 열고, 관리가 새로 부임할 때도 대문이나 책상의 방향을 봐야 한다. 사실 많은 습관이나 풍속은 사람이 하는 것으로, 너무 미신적이고 집착하면 오히려 어지럽고 엉망이 되어 피곤하게 된다.

부처님이 세상에 계실 때, 선생善生 동자는 매일 아침 목욕하고 여섯 방향에 예경하면 수명과 부가 증장된다고 생각했다. 부처님은 기회를 빌려 풍수지리는 반드시 윤리倫理·세리世理·법리法理·심리心理 위에 세워야 한다고 가르치셨다. 성의를 다하고 스스로 깨달아 마음이 편안하면 '날마다 좋은 날, 곳곳마다 좋은 곳'이며, 천하를 두루 돌아다녀도 모두 지리적 조건이 좋고, 사람이 화합하며, 항상 좋은 날이다. 왜냐하면 모든 복전福田이 마음을 떠나지 않기 때문이다.

같은 거리의 상점·주택이 같은 방향에 같은 출입문이지만 돈을 버는 사람이 있고, 망하는 사람이 있고, 순조로운 사람이 있고, 좌절하는 사람이 있다. 풍수적인 관계가 아니라, 사업을 경영하는 방식이나 사람을 대하고 처세하는 태도가 다르기 때문에 결과가 자연히 달라진다는 것을 알 수 있다. 또 두 사람이 마주 앉으면 상대방의 오른쪽은 나의 왼쪽이고, 나의 앞은 상대방의 뒤쪽이니, 도대체 어느 쪽이 왼쪽이고 어느 쪽이 오른쪽인가? 어느 쪽이 앞이고 어느 쪽이 뒤인가?

또한 매일 얼마나 많은 사람이 결혼하고, 얼마나 많은 사람이 이혼하는가? 얼마나 많은 사람에게 경사스러운 일이 있고, 얼마나 많은 사람이 고인을 추모하는가? 같은 길일에 결혼하는데, 어떤 이는 행복하고 원만하지만 어떤 이는 불행히도 이혼한다. 날짜를 고르는 것이 가장 중요한 요소가 아니라, 서로 어떻게 지내고 인연을 맺느냐가 근본적인 길이라는 걸 알 수 있다. 그러므로 좋은 때, 좋은 지리는 마음 밖에 있는 것이 아니다. 마음이 좋으면 모든 곳이 다 좋다.

하늘에는 하늘의 이치가 있고, 사람에게는 사람의 이치가 있고, 사물에는 사물의 이치가 있고, 정情에는 정의 이치가 있고, 마음에는 마음의 이치가 있다. 세상의 어떤 일에도 다 그 이치가 있다. 물론 땅에도 땅의 이치(地理)가 있고, 풍수지리에도 그 이치가 있다. 지리는 지형과 천체의 방위에 따라 그것이 사람에게 미치는 영향력을 판단하는 것이 자연의 상식이다.

풍수지리에는 그 원리가 있지만 진리가 아니므로, 풍수지리설을 믿지 말고 미신에서 벗어나야 한다고 불교는 주장한다. 사람의 길흉화복은 불교의 인과因果와 업력業力으로 말하면 과거생의 선악업인善惡業因으로 인해 금생의 과보를 받는 것이지, 결코 풍수지리에

좌우된 결과가 아니다.

내가 불광산 불사를 할 때, 어떤 사람이 나에게 말했다. "이 산은 지질이 좋지 않고, 풍수도 좋지 않아요. 특히 고병高屛강이 산 앞에서 흘러가니, 장래에 돈이 전부 다 흘러갈 것입니다." 나는 그분에게 말했다. "저는 물이 흘러가는 것이 좋다고 생각합니다. 법수法水가 영원히 흐르는 걸 의미하니까요." 불광산 불사가 다 끝나자 또 어떤 사람이 말했다. "스님은 정말 풍수를 잘 보시네요. '좋은 기회'를 주웠어요. 이곳은 좋은 길지예요!" 사실 내가 무슨 풍수를 알겠는가? 처음에 이 대나무 숲을 구입한 것은 다른 사람의 급한 불을 끄기 위해, 한 사람의 목숨을 구하기 위해 산 것이었다. 한편으로는 그때 마침 학교를 세우기 위해 값싼 산을 알아보려고 했다. 그래서 불광산은 불교의 인재양성을 위해 건립된 것이다. 이를 통해 알 수 있듯이 풍수지리도 다만 마음에 의한 것이다.

사회에서 일반적인 풍수지리가 가장 좋다고 여기는 명당은 '좌청룡, 우백호, 전주작, 후현무'이다. 사실 '왼쪽에 냇물이 흐르고, 오른쪽에 길이 있고, 앞에 경관이 펼쳐지고, 뒤에 산이 있다'는 것이다. 현대의 가장 좋은 생활환경은 다음의 네 가지로 요약할 수 있다.

1. 통풍이 잘되어 전후좌우가 막힘이 없어야 한다.
2. 햇빛이 들어 자연채광이 되고, 따뜻하고 위생적이어야 한다.
3. 시야가 탁 트이고, 마음이 초연해야 한다.
4. 통로가 있어 출입이 편리하고, 나와 남에게 이익이 되어야 한다.

위의 요건만 맞으면 생활하기 편리하고, 마음이 즐겁고 편안할 수 있다. 나는 이게 가장 좋은 명당이라고 생각한다. 불교에서는 '날마다 좋은 날, 때마다 좋은 때, 곳곳마다 좋은 곳'이라고 한다. 모두에게 편리함을 주고, 모두 다 즐거워한다면 하루하루가 가장 좋은 길일이다. 그러므로 진정한 풍수지리가는 자신의 마음이다. 마음에 선한 생각이 있고, 행위가 올바르며, 집착하지 않고, 미신을 믿지 않으면 하루하루가 즐겁고 편안한 좋은 날이고, 모든 곳이 다 사람이 살기에 적합한 복전福田의 길지이다.

물러서는 것이 앞으로 나아가는 것이다

줄을 설 때 차례를 중시한다. 이는 불교에서 중요시하는 것이다. 경전의 기록에 의하면, 부처님 당시 승려들이 탁발할 때 '차제 걸식次第乞食'*을 했다. 중화문화에도 훌륭한 전통이 많이 있다. 예를 들어 '온화·선량·공손·검소·겸양(溫良恭儉讓)'을 중요시하는데, 모든 사람이 다 이렇게 할 수 있다면 이는 얼마나 아름다운 사회이고, 얼마나 조화로운 인간관계가 되겠는가?

그런데 안타깝게도 현재 이런 아름다운 전통 중 일부는 이미 변질되고 원래 모습 그대로가 아니다. 예를 들어 2014년 12월 31일 밤, 모두가 새해를 맞이할 때 상해 황포구 외탄의 진의陳毅광장에서 사람들이 몰려 압사 사건이 발생해 36명이 사망하고 49명이 부상을 입었다.

요즘 사회에서는 어디를 가든지 사람들로 붐비고 밀치기 일쑤이며, 아무도 양보하려 하지 않는다. 콘서트장에 일찍 비집고 들어가려는 사람들을 경찰도 막을 수 없고, 유명인과 사진 찍고 악수하려는 이들을 경호원이나 안전요원도 막을 수 없다. 왜냐하면 사람들

---

* 빈부를 가리지 않고 일곱 집을 차례로 찾아가 걸식하되, 음식을 얻지 못하면 그날은 굶는다.

이 줄을 서지 않으려 하고, 줄을 서려는 사람이 있어도 중간에 끼어드는 사람이 있어서 차례대로 따르지 않기 때문이다. 절차를 따르지 않고, 전후 순서의 표준이 없는 사회가 어떻게 공평하고 치안이 있을 수 있겠는가? 그래서 이제 중화문화를 부흥시켜야 한다는 목소리에 겸손과 양보의 미덕을 더 강하게 내세워야 한다.

줄을 서고 양보하는 것은 문명의 인류사회에 없어서는 안 될 미덕과 규범이다. 하와이의 공원에서 수만 명이 집회하는 것을 봤는데, 노인 한 명과 어린이 한 명만이 옆에서 질서를 유지하고 있었다. 그들이 손가락을 움직이면 모두들 순순히 손짓이 가리키는 대로 왼쪽으로 오른쪽으로, 또는 앞으로 가거나 멈추었다. 모든 것이 그렇게 질서정연하고 조용했다. 상대적으로 어떤 국가들은 국민들이 규칙과 규율을 준수하지 않아, 주위를 밧줄로 에워싸고 심지어 담을 쌓더라도 담을 넘어간다.

모두들 '앞을 다투면' 무슨 이익을 얻을 수 있다고 생각한다. 사실 인생에는 앞의 반쪽 세계도 있고, 뒤의 반쪽 세계도 있다. 앞의 세계는 좁은 문으로, 모두 (앞으로 나아가려고 경쟁하느라) 머리가 깨지고 피가 흐르며 사람 사이의 화합을 해친다. 만약 한 걸음 물러설 수 있다면, 뒤의 세계는 원하는 사람이 없으니, 뒤의 반쪽 세계를 갖게 되면 더할 나위 없이 자유자재하지 않겠는가?

다음과 같은 게송이 있다. "손으로 푸른 모를 잡고 논 가득 심다가, 고개를 숙이니 물속에 하늘이 보이네. 육근이 청정한 것이 비로소 도인데, 뒤로 물러나는 것이 원래 앞으로 나아가는 것이다(手把靑秧揷滿田, 低頭便見水中天. 六根淸淨方爲道, 退步原來是向前)." 한 걸음

뒤로 물러서지 않으면 논 전체에 모를 다 심을 수 없다. 그러므로 겸양에 깊은 이치가 담겨 있고, 겸양에 비할 바 없이 드넓은 하늘이 있다.

물러서야 전진할 공간이 있고, 조화로운 인간관계가 있다. 세상은 나 혼자의 것이 아니라 사회 대중도 있기 때문에, 언제 어디서 어떤 일을 하든지 남을 생각하고 겸양할 줄 알아야 한다. 내가 겸손하고 양보해야 다른 사람이 나에게 호감을 가질 것이다. 특히 사람들 사이에서 서로 겸손하게 물러서고, 예의 있게 양보할 줄 알고, 모두가 한 발짝씩 물러서야 서로 편안하고 무사할 수 있다. 예를 들어 중국의 유명한 이야기 「장상화(將相和, 장군과 재상의 화합)」에서 인상여藺相如는 염파廉頗에게 예의를 갖추어 양보했기 때문에, 결국 염파가 회초리를 지고 찾아가 사죄했다. 이 얼마나 아름다운 인성의 빛나는 모습인가? 그러므로 겸허하고 양보하는 것을 보잘것없는 작은 일로 여겨서는 안 된다. 사실 겸손하고 양보할 줄 알면 개인 품격의 함양과 국가사회의 조화로운 발전에 미치는 영향이 크다는 것은 말하지 않아도 다 안다. 그러니 줄서기와 양보의 미덕은 모두가 한마음으로 노력해야 할 부분이다.

출가하면 집이 없다

"출가하면 집이 없다(出家無家)!"고 말하는 사람이 있다. 이 말은 진정한 의미를 깊이 이해하지 않으면 흔히 오해하게 된다. 과거에 한 스님이 출가할 때 가족에게 편지를 썼다. "저는 이제부터 가족과 연락을 끊고, 가족이 태어나거나 죽어도 왕래하지 않을 것입니다!" 이것은 옳지 않다. 왜냐하면 부처님은 도를 이룬 후에 부왕이 돌아가시자 아버지의 관을 메었고, 낳아주시고 길러주신 어머니의 은혜에 감사하며 도리천에 올라가 어머니를 위해 법을 설했으며, 카필라국에 돌아가서 사촌을 제도하기도 했다. 얼마나 많은 방편설법과 시현示現*이 있었는데, 출가가 집을 버리고 돌보지 않는 것이라고 어찌 말할 수 있겠는가?

'출가하면 집이 없다'란 출가 후에 불법에 안주安住해야 하며, '출가하면 집이 없지만 곳곳이 집이다(出家無家處處家)'가 되어야 한다는 뜻이다. 사상적으로 집착을 내려놓고 번뇌의 집을 떠나야 한다. 당연히 가족·사랑이 주가 되지 않는다. 다만 출가하면 출세법出世法을 닦지만, 가족이 불교를 공부하고 수행하도록 불법으로 이끌

---

* 시현示現: 부처나 보살이 중생을 교화하기 위해 여러 가지 모습으로 몸을 변화하여 나타내는 것.

줄 알아야 한다. 출가해서 자기 가족도 제도하지 않는데 모든 중생을 제도할 수 있겠는가? 그러므로 출가한 자녀는 더욱 부모님께 효도해야 한다. 특히 노년의 부모는 내가 출가했다고 해서 상관하지 않고 돌보지 않으면 안 된다.

하지만 가족을 마주하면 한쪽은 스승·사형 사제·도반의 정이고, 한쪽은 혈육의 정인데 어떻게 균형을 잡는가? 불교의 효도는 연지蓮池 대사가 말한 것처럼 세 단계로 나눌 수 있다. '맛있는 음식으로 부모를 봉양'하면 작은 효(小孝)이고, '가문과 조상을 빛낼 수 있다'면 중간 효(中孝)이다. 만약 부모님이 '불교를 믿고 수행하게' 하면 대효大孝 중의 대효이다.

앞의 두 가지는 세간世間의 효도로, 그 이익은 한 생에 그치니, 가정이 화목하고 부모님께 효도하고 형제간에 우애가 있어도, 결국 생이별의 고통을 피할 수 없다. 가업이 방대하고 업적이 빛나고, 아무리 부귀해도 하루아침에 무너진다. 그러므로 오직 부모님께 정도를 믿도록 이끌어 보리지혜를 증장시키고 악도惡道를 영원히 끊게 하는 것이 최고의 효도다.

내가 출가한 지 얼마 되지 않아, 은사스님인 지개志開 큰스님께서는 나를 은사스님에게 보내 출가하게 해준 것에 감사하다고 우리 어머니께 편지를 쓰셨다. 편지 첫머리에 '친가親家* 어른 혜안慧眼'이라고 썼다. 나는 출가出家한 자녀의 부모님과 불교의 스승님이 '친가'가 될 수 있다는 것을 그제서야 알게 되었다. 불광산의 친가

---

* 친가親家: 중국에서 사돈이라는 뜻.

는 처음에는 몰라서 자녀들이 출가하는 걸 싫어하는 분들이 있었다. 지금은 열에 여덟아홉은 자녀의 뜻을 인정하고, 출가한 자녀가 불교문화·교육·예술 등의 분야에서 장점을 발휘해 불교에서도 장래가 유망하다는 것을 알고 있다.

지금 출가한 젊은이들이여, 그대 부모님의 미래는 그대가 불교에서 기여하고 헌신하는 것에 달렸는데, 부모님이 그대의 보호와 도움을 받을 수 있겠는가? 그대가 장래성이 있고 불교에 공헌하면 불교는 그대가 부모님께 효도하도록 도와줄 수 있지만, 게으르고 나태하면 불문佛門에서 그대를 제적시키려고 할 텐데, 어찌 부모님을 돌보겠는가?

그러므로 출가하면 효도할 수 있지만, 관건은 불문에서 수행하고, 공헌하고, 성취가 있어야 한다. 그러면 부모가 영광으로 여기고, 내 부모가 곧 불문과 시방 제자의 부모이니 당연히 불문의 보살핌을 받을 수 있다. 요컨대 불교의 효도는 자기 자신에게 수행력이 있어야 하고, 그러면 부모님께 효도하는 것은 모든 것이 다 자연스러울 것이다.

그러나 불문에서 출가자가 부모님께 효도하는 것은 당연하지만, 도량과 가정을 구분하지 못할 정도로 너무 많은 가족을 돌볼 수는 없다. 요즘 많은 사찰 책임자들이 자기 가족이나 친척에게 절을 맡기는데, 이런 불교의 불량배들은 개인의 사심만 키울 뿐, 시방에 이익을 주지 않으니 정말 개탄스럽다.

종교의 삼보 - 각자의 아버지가 있다

한 번은 천주교의 나광羅光 주교님이 타이베이 가톨릭사무소에서 '종교간 우의회'를 개최해 각 종교가 모처럼 한자리에 모였다. 우호를 표시하기 위해 어떤 분이 '삼교일가三敎一家', '오교동원五敎同源'을 제기했는데, 그 자리에서 많은 사람이 공감했다.

'삼교三敎'는 석釋, 유儒, 도道를 의미한다. 석釋은 불교 석가모니 부처님의 가르침을 가리키고, 유가儒家는 윤리를 중요시하고 예禮로 다스리는 공자·맹자의 사상이다. 도교道敎는 귀생貴生*을 위주로 하고, 단정丹鼎**·재초齋醮***·부적·적선積善·경계經戒를 도법道法으로 하는 각 도파道派의 가르침을 포함한다. '오교동원五敎同源'은 '삼교일가三敎一家'의 설을 잇는 것으로, 그 내용은 '불교의 자비·도교의 무위無爲·유교의 충서忠恕·기독교의 박애·이슬람교의 평화'를 가리킨다.

그때 내가 나광 주교님에게 물었다. "만약 석가모니부처님, 예수님, 공자, 마호메트, 노자를 함께 모시면 절을 하시겠습니까?" 주교

---

* 귀생貴生: 생명을 가장 귀중하게 여기는 사상.

** 단정丹鼎: 도가에서 단약을 만들 때 쓰는 솥.

***재초齋醮: 단을 설치하고 제물을 신에게 바쳐 복을 구하고 재앙을 면하도록 기원하는 도교의 제례의식.

님이 말했다. "저는 절할 수 없습니다." 종교는 사실상 섞이기 어렵다는 걸 알 수 있다. 그러나 서로 화합하고 존중하며 포용하고 교류해야 한다.

예수, 마호메트, 석가모니불, 공자는 본래 각자 독립되어 있다. 즉 당신은 당신의 교주를 믿지만, 나는 믿을 수가 없다. 왜냐하면 그분은 당신의 아버지이지, 나의 아버지가 아니기 때문이다. 만약 내가 당신의 아버지를 나의 아버지로 여기면 그것은 안 되는 것이다.

그리고 교리도 섞을 수 없다. 문학은 문학이고, 과학은 과학이고, 의학은 의학이고, 천문과 지리가 서로 성격이 달라서 근본적으로 합칠 필요가 없는 것과 같다. 그러나 신자들은 서로 왕래할 수 있고 친구로 지낼 수 있다. 너는 천주교를 믿고, 그는 기독교를 믿고, 나는 불교를 믿지만 우리는 서로 왕래하며 친구가 될 수 있다. 각자의 아버지께 각자 예배하러 간다. 각자의 아버지가 반드시 같을 필요가 없다. 그들이 각각 존재하고, 각자의 특색을 가지면 더욱 좋다.

'같음 속에서 다름이 존재하고, 다름 속에서 같음을 추구(同中存異, 異中求同)'해야 한다. '같음'에서 종교의 목표는 일치하는데, 모든 종교가 선善을 권한다. 그러나 '같음' 속에 '다름'도 있다. 종교마다 각각의 교리가 있고 서로 견해도 다르다. 마치 대만 남부 가오슝에서 타이베이에 갈 때 다양한 교통수단을 이용할 수 있는 것과 같이, 비행기·고속철도·기차·자동차를 타도 다 도착할 수 있지만 기능이 다른데, 이는 종교도 마찬가지다.

요즘 사람들은 모든 것을 '이분법'으로 나누는 것에 익숙하다. 좋은 것과 나쁜 것, 진짜와 가짜, 선한 것과 악한 것, 좋아하고 싫어함……. 하지만 이런 이분법은 분열을 쉽게 초래하고 화합하지 못하게 한다. 과거 불교의 천태종과 화엄종은 '판교判敎'*를 중시했다. 그러나 각 종교에 대한 나의 관점은 누가 크고 누가 작고, 누가 높고 누가 낮고를 구분해서는 안 되며 저마다 뛰어난 점을 가지고 있다고 생각한다. 아동문학·청년문학·여성문학은 어느 것이 좋고 어느 것이 나쁜지 구분할 필요 없이 각자 특색이 있는 것과 같다. 가장 좋기는 '나눌 수 있고 합칠 수 있는' 종교관을 세워야 중도中道에 부합된다.

---

* 판교判敎: 불교 경전을 설법의 형식, 방법, 순서, 내용, 교리에 따라 분류 및 체계화하고 가치판단을 하는 것.

하늘 · 땅 · 사람

'하늘 · 땅 · 사람'은 생명 현상과 생명의 의의를 구성하는 기본 요건이다. "하늘에는 하늘의 도道가 있고, 땅에는 땅의 도가 있고, 사람에게는 사람의 도가 있다(天有天道, 地有地道, 人有人道)"는 말이 있다. 하늘 · 땅 · 사람은 제각기 도가 있고, 서로 인연因緣이 되고 서로 의지해야 한다. 과거에 중국인은 "하늘에 의지해 살아간다"고 했다. 사실 우리는 하늘에만 의지하는 것이 아니라, 대지에 의지해 만물을 공급받는다. 하늘과 땅 외에도, 생활의 여러 방면에서 반드시 각 분야 사람들의 도움에 의지해야 한다. 예를 들어 노동자가 천을 짜야 입을 옷이 있고, 농부가 농사를 지어야 먹을 음식이 있다. 일상에 필요한 것은 다른 사람의 노고에 의존해야 생존할 수 있다. 하늘 · 땅 · 사람의 상호 인연으로 인해 인류는 영원히 세상에 존재할 수 있다.

"기가 가볍고 맑고 위로 떠오르는 것은 하늘이고, 기가 무겁고 탁하고 아래로 응축되는 것은 땅이다(氣之輕淸上浮者爲天, 氣之重濁下凝者爲地)"라고 한다. 하늘 · 땅 · 사람은 자연의 모든 것이다. 하늘은 어떤 사람에 의해 창조된 것도 아니고, 어떤 사람이 소유하지도 않는다. 하늘은 대자연에 속하며, 움직이는 공기가 서서히 상승하면 우리는 그것을 하늘로 여긴다. 하늘이든 공기이든 우리는 그것에 의지해 생명을 유지해야 한다. 하늘이 없고 공기가 없으면 생명은 존재할 수 없다.

대지는 우리가 존경할 만하다. 경전에 의하면, 섬자睒子보살이 있는데 그는 한 걸음 걸을 때마다 대지를 밟아 아프게 할까 봐 힘을 쓰지 못했다. 또한 대지를 오염시킬까 봐 어떠한 물건도 함부로 버리지 못했다. 이것은 오늘날 우리가 제창하는 생태환경 보호에 해당한다. 우리는 하늘을 존경하고 대지를 아끼고 보호해야 한다. 왜냐하면 우리의 생명과 직결되기 때문이다.

하늘·땅·사람에서 불교는 땅에 속한다. 대지의 중생은 모두 불성佛性이 있고, 대지는 만물을 자라게 한다. 대지는 우리를 품고, 대지에는 많은 보물이 매장되어 있어 아무리 써도 다함이 없다. 대지는 수많은 중생을 생존하게 하고 각종 활동을 하게 한다. 허공에도 많은 땅이 있다. 우리가 사는 지구만 있는 것이 아니다. 불교에서는 삼천대천세계를 말하는데, 각각의 별마다 다양한 생물이 생존한다. 그러나 천지가 크지만, 사람의 마음이 천지보다 더 크다. 그러므로 경전에서 "마음이 허공을 감싸고, 마음이 항하사 세계에 두루 한다(心包太虛, 量周沙界)"고 한다.

다음으로 사람에 대해 얘기하자면, '사람'이란 무엇인가? 과거 유가儒家에서는 사람 인人 옆에 가로획 두 개를 더하면 '인仁'이 되는데, 이는 두 사람이 서로 화합하고 서로 존중한다는 것을 의미하며, 인자仁慈·인덕仁德·인의仁義가 있어야 사람 같다고 했다. 유가의 사유팔덕四維八德·삼강오상三綱五常 등은 모두 사람의 도리를 말하는 것으로, 예로부터 중국의 정치 사회의 도덕규범이었다.

명나라의 이학가理學家 왕양명王陽明이 한번은 제자들을 데리고 공부하러 밖에 나갔다가 도중에 부녀자 두 명이 싸우는 것을 보았다. 한 사람이 욕을 했다. "너는 이치에 맞지 않아!" 또 다른 사람이 욕했다. "너는 양심이 없어!" 왕양명이 듣고는 제자들을 불렀다. "어서 와서 두 부인이 도道에 대해 말하는 걸 들어봐라." 제자가 들어 보고 말했다. "스승님! 서로 욕하는 거지, 어디 도에 대해 말하는 건가요?"

왕양명이 말했다. "봐라. 한 사람은 이치를 말하고, 한 사람은 양심을 말하니, 이게 도에 대해 말하는 게 아니면 무엇이냐?"

제자가 듣고 말하길, "맞습니다. 확실히 도에 대해 말하고 있습니다."

왕양명은 이어서 말했다. "이치와 양심을 다른 사람에게 요구하면 싸우고 대립하게 되지만, 자신에게 요구한다면 완전한 인격을 이룰 수 있다."

그러므로 건전한 사람은 이치와 양심을 중요시한다. 하늘·땅·사람은 모든 자연의 이치이다. 이 이치에 따르면 법령을 사용하지 않고, 경제·정치 또는 어떤 힘으로 구속하지 않아도 세상의 모든 것이 적절하게 돌아갈 것이다.

최근 몇 년간 전 세계에 중대한 자연재해 몇 건이 발생했다. 하늘이 우리를 불쌍히 여기지 않고 아끼지 않는 것이 아니라, 자신의 행위가 자연의 이치에 맞는지, 양심에 맞는지 물어보라. 때로는 사람이 불행한 일을 당하면 과거에는 '천벌'이라고 말했다. 그 뜻은 대자연이 운행하는 이치를 존중하지 않으면, 하늘도 우리를 꾸짖고 재앙을 내려 징벌한다는 것이다. 지구에는 성주괴공成住壞空이 있고, 계절에는 봄·여름·가을·겨울이 있으며, 사람은 생로병사가 있다. 이 모든 것이 다 자연스럽다. 대자연의 힘은 무한하고 거스를 수 없다. 하늘을 거스르면 오랜 시간이 지나 때가 되면, 악업의 과보를 맛봐야 하는 것도 자연의 이치다.

사람은 종종 자신의 마음과 마음 밖의 하늘·땅·사람을 결합하지 못한다. 사람은 두 사람이 함께 있으면 대립하게 된다. 예를 들어 내가 상대를 싫어하고, 상대가 맞지 않다고 여기고, 상대를 미워해서 사람과 사람이 조화롭지 못하고 화합하지 못한다. 특히 요즘은 부부가 이혼하고 부자가 관계를 끊는다. 사람과 사람의 관계가 취약한데 왜 그럴까? 마음속과 마음 밖의 세계가 조화롭지 못하고 대립하기 때문이다.

우리는 하늘과 땅 사이에 산다. 중요한 것은 하늘·땅·사람을 우리의 마음속으로 녹아들게 하는 것이다. 예를 들어 '하늘'의 '마음이 허공을 감싼다(心包太虛)'로 '사람'을 너그럽게 대하고, '땅'의 '만물을 품는다'로 후하게 처세하면 하늘·땅·사람의 관계는 자연히 조화롭고 어우러진다. 하늘·땅·사람, 이 모든 것은 우리 마음속의 세계이고, 자신과 밀접한 관계가 있다. 이렇게 우리의 미미한 생명을 확장할 수 있다면 자연히 하늘을 떠받치고 땅 위에 우뚝 설 수 있고, 지나간 것을 이어받아 앞길을 개척하고, 포용하지 못하는 것이 없고, 사람에 대해서도 일에 대해서도 인자한 마음을 가질 수 있다. 하늘·땅·사람의 정신은 우리의 스승이며 우리가 본받고 배울 만하다.

효

중국에 "만 가지 악 중에 음란이 으뜸이고, 백 가지 선 중에 효가 으뜸이다(萬惡淫爲首, 百善孝爲先)"라는 말이 있다. 오늘날 문명사회에서 이 말에 대한 논의가 있어야 한다. 남녀의 정욕은 세상의 생명이 윤전輪轉하는 정상적인 길이기 때문에, 과거에는 '부부 사이를 돈독하고 화목하게 한다'는 뜻의 '돈륜敦倫'으로 남녀의 결합을 표현하고 정당한 부부 관계를 유지했다. 심지어 '금슬화명(琴瑟和鳴*, 금과 슬이 잘 어울린다. 금슬이 좋다)', '난봉화명(鸞鳳和鳴, 난새와 봉황이 잘 어울린다)', '겸접정심(鶼鰈情深, 비익조**와 비목어***의 정이 깊다)'라는 표현으로 부부간의 애정과 화목을 칭송하고 비유했다.

그런데 지금 우리는 왜 음욕을 '만 가지 악 중에 으뜸'이라고 말하는가? 만약 정말 그렇다면, 이 '악'이 없어지면 인류는 멸종하지

---

* 금슬화명琴瑟和鳴: 합주에서 금琴과 슬瑟이 조화롭게 연주하는 것과 같이 부부 사이가 좋음을 비유한 말이다.

** 비익조: 눈과 날개가 하나씩이어서 암컷과 수컷이 짝을 짓지 아니하면 날지 못한다는 전설상의 새. 남녀나 부부 사이의 두터운 정을 비유적으로 이르는 말.

*** 비목어: 눈이 하나밖에 없기 때문에 두 마리가 같이 붙어 다녀야 한다. 사랑하는 부부를 비유한다.

않는가? 그래서 오늘날 불교는 인간사회의 정상적인 윤리관계를 해치지 말아야 한다고 생각한다. 불교에서 말하는 '한 법도 버리지 않는다(不捨一法)'는 하나의 법이 곧 모든 법이라는 것이다. 그러므로 '만 가지 악 중에 음란이 으뜸이다(萬惡淫爲首)'는 '만 가지 악 중에 사음이 으뜸이다(萬惡邪淫首)'로 고쳐야 한다. 정당한 부부관계는 부처님이 허락하는 것이고, 사음은 사회가 멸시하는 것이다.

현대 사회에서 어떤 남녀는 양성애·근친상간 같은 사랑을 하는데, 이는 확실히 죄악의 온상이다. 과거 사회에서 많은 처와 첩을 거느리던 것과 같이 내연녀를 두고 불륜을 저지르는 것은 부적절하므로, 이런 사악하고 부당한 관계는 근절하고 제거해야 한다. 그러나 정당하고 선량한 인륜관계는 이루게 해줘야 한다.

"백 가지 선 중에 효가 으뜸이다(百善孝爲先)"는 확실히 맞는 말이다. 자녀가 부모님을 효성으로 봉양해 천수를 누리게 하고, 옷과 음식이 부족함이 없게 해드리는 것은 당연한 일이다. 그러나 불교에서 연지蓮池 대사는 이를 소효小孝로 여기고, 가문과 조상을 빛나게 하는 것은 중효中孝이고, 더 나아가 부모님에게 불교를 믿게 하고 윤회의 고통을 받지 않도록 하는 것이 대효大孝라고 한다.

그런데 중국인은 예로부터 '효순孝順'을 우선시해 왔다. 그러니까 단순히 효가 아니라 '효순孝順'해야 한다는 것이다. 효는 괜찮지만 순順은 논의가 필요하다. 순順은 부모님의 뜻에 순종한다는 뜻으로, 중화민족의 새싹에 주는 좌절은 이루 말할 수가 없다.

예를 들어 젊은이는 본래 사방에 뜻을 두고 밖에 나가 창업할 수 있지만, '부모님이 계시면 멀리 나가지 않는다(父母在, 不遠遊)'로 인해 자녀에게 가득한 이상과 포부가 연로하고 보수적인 부모 때문에 부모의 뜻에 순종하기 위해 자녀가 뜻을 발휘하지 못하게 한다.

심지어 자녀의 사랑이 원래는 매우 자연스러운 것이지만, 부모가 끼어들어 억지로 자녀에게 '부모의 명, 중매인의 말(父母之命, 媒妁之言)'을 따르도록 하여 부모의 주선으로 아무런 관계도 없는 사람과 결합하면 인생의 즐거움이 어디에 있겠는가? 그러므로 젊은이가 만일 좋은 부모를 만나면 도리에 밝고 트일 수 있지만, 이성적이지 않은 부모를 만나면 자녀는 '효순孝順'이라는 명분 아래 부모와 많은 타협을 하여 자녀가 원하는 대로 포부를 펼 수 없게 되니, 이것은 국력·인력·문화의 발전에 모두 해를 깨친다.

그러니 이제 우리가 새로운 '효도관'을 만들어 보자. 효는 인류의 근본이자 인류의 고유한 윤리 도덕으로 크게 발전시켜 나가야 한다. 그러나 모든 부모에게 호소한다. 자녀를 존중할 줄 알아야 하고, 자녀가 성년이 된 후에는 자녀에게 자유를 주어야 한다. "자손은 스스로의 복을 타고난다(兒孫自有兒孫福)"고 한다. 자녀가 자유롭게 발전하도록 내버려두고, 자신은 깨어 있는 부모가 될 수 있는 것도 현대 부모로서 배워야 할 공부이다.

병을 벗 삼아

옛날에 나는 몸이 건강하다고 계속 생각했다. 어릴 때 이가 아프고 눈이 아픈 적이 있었지만, 다른 사람에게 말하지 않고 의사에게 약을 처방받지도 않았다. 시간이 지나면 치료가 됐고 며칠 지나면 좋아졌다.

하지만 나중에는 안 될 것 같았다. 몇 차례 극심한 굶주림을 겪고 마흔쯤에 당뇨병에 걸렸다. 당뇨병을 앓는데 50년 동안 살 수 있고 건재한 사람도 많지 않을 것이다.

당뇨병 자체는 그리 심각한 병이 아니지만, 그로 인한 합병증이 생명에 영향을 준다. 당뇨병은 먹을 수 없는 것이 많지만, 나는 음식을 가리지 않고 밥도 그대로 먹고 국수도 그대로 먹는다. 의사들은 이것을 먹으면 안 되고 저것을 건드리면 안 된다고 경고하지만, 우리가 평소에 달리 먹을 것도 없는데, 밥을 먹지 않고 국수를 먹지 않아서 매일 배가 고픈 것은 아무래도 방법이 아니다. 생사는 상관없고 어쨌든 배불리 먹는 것이 가장 중요하다.

결국 당뇨병은 나의 시력에 지장을 주었고, 심지어 심장과 혈관에도 영향을 미쳤다. 나는 심장 수술을 했고, 두 차례의 중풍 기록이 있는 데다, 올해 90세가 되어서 늙고 장애가 있어 거동에 불편함이 많다. 다행히 지금은 휠체어도 있고, 많은 제자들이 나를 도와

196

주고 있어 매일 즐겁고 기쁘게 지내고 있다. 글을 쓰고, 강연하고, 신도와 이야기하고, 제자들과 회의하는 등 모든 일을 그대로 한다. 그래서 나는 질병을 대하는 태도를 생각해 냈다. 바로 '병을 벗 삼는 것'이다.

질병이 오면 싫어해서는 안 된다. 싫어하면 질병이 떠나지 않을 것이다. 질병을 상관하지 않는다고 말할 필요도 없다. 상관하지 않으면 질병은 나의 보살핌을 받지 못한다. 질병은 수해와 같다. 홍수 방지 설비가 없으면 홍수가 범람할 것이다. 그래서 나는 '병을 벗으로 삼는다.' 모든 질병을 환영하지 않지만 싫어하지도 않는다. 질병이 오면 온 것이고, 나는 친구로 대한다. 나중에는 병이 났을 때도 병이 났다는 것을 느끼지 못했다. "마음에 걸림이 없고 걸림이 없으므로 두려움이 없다(心無罣礙, 無罣礙故, 無有恐怖)." 서서히 인연에 따라 살고 어떤 상황에서도 편안할 수 있게 되었다.

'병을 벗 삼기' 때문에 대만 각 병원의 원장·주치의·각 과 전문의들도 모두 나의 친구가 되었고 나를 치료해 주고 싶어 한다. 하지만 시간을 가지고 치료하는 것 외에, 나는 '병과 벗하는' 관념과 습관이 있어서 90세까지 살 수 있었고, 몸은 나날이 늙어가지만 괴롭다고 여기지 않고 매우 만족스럽다. 특히 나를 그다지 난처하게 하지 않고, 나를 친구로 대하고, 서로 존중하게 해준 많은 질병에 감사한다. 이것도 좋은 일이다.

물론 수행자이고 '큰스님'으로 불리는데 어떻게 이렇게 병이 많냐고 나에게 물어보는 분도 있다. 사실 부처님께서는 수행자가 병이 좀 있어야 수행하는 마음을 낼 줄 안다고 말씀하신 적이 있다.

그러므로 질병도 우리가 수행하는 데 있어서 증상연增上緣이다. 질병을 배제하지 말고, 병을 벗 삼아 그 속에서 자신의 가치를 만들 줄 알고, 자신의 귀인이 되는 걸 배우는 것이 가장 좋다.

사제가 삼, 도반이 칠

불교에는 "사제가 삼, 도반이 칠(三分師徒, 七分道友)"이라는 말이 있다. 스님들은 불교의 전승을 위해 연장자가 젊은 수행자를 제자로 받아들인다. 오늘날 학교에서 사제 관계라는 것이 불교에도 있는 것이다.

하지만 스승과 제자 사이는 주종 관계도 아니고, 불합리하고 비합법적으로 때리고 욕하는 교육을 마음대로 할 수 있는 권위가 있어야 하는 것도 아니다. 현대의 불교 교육은 서로 존중해야 한다. 제자가 스승을 존중해야 할 뿐만 아니라, 스승도 제자를 존중해야 한다. 그러므로 "사제가 삼, 도반이 칠"이라는 관념이 있어야 한다. 스승이라는 신분을 내세워 하고 싶은 대로 하고 제자를 옛날처럼 때리고 욕하고 꾸짖을 수 있다고 생각해서는 안 된다.

예를 들어 경전을 강의하고 법을 설할 때 제자에게 무릎을 꿇고 몇 시간 동안 듣게 하거나, 문도들에게 합장하고 몇 시간 동안 듣게 하는 것은 교육의 원리에 어긋나는 것이다. 현재의 교육은 이전과 달리 앉아서 필기해야 하므로 무릎을 꿇을 수 없고, 손으로 글을 써서 기록해야 하기 때문에 경전 강의를 들으며 합장할 수 없다.

그래서 불교 교육은 새로운 방식이 있어야 하고 끊임없이 개선해야 한다. 과거에는 서양의 교육이 가장 진보적이고, 동양의 교육은 뒤떨어졌다고 말하는 사람들이 많아서 학생들이 서양으로, 유럽과 미국으로 유학하러 갔다. 사실 불교 교육이 가장 진보적인데, 교육 문제에 있어서 스승과 제자 서로에게 더 많은 공간을 주고 더 큰 공간을 주어야 한다.

오늘날 제자에 대한 교육은 다음과 같이 해야 한다. 상등上等근기의 사람은 많은 시련과 단련을 겪는 교육을 할 수 있고, 중등근기의 사람은 불법佛法·좋은 말로 지도해야 하며, 하등근기의 사람은 많은 방편·사랑과 보호·감동·도움이 필요하다. 자녀에 대한 부모님과 같은 사랑이 제자로 하여금 나아지게 하고, 이렇게 하면 사제의 윤리관계가 유지될 수 있고, 이후 불교의 전승에서도 사회에 쉽게 받아들여질 수 있다. 만약 이렇게 사제관계를 맺지 못한다면 부모와 자녀, 도반과 같은 친밀함이 교육적으로 좋지 않을 것이다.

고대의 총림 교육은 "스승이 엄하면 가르치는 도가 존중받는다(師嚴道尊)"를 중요시하고, 상습적으로 때리고 욕하는 교육을 했다. 스승이 검다고 말하면 제자가 희다고 말할 수 없고, 스승이 희다고 말하면 제자가 검다고 말할 수 없었다. 심지어 스승이 생강은 나무에서 자라고 복숭아는 땅에서 난다고 하면, 제자도 받아들일 수 있어야 했다. 이런 무리한 교육, 무리한 구타와 욕설, 무리한 처벌은 앞으로의 시대에는 통하지 않는다. 앞으로의 교육은 꾸짖는 대신 격려로 제자들에게 스승이 바라는 바를 느끼게 해야 그 힘이 더욱 커질 것이다.

과거에 선문禪門에는 다양한 교육 방법이 있었다. 예를 들어 다른 곳에 가서 공부하도록 소개해 주는 것이 있는데, 이는 다른 스승님께 교육받도록 하는 것으로, 다른 사람에게 자기 아들을 가르치도록 하는 것과 같다. 설파하지 않고, 보호하고, 감동하게 하고, 받아들이게 하는 교육을 하거나 또는 폐쇄적인 방법만 쓰는 것이 아니라 방편법을 쓰기도 한다. 혹은 여기저기 운유雲遊하거나 참학하게 하고, 밖에서 온갖 고난을 겪으며 따뜻하고 차가운 사회의 인정을 체득하면 도의 마음은 점점 커진다.

과거 부처님 시대에 부처님은 제자를 위해 바느질을 하고, 옷을 꿰매고, 차를 따라주었다. 심지어 제자의 요구에 부처님은 "이건 너무 좋구나!"라고 기뻐하며 칭찬해 주었다. 예를 들어 아난을 시자로 하기 위해 아난이 제시한 세 가지 조건에 대해 부처님은 모두 아난의 뜻을 따랐다. 그러므로 스승의 교육도 오늘날 불법 전승에 있어서 중요한 과제이다. "사제가 삼, 도반이 칠"이라는 말은 깊이 참고할 만한 것이다.

전승

불법은 믿는 사람이 많지만 심각한 문제가 있다! 전승할 줄 모른다는 것이다. "부자는 삼대를 못 간다"라는 속담이 있다. 왜일까? 돈을 모을 줄은 알지만, 돈을 물려줄 줄 몰라서이다. 가령 형제자매가 많은 집에서 상속 때문에 서로 싸우고, 많고 적음을 따지고, 있고 없음을 따지고, 좋고 나쁨을 따지면 오히려 이익을 얻지 못한다. "가정이 화목하지 않으면 남에게 업신여김을 당한다"라는 말이 있다. 집안에 다툼이 있으면 당연히 아무리 좋은 가정이라도 실패할 것이다. 그러므로 유형의 재산이든 무형의 이치든 중요한 것은 전승할 줄 아는 것이다.

현재 불교 사찰의 주지·노스님은 주지 자리에 앉으면 물러나려고 하지 않고 늙어 죽을 때까지 계속한다. 결국에는 제자들이 불복해서 서로 다투고 빼앗다 보면 그 절은 쇠퇴하게 된다. 마찬가지로 한 가정의 가장이 자녀가 많은데도 재산을 배분하고 물려줄 줄 모르면, 늙어 죽은 후에 자녀들이 재산 때문에 득실이 얼마나 되는지 따지고 서로 싸울 것이다. 그러면 이 가정이 화목하고 오래 번창할 수 있겠는가?

그래서 옛말에 "자손은 자신의 복을 타고나므로, 자손을 위해 마소 노릇 하지 마라(兒孫自有兒孫福, 莫爲兒孫做馬牛)"라고 하였다. 똑똑한 사람은 자손에게 덕을 전해야 하고, 재산은 사회에 전해야 한다. 나아가 지혜로운 사람은 재산을 공익기금에 맡기고, 우리는 그것을 사회에서 취하여 사회에 쓰고, 자손은 장래에 자신의 힘으로 노력해야 성공할 것이다. 만약 자녀에게 재산을 모두 물려준다면, 빈둥거리면서 일하지 않고 얻는 부잣집 자제의 성격을 길러서 일찍 쇠락할 뿐이다.

불법은 전법傳法, 후계자에게 자리를 물려주는 전위傳位, 전승傳承에 대해 말한다. "장강의 뒤 물결이 앞 물결을 밀어내고, 세상의 새사람이 옛사람을 바꾼다(長江後浪推前浪, 世上新人換舊人)"라는 말이 있다. 세대교체를 알아야 하고, 이런 전승이 있어야 한다. 석가모니부처님이 영산회상에서 꽃을 들자 가섭이 미소를 지어(염화미소拈花微笑) '열반묘심涅槃妙心, 실상무상實相無相'의 불법을 대가섭大迦葉에게 전하고, 대가섭은 또 아난존자에게 전해 대대로 전해졌다. 인도에서 중국으로 온 28대 달마達摩 조사는 갈대를 타고 강을 건넌 것으로 유명한데, 혜가慧可에게 법을 전했고, 법맥이 다음 조사에게 대대로 전해져 '일화오엽一花五葉'이 있게 되었다. 이러한 전승이 있어서 선종은 후에 비로소 '오가칠종五家七宗'의 성황을 이루었다.

그러나 선종은 초기에 가사와 발우를 전승의 신물信物로 삼았지만, 후에 서로 신물을 얻으려고 동문끼리 다투었다. 그래서 오조 홍인弘忍 대사가 육조 혜능惠能에게 의발을 전할 때, 앞으로는 전하지 말라고 했다. 원래 좋은 전승의 제도인데 중생의 근성이 열악하기 때문이다. 그러므로 불법이 흥하지 않는 것은 이유가 없는 것이 아니다.

우리는 불교인들이 부처님의 자비와 지혜를 기억하기를 바란다. 주지를 맡으면 임기가 있어야 하고, 임기가 다 되면 물려주어야지 사후에 다투게 해서는 안 된다. 신도들도 마찬가지로 세상에 있을 때 자신의 여유 재산을 공익에 보시하고 사회에 환원한다.

가령 오늘날 몇억의 불교신도가 각자 500원, 1,000원씩 기부하고 심지어 유산의 몇 퍼센트를 불교에 기부해, 불교에서 대학을 몇 개 설립하는 것은 쉽다. 청년장학금을 주고, 가난한 사람들을 구제하고, 고난에서 구제해 주는 것은 모두 지혜와 발심에 의지해야 한다.

그러나 오늘날 우리 불교계의 장로들에게 전승은 바통을 넘겨주는 것과 같은데, 바통을 넘겨주지 않을 뿐만 아니라 오히려 젊은이들에게 일격을 가하니, 정말 한탄스럽다!

금강불괴金剛不壞

불교에는 『금강경金剛經』이라는 위대한 경전이 있다. 『금강경』을 설명할 때마다 '금강은 만물을 파괴할 수 있지만, 만물에 의해 파괴될 수 없다'라고 한다. 아무리 견고해도 다 부술 수 있는 세상에서 유일한 것이 '금강金剛'이라고 말하는 건 괜찮지만, 우리 몸을 '금강불괴의 몸(金剛不壞之身)'이라고까지 말하는 사람도 있다. 이는 어떤 수행의 경지에 이르면 몸이 파괴되지 않는다는 뜻이다.

이런 이치와 견해에 대해 진정으로 불법을 아는 사람에게 들려주면 옳다고 생각할까? 이런 견해가 맞는가? 물론 출세간법出世間法에서 '진여眞如'·'자성自性'·'법신法身'·'실상實相' 등은 우리의 죽지 않는 생명, 즉 모든 사람이 본래 가지고 있는 불성佛性을 가리키는 것이다. 이는 출세出世의 무위법無爲法으로, 자연히 영원불멸한다. 그러나 세상의 모든 유위법有爲法은 인因과 연緣이 화합해 존재하며, 인연 따라 생겨나고 사라지며, 부서지지 않는 것이 없다.

따라서 '금강육신이 파괴되지 않는다'는 설에 대해 금강이 유위법인지 무위법인지 먼저 말해야 한다. 만약 유위법이라면, 금강이 만물을 파괴할 수 있는데 왜 만물에 의해 파괴되지 않는가? 만약 무위법이라면, 금강과 육신을 함께 이야기하는 것은 모순이 아닌가? 왜냐하면 세상에 부서지지 않는 육체가 어디 있는가?

이런 불합리하고 앞뒤가 맞지 않는 모순되는 말은 '창(모矛)과 방패(순盾)를 파는 이야기'를 떠올리게 한다. 길에서 창과 방패를 파는 사람이 말했다. "이 창은 아주 날카로워서 아무리 두꺼운 것도 단번에 뚫을 수 있습니다." 이어 방패를 꺼내 들고는 "어떤 날카로운 것도 이 방패를 뚫을 수 없습니다"라고 했다. 이 말을 들은 사람이 비웃으며 말했다. "그 창으로 그 방패를 찌르면 되지 않나요?"

'금강은 부서지지 않는다(金剛不壞)'와 같은 모순되는 말은 과거 불교에서 허다했다고 할 수 있다. 인류의 과학이 발전하고 국민의 지식수준이 향상되면서, 말을 할 때 어려운 표현을 쓰고 수사修辭를 중시하는 사람들이 많아지고 있다고 할 수 있다. 물론 언어의 표현을 통해 사상을 규명할 수는 있지만, 종교인이 법을 설할 때 이 많은 수사에 신중을 기해야 한다.

금강불괴는 다만 금강이 다른 물질보다 단단하고 오래간다는 뜻이다. 그러나 사실 세상에 부서지지 않는 것은 없다. '육신이 부서지지 않기'를 구한다면 이는 사견邪見이며 불법의 '무상無常'의 진리에 위배된다. 혹은 세상에 육신이 썩지 않는 대덕 스님이 있다고 할 수도 있다! 실은 단지 시간이 좀 더 길게 갈 뿐이지, 그도 결국에는 썩을 것이다.

부서지지 않는 것은 무형의 생명 본체이고, 유전하고 윤회할 수 있다. 기후와 같이 추워지면 더워지고, 더워지면 추워진다. 또 시간처럼 낮에서 밤이 되고, 밤이 또 낮이 된다. 이는 순환할 수 있다. 하지만 낮만 있고 밤은 없다고 말할 수도 없고, 따뜻하기만 하고 추위는 없다고 말할 수도 없다.

세간법世間法은 다 상대적이며 절대적인 것이 없다. 절대적인 법을 원하면 오직 출세법出世法을 배워야 한다. 출세법은 본래 그러하고 거짓 조작造作이 없기 때문에 생멸生滅이 없고 가고 옴이 없다. 그러나 세간법에서는 모든 것이 인연이 화합해 존재하므로 인연 따라 변화하고 무상無常하다. 태어났는데 어떻게 죽지 않을 수 있는가? 체상體相이 있는데 어떻게 정신 작용이 없겠는가?

불법에서 말하는 '금강불괴'는 부서지지 않는 법신法身이고, 부서지지 않는 진리이다. 세간법에 부서지지 않는 이치가 있다고 말하는 것이 아니다. 그러므로 불법을 말하는 사람이 모순되어서는 안 되지 않겠는가?

파사현정破邪顯正

부처님의 출생지인 인도는 사상이 발달한 나라이자 이단과 외도가 성행한 곳이다. 불자들이 아는 바와 같이, 부처님께서 세상에 계실 때 96종의 외도外道가 있었고, 이 외도들은 부처님께서 설법하는 장소에 자주 등장한다.

그 많은 외도 중에 어떤 외도는 인과를 부정하고, 어떤 외도는 내세를 믿지 않고, 어떤 외도는 나체로 구원받을 수 있다고 여기고, 어떤 외도는 불을 숭배하면 공덕이 있다고 믿고, 어떤 외도는 물에 몸을 담그는 것을 수행으로 하고, 어떤 외도는 밥을 먹을 때 손을 쓰지 않으면 도를 이룰 수 있다고 여겼다. 이런 외도들이 일일이 열거할 수 없을 정도로 많았다.

지금 우리가 생각해 보면 외도의 이런 그릇된 주장은 정말 이해하기 어렵다. 손으로 밥을 먹지 않는다고 하면, 새가 모이를 쪼아 먹는 것이 손을 쓰지 않는 것 아닌가? 그러면 새들이 다 도를 이루었는가? 물속에 사는 물고기들이 다 수행력이 있는가? 나체 수행에 대해 말하면, 이 세상의 많은 빈곤한 곳에서 먹을 음식과 입을 옷이 없는 사람들이 다 수행하고 도를 행하는 것인가?

인도의 96가지 외도에 대해 부처님은 그들의 수행이 잘못됐다고 보고, 그래서 자비롭고 용감하게 그들을 제도해서 불교에 들여놓으려 했다. 그러나 많은 외도들이 제자와 신도를 빼앗길까 봐 일부러 따져 묻고, 비방하고, 심지어 부처님께 인신공격과 박해까지 하는 등 부처님이 도를 전하는 데 장애가 되었다.

예를 들어 높은 산에서 돌을 굴려 내려 부처님을 죽이려고 하고, 코끼리로 부처님을 공격하고, 헛소문을 퍼뜨려 부처님을 비방하거나, 정치적 압력으로 부처님을 박해하거나, 여색과 재산으로 부처님을 해쳤다.

하지만 부처님의 교단에는 원래 외도였다가 마음을 돌려 불교에 귀의한 이가 많았다. 예를 들어 사리불·목건련 존자도 처음에 외도가 아니었는가? 삼가섭三迦葉으로 불리는 우루빈라가섭優樓頻螺迦葉·나제가섭那提迦葉·가야가섭伽耶迦葉의 삼형제도 외도였다가 훗날 제자 천 명을 데리고 불교에 귀의하면서 부처님의 승단이 커져 천이백오십 명의 제자가 있게 되었다.

부처님이 제도하신 사리불·목건련 같은 외도는 지혜로운 수행자였기 때문에 자신의 신앙 관념을 쉽게 고쳤고, 삼가섭 형제도 부처님의 도덕적 감화를 받아 바뀌었다. 그러나 개인적으로든 단체로든 끊임없이 부처님과 맞서고 자주 부처님께 도전하는 외도도 있었다. 예를 들어 한 외도가 화분 두 개를 들고 부처님을 찾아가 먼저 예를 갖추고 후에 무력을 행사하려 했다. 그런데 그를 본 부처님은 적극적으로 "어서 오세요"라고 말했다. 그런 후에 또 정색하고 말했다. "내려놓으세요." 그 말을 듣자마자 외도는 왼손의 화분을 내려놓았다.

부처님이 또 말했다. "내려놓으세요." 그는 또 오른손의 화분을 내려놓았다.

부처님이 다시 말했다. "내려놓으세요." 그러자 그는 마침내 참지 못하고 말했다. "부처님, 저는 다 내려놓았는데 또 뭘 내려놓으라는 건가요?"

부처님이 말했다. "나는 그대에게 손에 든 화분을 내려놓으라고 한 것이 아니라, 마음의 오만함과 어리석음을 내려놓으라고 한 것입니다. 그래야 도에 들 수 있습니다."

그리고 부처님은 열반에 드시기 직전에 120세의 외도 수발타라須跋陀羅를 제도했다. 부처님은 평생 외도와 얽혀 있었다고 할 수 있다. 부처님에게 도덕적 용기가 없었다면 오늘날의 불교는 없을 것이다.

수많은 외도의 음모·모함·타격에도 부처님은 조금도 두려워하지 않고 오히려 불교의 정법을 세워 당시 인도 대국의 국왕인 남쪽의 빈바사라왕, 북쪽의 파사닉왕이 모두 부처님의 제자가 되었다. 부처님이 불교를 빛내고 외도를 항복시킬 수 있었던 것은 대용맹·대지혜·대자비·대역량이 있었기에 가능했다.

그런데도 단념하지 않고 온갖 방법으로 불교의 발전에 장애와 어려움을 주는 외도들이 있었다. 그래서 부처님의 '팔상성도八相成道'에서 항마降魔의 정신이 빠지면 도를 이룰 수 없고 성공할 수 없다.

그러나 부처님도 외도에게 어쩔 수 없을 때가 있었다. 예를 들어 한 무리의 외도들이 손에 몽둥이를 들고 부처님을 에워싸 공격하려고 했다. 부처님은 가만히 앉아 있었고, 모두 부처님의 장엄한 모습을 보고 감히 움직이지 못했다. 그런데 외도의 두목이 말했다. "당신이 대단하다고 생각하지 마시오. 우리는 모두 당신을 반대하오."

부처님께서 말씀하셨다. "당신들의 주먹이 아무리 많아도 나는 결코 두렵지 않습니다. 왜냐하면 진리는 사람이 많은 데 있지 않기 때문입니다."

외도 두목이 말했다. "우리는 온갖 몽둥이로 당신의 교단 위에 군림하고 당신과 결투할 수 있소."

부처님께서 말씀하셨다. "우리같이 도를 닦는 사람이 몽둥이 아래에 굴복하는 것은 있을 수 없는 일입니다."

"그러면 우리는 돈과 미녀로 당신의 교단을 파괴하겠소."

부처님께서 말씀하셨다. "그것도 두렵지 않습니다. 우리 교단에는 계율이 있습니다."

외도가 또 여러 가지 방법을 말해도 부처님이 꿈적도 하지 않자 마지막으로 말했다. "그럼 우리 모두 당신의 제자가 되어 당신의 옷을 입고 당신의 밥을 먹겠소. 하지만 당신과 협력하지 않고 불교를 파괴하는 일만 하겠소."

그러자 부처님은 어두운 표정으로 하는 수 없이 말했다. "그럼 어쩔 수 없습니다. 사자 몸에 있는 벌레가 사자 몸의 고기를 먹는데 어떻게 할 수 있나요?" 오늘날 우리 불교에 사자 벌레가 많은 것을 생각하면 정말 슬픔을 금할 수 없다!

본존本尊과 분신分身

부처에는 '삼신三身'의 설이 있다. 즉 법신法身·보신報身·응신應身을 말한다. 법신法身은 본래 있는 것이다. 보신報身은 불과佛果를 증득한 후 인지因地에서 육도만행을 닦은 공덕으로 나타난 복덕장엄의 몸으로, 극락정토 아미타불이 해당한다. "아미타부처님의 몸은 황금빛으로, 상호와 광명이 무엇에도 비할 바가 없다. 백호가 선회하면 다섯 수미산을 에워싸고, 맑은 눈 깨끗하기 사대해와 같다(阿彌陀佛身金色, 相好光明無等倫, 白毫宛轉五須彌, 紺目澄淸四大海)." 응신應身은 중생을 구제하기 위해 중생의 근기에 응해 인연에 따라 변화하여 나타나는 여러 가지 모습으로, 제불보살 천백억 화신이 해당된다.

우리는 부처님에게 삼신三身이 있다는 걸 알지만, 실은 중생도 세 가지 몸(三身)이 있다. 예를 들어 법신은 우리 본래의 진여불성眞如佛性으로, 수행해서 이루어지는 것이 아니다. 바꿔 말하면, 중생은 원래 허공에 두루하고 법계에 가득한 '법신불法身佛'이다. 그러나 모든 사람이 다 본래 갖추고 있지만, 보통사람은 무명無明으로 덮여 있기 때문에 자신의 법신이 모든 곳에 두루한 줄을 모르고, 심지어 "이 사람의 법신은 우주 허공 법계에 가득 차 있고, 저 사람의 법신도 허공 법계에 가득 차 있다. 그러면 허공 법계가 너무 붐비지 않는가?"라고 의심한다.

사실은 그렇지 않다. 이는 마치 한 방에 몇십 개·몇백 개의 등불을 켠 것과 같이, 서로 지장을 주지 않을 뿐만 아니라 서로 의존하고 연관되어 있다. 이른바 "부처와 부처는 도가 같고, 빛과 빛이 지장을 주지 않는다(佛佛道同, 光光無礙)."『화엄경』에 이런 게송이 있다. "만일 부처님의 경계를 알고자 하면, 그 뜻을 허공과 같이 맑게 해야 한다(若人欲知佛境界, 當淨其意如虛空)." 부처의 세계는 이렇게 안과 밖이 분명하고, 미묘하며 수승하다.

법신法身은 본래 스스로 구족되어 있으므로, 오취五趣에서 유전하고, 육도 윤회하며 때로는 말이나 소의 몸이 되고, 때로는 천상이나 지옥에 가지만, 본래 갖추고 있는 '법신' 불성은 영원히 변하지 않는다. 그러므로 우리는 영원한 생명에 대해 믿음을 가져야 한다.

청정하고 장엄하며, 자신이 깨달음의 즐거움을 누리고 다른 중생에게도 그 즐거움을 누리게 하는(自他受用) 보신불, 중생의 근기에 따라 여러 모습으로 변화하는 화신불도 반드시 불과佛果를 증득한 후에야 성취할 수 있는 것은 아니다. 만약 우리가 항상 육도만행을 부지런히 닦고, 생각 생각마다 자신의 본성을 볼 수 있다면 그 자리가 바로 만덕萬德이 장엄한 '보신불'이다. 만약 우리가 온갖 임시방편으로 유정중생을 제도할 수 있다면 그 자리가 바로 근기에 맞게 가르치는 '응신불'이다.

보통사람은 대개 6척이 안 되는 비슷한 키이다. 그런데 어떤 사람에게 위대하고 숭고하다고 칭찬한다. 그의 위대함과 숭고함은 어디에 있을까? 그의 도덕·지혜·자비·인연에 있다. 비록 외모는 보통사람과 별로 다르지 않지만, 그의 영향력·정신력·공덕력은 마치 산과 같고 바다와 같이 높고 깊다. 이것들은 다 수행하여 얻어진 장엄한 과보로 '보신'이라고 한다.

또한 도가자항倒駕慈航*의 관세음보살은 "어떤 몸으로 제도해야 하는 이에게 어떤 몸을 나투어 그를 위해 설법한다(應以何身得度者, 卽現何身而爲說法)." 마치 하늘의 달은 하나이지만 천 개의 강물에 비추는 것과 같다. "천 개의 강에 물이 있으니 천 강에 달이 비추고, 만 리에 구름이 없으니 만 리의 하늘이 드러난다(千江有水千江月, 萬里無雲萬里天)." 부처님도 마찬가지로 본존本尊은 하나지만, 곳곳에 부처의 응화신이 있다.

사실 엄밀히 말해서 우리 모두에게 본존本尊과 분신分身이 있다. 특정 인물에게만 있는 것이 아니다. 회의의 경우 마땅히 본인이 참석해야 하지만, 만약 사정상 회의에 참석할 수 없다면 대표 한 명을 보낸다. 이 '대표'가 바로 분신이다. 부모가 자녀를 낳으면 자녀는 부모가 언어와 행동으로 하는 가르침을 따라 한다. 자녀가 바로 부모의 분신이다. 스승이 제자를 가르치면 제자는 스승의 사상을 계승한다. 제자가 스승의 분신이다. "임제臨濟의 제자가 천하에 널리 퍼져 있다(臨濟子弟遍天下)." 임제의 제자도 임제 조사의 분신이 아닌가? 그러니 부처님만 천백억 화신이 있는 것이 아니고, 보살님만 천백억 화신이 있는 것이 아니라, 사람마다 다 본존과 분신이 있을

---

* 도가자항倒駕慈航: 대보살은 이미 성불했지만 원을 세워 중생을 제도하러 온다. 즉 배를 다시 몰고 돌아와서 고난에 처한 중생을 건네준다.

수 있다. 이는 이상할 것이 없다. 중요한 것은 오온이 화합된 허깨비 세상에서 우리가 어떻게 본래 갖추고 있는 진여불성眞如佛性을 체득하고, 나아가 그 기능을 발휘해 내느냐 하는 것이다.

『화엄경』에서 "마음과 부처와 중생, 이 셋은 차별이 없다(心佛與衆生, 是三無差別)"고 한다. 중생도 부처님과 똑같은 삼신三身의 에너지를 가지고 있다는 것이다. 그러므로 우리는 부처의 삼신을 알고, 자신의 불성도 인정해야 한다. 마치 내가 모든 사람에게 "나는 부처다!"를 인정하라고 하듯이. 지금 마음이 곧 부처다. 이렇게 하면 부처의 지견에 들 수 있고(入佛知見), 부처의 지혜로운 에너지로 세상에서 모든 중생을 널리 제도할 수 있다.

점을 보는 것과 법어

세상 사람들은 누구나 마음속에 어느 정도 막막함이 있다. 자신의 앞날이나 미래에 대해 어떻게 마주해야 할지 모른다. 심지어 외로움을 느끼고, 힘이 부족하다고 느끼며, 자신에 대해 자신이 없어 한다. 언제 어떤 알 수 없는 상황에 부딪힐지 모른다. 그래서 신이나 뛰어난 사람이 옆에서 일러주기를 바란다. 이 때문에 민간신앙의 '점을 보는 것'이 세상에 성행하게 되었다. 이런 행위를 "귀신에게 묻는다"며 비웃는 사람도 있다.

대만에서는 산통점算筒占*을 많이 본다. 이런 점괘에는 대길·대흉·상상上上·중상中上·중하中下·하하下下가 있는데 길흉과 좋고 나쁨이 분명하다. 이 점괘를 해석하면 좋거나 나쁘거나, 할 수 있거나 할 수 없거나, 되거나 안 되는 것을 직접적으로 일러준다. 그렇기 때문에 원래 좋은 일을 하려고 했다가 산통점을 보고 나서 '대흉'이 나오면 그 좋은 일을 하지 않게 된다. 본래 나쁜 일이고, 사회 대중에게 좋지 않은데, 예를 들어 대중의 건강을 해치는 불량식품을 판매하려는데 '상상上上' 괘를 뽑으면 양심을 저버리고 한다. 또

---

* 산통점算筒占: 점을 칠 때 산통을 여러 번 흔들면 산가지가 나온다. 이 산가지의 괘로 점을 치는 것을 산통점이라고 한다.

216

는 이사를 하려는데 신이 '상상' 괘를 주어 이사가 '대길'이라고 일러준다. 그런데 사실 그곳은 교통이 매우 불편하고, 치안도 안 좋고, 아주 시끄럽다. 거기로 이사 갈 수 있을까? 그러나 신에게 점을 친 자는 신의 지시라 여겨 따를 수밖에 없다.

이렇게 점을 보는 행위는 상식적으로 매우 위험할 수 있다. 왜냐하면 세상의 인과·선악·좋고 나쁨은 정형화된 것이 아니며, 신이 지시할 수 있는 것이 아니기 때문이다. 자신의 업보는 자신이 감당하고, 자신의 미래·길흉·좋고 나쁨에는 다 나름의 인과가 있다. 자신의 생명·사상·인생의 앞날을 신이나 귀신에게 맡겨 결단을 내릴 수는 없다. 설마 스스로 판단할 지혜가 없단 말인가? 자신에게 문화적, 옛사람에 대한, 옛일에 대한, 역사적 식견이 없는가? 자신의 앞날과 미래에 대해 물어보려면 "이미 지나간 잘못은 탓할 수 없음을 깨닫고, 앞으로의 일은 어찌할 수 있음을 안다(悟已往之不諫 , 知來者之可追)."

그래서 불광산의 인간불교는 중도中道의 방편을 쓴다. 막막하고 도와줄 사람도 없고 힘이 없을 때 점을 보는 것이 아니라, 불교의 법어를 뽑도록 바꾼 것이다. 경전에서 부처님께서 말씀하신 게송이나 고덕 큰스님의 법문은 시사하는 바가 있고 깨우침을 주며, 인연과보의 관계만 설명할 뿐 길흉을 판단하지 않고, 해도 되는지 안 되는지를 설명하지 않는다. 왜냐하면 해도 되는지 안 되는지는 나 스스로 결정하는 것이며, 되면 되는 인과관계가 있고, 안 되면 안 되는 인과관계가 있기 때문이다. 이것은 다 개인이 스스로 결정하고, 그 결과를 감당해야 한다.

그래서 불교의 법어가 민간의 점을 보는 것을 대신해 막막한 사회 대중에게 신권에 통제되지 말고, 오히려 진리 안에서 찾고 성인의 말씀·경전의 가르침·고덕 큰스님의 법문 안에서 자신의 미래를 생각하는 것이 안전하다고 제안한다. 그러나 불교의 법어는 산통점을 보는 것을 대신해 사회 대중에게 지혜의 등불을 밝힐 수 있지만, 불교계 인사들이 함께 힘을 모아야 민간에 보급돼 세상에 도움이 될 수 있다.

신앙과 두려움

과거 불교에서는 출가자가 홍법할 때 자신의 잣대와 자신의 수행법으로 재가신도에게 채식하고, 출가하고, 수행하라고 했다. 금은 독사이기 때문에 재물을 탐하지 말라고 하거나, 자녀는 원수이니까 자녀를 낳지 말라고도 했다. 이러한 말들로 인해 불교를 믿지 못하는 사람들이 있다. 왜냐하면 가정이 화목하고, 부부간에 사랑하고, 자녀가 효도하는데, 불교에서는 "부부는 원수지간이다. 자녀는 전생 빚을 받으러 왔다. 금은 독사이다……"라고 하기 때문이다.

불교가 출세出世의 사상과 고행의 삶을 대중에게 요구하면 많은 기업가와 상인들이 불교를 믿지 못할 것이다. 왜냐하면 그들이 생업으로 하는 현대화된 각종 제품·설비·맛있는 음식·예쁜 옷을 찾는 사람들이 없어지기 때문이다. 재가자가 믿는 인간불교는 행복한 종교이고, 즐거운 불교여야 한다고 생각한다. 현세에서 누리는 복은 정당한 방법으로 얻으면 결코 죄악이 아니다.

돈에 대한 불교의 관점은 '선도 아니고 악도 아니다(非善非惡).' 불교는 결코 돈을 완전히 부정하지 않는다. 우리가 어떻게 쓰느냐에 달려 있다. 불교 공부도 반드시 가난해야 신심이 있는 것도 아니다. 대승불교는 개인이 소박한 음식을 먹으라고 주장하며, '옷 세 벌과 발우 하나(三衣一鉢)', '옷과 이불이 두 근 반(衣單二斤半)'이라는 말도 있다. 그러나 사찰 공동체가 돈이 없어서는 안 된다. 만약 금이 독사라면, 금은 홍법과 수행의 자량資糧이자 모든 불교사업의 기초가 되기도 한다. 교육·자선·문화 사업 등은 다 돈이 있어야 추진할 수 있다. 경전에서 '정재淨財'·'선재善財'·'성재聖財'라고 하는데, 돈을 잘 써서 불법을 널리 펴고 중생을 이롭게 할 수 있다면, 그 공덕은 겉으로 가난한 척하는 것보다 더 크고, 더 의미 있고, 더 지혜롭다.

또한 재가신도는 남녀가 결혼해서 가정을 꾸리고, 부부관계가 있는 것을 부처님께서 허락하신 것이다. 그런데 불교 교리를 곡해한 스님이 재가신도에게 '부부는 원수지간이다'라고 주입한다. 심지어 부부가 절에 와서 자게 되면 남자 분은 동쪽으로 데려가고 여자 분은 서쪽으로 안내한다. 불교는 금슬 좋은 부부가 함께하도록 장려해야 하는데, 왜 억지로 사람을 갈라놓으려 하는가?

사실 인간불교는 결코 감정을 배척하지 않으며, 자비로 감정을 움직이고, 이성으로 감정을 정화하며, 예법으로 감정을 규범화하고, 반야로 감정을 이끌어야 한다고 주장한다. 인간불교는 부부간에 서로 사랑하라고 장려한다. 사랑은 오늘 황금을 주고 내일 액세서리를 준다고 해서 오래가는 것이 아니다. 물질로 일시적인 기쁨을 얻을 수 있지만 영원한 감정을 얻을 수는 없다. 부부간의 감정은 서로 배려하고 세심한 관심이 필요하다. 때로는 상대방을 한 번 더 쳐다보고, 때로는 서로 미소를 지어주는 것이 부귀영화보다 감정을 더 잘 유지할 수 있다.

그리고 어린이는 미래의 기둥이다. 경전에 '가벼이 여기면 안 되는 네 가지 작은 것(四小不可輕)'에 대한 예가 있다. 왜 우리는 자녀를 '전생 빚을 받으러 왔다'라고 말하는가? 만약 부모가 자녀를 잘 가르치고, 아이가 어렸을 때부터 올바른 관념을 주입하여 진리의 법수法水로 보리菩提의 싹에 물을 주고, 장래에 그들이 무럭무럭 자라면 많은 사람을 보살필 수 있기 때문에 자녀는 '빚을 받으러 온' 것이 아니라, 부모의 수행 대상이며 수행의 동반자이다.

그래서 나는 인륜도덕을 거듭해서 적극적으로 주장하며, 화목하고 정화된 가족관계 형성을 장려한다. 만약 재가신도에게 황금을 독사로 보게 하고, 부부를 원수로 보게 하고, 자녀를 전생의 빚 받으러 온 이로 보게 한다면 많은 사람이 불교에 가까이할 엄두를 내지 못하게 할 뿐이다.

불교는 즐겁고 행복한 종교이다. 신앙은 우리에게 빛과 아름다움을 가져다줄 수 있고, 두려움을 멀리하게 한다. 그러므로 불자는 청빈하고 담박하며, 출세出世의 사상이 있어야 한다. 그러나 입세入世 홍법의 임시방편도 있어야 한다. 만약 위협적인 수단으로 일관한다면 불교의 발전 공간을 저해할 것이다.

살생과 살심殺心

불교는 자비를 근본으로 하여 어떠한 미약하고 작은 생명도 존중해야 한다고 주장한다. 오계五戒의 '불살생계不殺生戒'는 중생의 생명을 침범하지 않고, 살해하지 않고, 또한 인자한 마음을 갖는 것이다.

계율의 근본정신에 따르면, 오계의 불살생계는 '사람'을 위주로 하므로 불살생은 사람을 죽이지 않는 것을 가리킨다. 살인을 불교 계율에서는 '바라이(波羅夷, 극중죄)'를 범하는 것이라고 하는데, 참회가 허용되지 않는 근본 대계大戒이다. 모기·바퀴벌레 등을 죽이는 것은 '돌길라(突吉羅, 경구죄輕垢罪, 가벼운 죄)'를 범하는 것으로, 이는 행위상의 잘못에 속하며, 죄과가 비교적 경미하고, 참회를 통해 죄업을 소멸할 수 있고, 선행을 통해서도 죄를 갚을 수 있다.

그러나 불교에서는 마음으로 범한 죄의 경중을 더 중시하는데, 각각의 계상戒相에는 개開·차遮·지持·범犯의 구별이 있고, 같은 계를 범해도 동기·방법·결과 등이 다르기 때문에 죄업의 경중과 참회 방식도 다소 다르다.

국제불광회가 대만 소류구小琉球*에 분회를 설립한 초기에 내가

---

* 대만 본섬에서 남서쪽 13km에 위치한 산호섬. 샤오리우치우.

초청받아 수계식을 하러 갔다. 그때 회장님이 나에게 말했다. "우리 섬 주민들은 대부분 고기잡이를 업으로 하는데, 이는 불교의 '살생하지 말라'와 저촉됩니다. 그런데 주민들에게 살생하지 말라고 하면 살기가 어려워지기 때문에 이곳에서는 불교를 포교하기가 어렵습니다." 내가 말했다. "불교는 살생하지 말라고 하지만 경중을 구분합니다. 살생은 죽이는 행위와 죽이려는 마음(살심殺心)의 구분이 있습니다. 고기잡이는 생계를 유지하기 위한 것이지, 죽이려는 생각은 없습니다. 예를 들어 사람이 죽어 화장하면, 불길이 시신의 기생충을 태워 죽일 뿐만 아니라, 나무에 기생하는 벌레까지 태워 죽입니다. 이는 살생의 행위는 있지만 죽이려는 마음은 없는 것입니다. 부주의로 살해한 생명에 대해 부끄러움을 느껴 성심성의껏 참회하면 죄업이 있어도 경감될 수 있습니다."

그러므로 우리는 평소에 죽이려는 마음(殺心)을 키워서는 안 된다. 예를 들어 밥그릇이나 수저를 집어던지고, 책걸상을 부수고, 문을 세게 닫고, 벽을 들이받는 등의 파괴적인 성격이 일단 길러지면 남을 죽이거나 자신을 죽인다. 자살이든 타살이든, 또는 죽이는 걸 보고 좋아하든지 다 안 좋은 습성을 기르게 될 것이다.

넓은 의미에서 우주 만물은 다 생명이 있다. 육체적인 생명, 사상적인 생명, 사업적인 생명, 도덕적인 생명, 시간적인 생명을 막론하고 그 가치는 각각 다르지만 모두 소중히 여겨야 한다. 예를 들어 옷 한 벌은 3년 동안 입을 수 있지만, 아끼지 않으면 3개월밖에 입을 수 없다. 꽃은 한 달 동안 필 수 있지만, 억지로 꺾으면 며칠 만에 시든다. 이 또한 생명을 해치는 것이다. 책상·소파·텔레비전……을 아끼면 몇십 년을 더 쓸 수 있다. 살생은 칼로 해를 가하는 것에 그치지 않는다. 일상생활에서 독설을 퍼붓고 성낸 표정을 짓거나, 말로 남의 희망을 끊거나, 또는 유언비어를 퍼뜨려 문제를 일으켜서 상대가 발붙일 수 없게 하는 것도 다른 사람에게 보이지 않게 상처를 줄 수 있으니 살생인 셈이다.

살생에서 죽일 수 있는 것과 죽일 수 없는 것은 매우 복잡한 문제이다. 정상적인 상황에서 모든 생명은 귀중하고 상해를 입는 것이 허용되지 않지만, 인도적인 입장에서 때로는 살생이 적절하냐 아니냐는 생명이 처한 시간과 공간에 달려 있다. 화가 나서 하는 살생은 물론 안 좋지만, 때로는 자비와 정의를 위해 생명을 정지하는 것도 허용된다.

예를 들어 부처님께서 인지因地에서 수행하실 때, 상인 500명을 구하기 위해 도둑 한 명을 죽였다. 겉으로는 살생의 업을 저지른 것으로 보이지만, 더 많은 사람을 구하기 위해 실은 대자비를 행한 것이다. 불교 계율이 소극적인 선행뿐만 아니라 적극적으로 사람 구하는 걸 더 중시한다는 것을 알 수 있다.

살생은 물론 계를 범하는 것이지만, 죽이려는 마음과 죽이려는 생각이 없는 것이 더 중요하다. 불교는 살생을 경계하는 것부터 죽이려는 마음(殺心)을 제거하는 것까지 자비가 수행의 근본이라는 걸 일깨워 준다. 자신을 사랑하는 것부터 남을 사랑하는 것에 이르기까지 자애의 마음을 모든 중생에게 두루 퍼지게 하고, 우리가 유정중생에게 자애로울 때 이 세계는 전쟁이 종식되고 안락과 평화로 나아갈 것이다.

방생과 방사放死

방생放生을 좋아하는 불자들이 있는데, 방생의 공덕으로 복을 빌고 재앙을 소멸하려는 것이다. 그런데 적절하지 않은 방생으로 오히려 방사放死가 되는 경우가 왕왕 있다. 예를 들어 이렇게 말하는 사람이 있다. "내일 내 여든 살 생일에 방생하려고 하니, 물고기를 좀 잡아서 방생해 주세요", "내일 내가 일흔 살 생일인데, 새를 좀 잡아서 방생해 주세요." 물통에서 방생을 기다리는 이 물고기들은 공간이 너무 비좁아 방생하기도 전에 태반이 죽고, 새장에 갇힌 새들도 먹이를 주지 않아 미처 방생하기도 전에 대부분 죽는다.

무사히 방생되는 물고기나 새들도 잡고 놓아주는 사이에 공포를 느낄 뿐 아니라, 살갗도 다치고 목숨까지도 위태롭게 된다. 특히 숲속에서 날아다니던 새를 잡아서 도시에 가져오면 일찍 죽도록 재촉하는 것이나 다름없고, 바다에 살던 물고기를 민물에 방생하면 살아남기 어렵다. 따라서 방생이란 원래 자비로운 선행인데, 잘못된 방생으로 오히려 살생의 어리석은 행위가 되는 것이다. 지혜롭지 못한 방생은 도리어 더 많은 생명을 죽일 수 있다.

불광산 초기에 불이문 앞의 방생지放生池에서 물고기를 키웠는데, 많은 사람이 거북이를 가져와 방생해서 연못의 물고기를 다 잡아먹었다. 불광산 산에 독사를 잡아다가 방생하는 사람들이 자주 발견되었고, 또 유기견·길고양이 심지어 보호동물도 산에 가져와서 방생하였다. 이런 부적절한 방생 행위는 생태계를 파괴할 뿐만 아니라, 산에 사는 중생의 생명 안전도 위태롭게 한다.

과거 중국의 총림에도 방생원放生園·방생지放生池 시설이 있었는데, 그때의 방생 관념은 지금과 달랐다. 예를 들어 우리 집에 기여한 소, 우리 집을 지킨 개가 이제 늙어서 절에 데려가 편안히 지내게 해준다. 우리 아이를 구한 적이 있는 수탉을 차마 죽일 수가 없어 절에 데려가 방생한다. 그들은 이 동물들을 데려와 방생하는 한편, 절에서 동물들을 돌보고 먹이를 먹일 수 있도록 사찰 방생원에 돈도 조금 보시했다. 반면에 오늘날 사람들은 작은 동물을 함부로 절에 버리고 그들의 생사를 상관하지 않으니, 이것은 방생이 아니며 당연히 공덕도 없을 것이다. 오늘날 많은 사람이 돈을 모아 방생하는데, 거기에서 이익을 취한다면 그것은 사기이지 진정한 방생이 아니다. 많은 사람이 생태환경과 생물종의 균형을 모르고 곳곳에 방생해서 오히려 대자연의 균형을 파괴해 불교에 대한 강한 비난이 이어지고 있다.

사실 부적절한 '방생'을 하기보다는 적극적으로 '생명을 보호(護生)'하는 것이 낫다. 예를 들어 소와 말을 채찍으로 때리지 않고, 새를 쏘지 않고, 낚시하지 않는 등이다. 그런데 현대 사회는 낚시터가 도처에 즐비하다. 어떤 사람은 순전히 낚시를 즐겨 물고기를 낚은 후에 다시 놓아주지만, 이미 물고기에게 상해를 입힌 것이다.

집에서 반려동물을 키우는 사람이 있다. 동물을 사랑하는 것도 좋지만, 동물을 좋아하기 때문에 집에서 기르는 고양이·개·새 등의 애완동물들이 좋은 보살핌을 받고, 평등한 존중과 대우를 받을 수 있는지 생각해 봐야 한다. 어떤 사람은 일시적으로 흥미가 생겨 일정 기간 동물을 기르다가 싫증이 나서 유기하여 개와 고양이가 사방을 떠돌아다닌다. 이는 고양이와 개에게 잔인하고 불공정할 뿐만 아니라, 사회의 환경 문제를 야기한다.

방생은 인연에 따라 해야지, 일부러 방생해서는 안 된다. 방생보다 더 중요한 것은 생명을 보호하는(護生) 것이다. 생명을 보호하는 가장 큰 의미는 살길을 열어주는 것이다. 도처에서 사람과 사람이 싸우고 사람과 사람이 서로 대결하는 세상이므로, 진정한 방생은 한 사람이 실의에 빠졌을 때 긍정적으로 격려해 주고, 깨우쳐 주고, 편리함을 주고, 구제해 주고, 좋은 인연을 주고, 잘되도록 도와주는 것이다. 만약 한 사람이 어려울 때 돈을 주어 도와주거나, 난관을 극복하도록 도와주거나, 좋은 말로 격려하는 등 도움을 줄 수 있다면, 이것은 '사람을 놓아주는 것(放人)'이다. '사람을 놓아주는 것'은 사람에게 다시 시작할 수 있는 인연을 주니, 방생보다 공덕이 더 크고 높다.

불교와 정치

불교에서는 "위로는 네 가지 은혜에 보답하고, 아래로는 삼악도의
고통에서 구제한다(上報四重恩, 下濟三塗苦)"라고 하는데, 네 가지 은
혜(四重恩) 중 하나가 국가의 은혜이다. 우리가 인간 세상을 살면서
개인의 생명과 재산의 안전을 보장해 주는 국가가 필요하기 때문
에, 애국은 모든 사람이 마땅히 가져야 할 책임이자 정서이며, 이는
출가자와 재가자를 나눌 수 없다. 그러나 오늘날 일부 사회 인사들
은 불교도의 정치 참여를 반대할 뿐만 아니라, 불교도 자신도 가능
한 한 정치와 연관되지 않으려고 피한다.

그러나 사실상 정치는 군중을 다스리는 일이고, 사람은 사회적
동물이기 때문에 사회를 떠나 혼자 살 수 없고, 대중과 밀접한 관계
를 유지할 수밖에 없다. 사회를 떠날 수 없으니 당연히 정치와 떨어
져 살 수도 없다. 따라서 민감하고 자신과 밀접한 이 문제를 피하기
보다는 그것에 직면해 올바른 인식을 갖는 것이 낫다.

불교도는 정치에 적극적으로 참여해야 할까, 소극적으로 지켜봐
야 할까?

태허太虛 대사의 '정치에 관심을 가지되 간여하지 않는다(問政不
干治)'는 견해가 가장 객관적이고 적절하며, 가장 지혜로운 견해라
고 할 수 있다. 태허 대사는 불교도가 국가 대사에 적극적으로 관심

을 가져야 한다는 데 찬성하며, 다만 실제 권력 운영에는 열중할 필요가 없다고 했다. 동진東晉의 도안道安 대사도 '국왕에게 의지하지 않으면 불사하기 어렵다(不依國主, 則法事難立)'고 했다. 다시 말해 불교와 정치는 모두 대중의 일로, 서로 밀접하게 연관돼 있고 서로 관계를 뗄 수 없다. 특히 불교가 꽃피는 시대에 국운이 융성하며, 상대적으로 나라가 부강하고 정치가 깨끗해야 불교가 융성할 수 있다는 사실을 역사가 증명한다.

역대 제왕들도 사실 이러한 이치를 잘 알고 있었기에, 보지寶誌 선사가 양 무제의 국사로 봉해졌고, 화엄종의 현수법장賢首法藏, 북종선北宗禪의 신수神秀가 무측천武則天의 칙령을 받아 국사로 봉해졌으며, 혜능惠能 대사도 추앙받았다. 또한 천태지자天台智者 대사는 수·당 양대 제왕의 존경을 받았고, 청량징관淸涼澄觀 대사는 황제 7명의 국사였고, 옥림玉琳 국사는 청나라 순치황제의 스승이었다. 현장玄奘 대사는 경전 번역을 주관하는 동시에 태종太宗 옆에서 나랏일에 대해 자문을 하기도 했다.

이 스님들은 왕후장상처럼 직접 정권을 잡지는 않았지만, 나라를 사랑하는 마음은 일반인과 같았다. 스님들이 방외지사方外之士*의 초연한 마음을 품고, 불법의 비할 데 없는 지혜로 국가의 안락과 백성의 행복을 위해 용감하게 간언한 것은 '정치에 관심을 가지되 간여하지 않는다'의 최고의 본보기라 할 수 있다. 부처님도 권력자가 어진 정치를 하도록 왕궁을 드나들며 법을 설했으며, 인도의 많

---

* 세속의 속된 일에서 벗어나 고결하게 사는 사람.

은 왕에게 나라를 다스리는 도리에 대해 법문하셨다. 따라서 부처님 시대부터 불교와 정치는 밀접한 관계를 유지해 왔고, 부처님은 '정치에 관심을 가지되 간여하지 않는다'의 개산조사라 할 수 있다.

불교는 예로부터 정치와 대립하지 않았다. 모든 역사에서 왕조가 바뀌어도 불교는 정치에 참여하지 않았고, 제왕을 불교가 옹호하고, 사회의 도덕을 유지하는 데 협조하고, 백성의 마음을 정화하고, 사회 질서를 유지하고, 사회 풍조를 개선하는 등 불교는 실제로 정치에 도움이 되었다. 정치는 사람의 말을 설복할 수 있고, 불법은 더 나아가 사람의 마음을 설복할 수 있다. 그러므로 불교는 정치를 보호하며, 정치도 불교를 보호해야 하고, 불교에 더 많은 발전 공간을 주어야 한다. 이는 위정자가 가져야 할 마음과 시야이다.

불교와 환경 보호

지금은 '환경 보호 의식'이 고조된 시대로 전 세계가 환경 보호를 외치고 있다고 할 수 있다. 오랫동안 인류는 우리가 거주하는 커다란 환경을 보호할 줄 모르고, 도처에서 마구잡이로 개간하고 남벌하고, 대량의 쓰레기를 배출하고, 특히 무절제한 '탄소' 배출로 지구의 반격을 초래했다. 현재 거의 모든 나라가 극단적 기후 변화로 인한 재해와 위협을 받고 있다. 이제야 인류는 위기의식을 갖게 되었고, 지구를 보호해야 한다는 걸 알게 되었다. 환경을 보호하고, 물과 토양을 보존하고, 나무와 화초를 재배하고, 하천과 흐르는 물이 깨끗해야 한다는 것을 알게 되었다.

이 모든 것이 우리가 처한 환경, 우리가 사는 이 지구와 우리의 관계가 매우 밀접하다는 것을 말해 준다. 그러나 환경 보호 의제는 예전부터 있어 왔다. 수천 년 전 부처님께서 도를 이루고 설법한 때부터 오늘날까지 환경 보호를 가장 중시하고, 지구를 사랑해야 한다는 걸 가장 잘 아는 것이 불교라고 할 수 있다.

예를 들어 인도의 영취산에 가보면, 몇 세기 전에 힌두교와 이슬람교의 전쟁으로 불교가 멸망했지만, 영취산의 웅장함과 자연이 잘 보존되어 있고, 지금까지도 사방이 온전하며 무너지거나 훼손되지 않아, 당시 부처님께서 환경을 잘 보호했음을 알 수 있다.

인도의 기수급고독원(기원정사)에 가보면, 비록 폐허가 되었지만 건축의 기초가 여전히 남아 있고, 곳곳에 푸른 풀들이 있으며 공원과 같이 아름답다. 수토가 유실되지 않았고 지반도 모두 존재해, 비록 건물은 파괴됐지만 당시 '황금을 땅에 깔았던' 일화로 유명한 기수급고독원이 잘 보호되어 있다. 지금의 기수급고독원은 비록 정사 건물은 없지만 푸른 풀이 자라고, 정원 같은 성지는 숙연함과 경건함을 자아낸다.

한편, 부처님의 비구 제자들이 당시 수행했던 칠엽굴은 2천 년 동안 온전히 보존되어 있다. 갠지스강 유역도 불교는 보호하고 있고, 인도 주변 국가인 부탄, 이전의 시킴도 세계적으로 유명한 관광 왕국이다. 불교는 환경 보호를 중시해서 천년의 역사와 환경을 보호했고, 비로소 오늘날 사람들이 동경하는 인간세계의 선경仙境이 있게 되었다.

라다크는 풀과 나무가 거의 자라지 않는 척박한 땅이지만, 오늘날 많은 불교도가 그곳에서 그 땅을 지키고 있다. 그들은 이곳에 사원을 짓고, 도로를 정비해 자연환경을 온전하게 보전하고 있다. 다만 기후 때문에 나무와 화초가 잘 자라지 못하지만, 불교도들은 그곳을 보호하고 사랑한다.

실제 생활환경에 대한 보호 이외에, 경전에 언급된 것도 있다. 예를 들어 섬자보살은 땅을 오염시킬까 봐 어떤 것도 땅에 버리지 못하고, 대지를 시끄럽게 할까 봐 큰 소리로 말하지 못하고, 땅을 아프게 할까 봐 너무 세게 뛰어다니지도 못한다. 비록 지나치게 보수적인 것 같지만, 대지를 아끼는 환경 보호 사상과 마음에 숙연히 경의를 표하지 않을 수 없다.

불교가 중국에 전해진 이후 중국에서 발전하면서 불교도가 산림을 개간하고, 도로와 다리를 건설하고, 수원水源을 정비하고, 나무와 화초를 키우고, 곡식을 재배한 이 모두가 환경 보호와 많은 관련이 있다. 예를 들어 중국 사천四川의 아미산峨嵋山은 지세가 험준하고 깎아지른 듯한 낭떠러지가 있지만, 현재 "아미산이 천하에서 가장 빼어나다(峨嵋天下秀)"란 말이 있게 된 것은 역대 승려들이 환경을 잘 보호했다는 확실한 증거가 아닌가.

또한 절강성의 보타산普陀山은 바다 위의 작은 섬이지만 '해천불국海天佛國'으로 건설했다. 이밖에도 중국의 많은 총림이 높고 험준한 산에 있고, 산서山西의 현공사懸空寺는 오늘날의 눈으로 보면 건축 법규에 전혀 맞지 않는다고 할 수 있다. 하지만 그런 아찔한 절벽에 절을 지을 수 있는 것은 환경 보호가 잘 돼 있기 때문이고, 그래서 현공사가 안전하다.

양계초梁啟超의 아들 양사성梁思成은 고대 건축물을 연구한 전문가로, 불교 건축에 감탄해마지않았다. 예컨대 산서山西 불광사佛光寺 건물을 보고 옛사람들의 건축 지혜에 감탄을 금치 못했다.

중국 스님들은 과거에 산속에 거주하고 농사를 지어 생활하며, 산림을 보호하고 물과 토양을 잘 보존하였다. 역사적으로 황하가 범람하거나 큰비가 내려 토사가 유실되어도, 사찰에서 토사가 유실됐다는 말을 들어본 적이 있는가? 고대 승려들은 건축 전문가도 아니고 풍수와 지리도 보지 않았지만, 환경의 보호와 이용에서 그들의 지혜를 증명했다.

2천여 년 동안 고금의 사찰은 때로는 전쟁·포화·어질지 못한 제왕에 의해 파괴되었지만 불교 사찰은 중국 대지에 우뚝 서서 각지의 명승지가 되었다. "천하의 명산을 승려가 다수 차지한다(天下名山僧占多)"는 말이 있는데, 그 많은 산간 지역이 고대에 승려들에 의해 개발되었다. 오대산五台山·구화산九華山 같은 불교의 명산은 산세가 가파르고 험준하며 봉우리가 우뚝 솟아 오르기 힘든 산이지만, 승려들의 각고의 노력과 정비로 오늘날 성지순례와 관광지로 자리잡았다. 불교가 환경 보호에 기여한 바를 많은 사람에게 알리지 않고 찬탄하지 않을 수 있겠는가?

특히 스님들은 대자연을 사랑한다. 산·강·대지·나무·화초 등 자연과 자신의 생명이 하나가 된다. 조주趙州 선사의 '뜰 앞의 잣나무(庭前柏樹子)'*는 선법禪法의 심요心要이고, 임제의현林濟義玄 선사가 소나무를 심은 것은 산을 사랑하는 것이다.

과거 스님들은 자연의 수토 보전과 산림 보호를 중시했을 뿐만 아니라, 꼬불꼬불한 길을 보수해 사람들이 안전하게 다닐 수 있도록 했다. 저녁에는 가로등을 켜고, 신도들에게 등불을 밝히는 공양을 하도록 독려했다. 또한 외진 시골에 깊은 우물을 파서 사람들이 물을 길을 수 있도록 했다. 이렇게 불교는 중국을 보호하고 건설하는 데 큰 공을 세웠다.

지난 50년에 걸쳐 세워진 불광산사는 원래 대나무가 무성하고 토양이 유실되어 도처에 깊은 구덩이와 골짜기가 있는 황량한 곳

---

* 백수자柏樹子는 측백나무이지만 한국불교에서는 잣나무로 굳어져 쓴다.

이었다. 하지만 50년에 걸친 우리 사부대중의 노력으로 대만에 정신적인 불국세계를 건설했다. 그러나 공무원들은 갑질만 하지, 승려에게 상을 주지 않을 것이다. 누가 진정한 애국자이고 이 땅을 사랑하는가? 제삼자가 평가해야 한다.

또한 지난 몇십 년간 국제불광회는 대만에 수십만 그루의 나무를 심었고, 평소에도 회원들을 동원해 거리 청소·해변 청소·수원水源 보호·다리 건설·도로포장 등 수없이 많은 일을 해왔다. 그러므로 불교도가 환경 보호에 기여한 바를 오늘날 환경운동가들과 정부 부처의 관계자들이 볼 수 있기를 바란다.

환경 보호와 마음 보호

사람은 대지가 있어야 생존할 수 있고, 햇빛·공기·물 등이 있어야 살 수 있다. 세상의 모든 것이 다 사대四大로 이루어졌다고 할 수 있다. 이것이 바로 석가모니부처님께서 설하신 '연기법緣起法'이다. 즉 세상의 모든 것은 여러 인연因緣이 화합해서 존재한다.

생명은 세상에서 가장 소중한 것이다. 우주에는 사람만 생명이 있는 것이 아니라 나무·풀·산·강·대지·해·달·별에도 생명이 있다. 불교의 관점에 따르면 모든 움직이고, 살아있고, 유용한 것은 다 그 생명이 존재하는 의미와 가치가 있다. 예를 들어 옷·책상·의자·자동차 등은 아끼고 함부로 훼손하지 않으면 몇 년 더 사용할 수 있다.

불교는 생명의 정의에 대해, 생명을 아끼고 보호하는 것에 대해 적극적인 견해가 있고 적극적으로 행동한다. 불교에서는 '대지의 중생은 모두 불성이 있다', '유정과 무정이 모두 일체종지를 이룰 수 있다(情與無情, 同圓種智)'고 한다. 따라서 살생하지 않으므로 함부로 개간하지 않고, 도둑질하지 않으므로 도벌하지 않는다. 불교는 평등심으로 모든 중생을 대하며, 사람과 동물에게 애정이 있어야 하고 산과 강·대지를 보호해야 한다고 여긴다.

예를 들어 섬자보살이 말하길, "나는 길을 걸을 때마다 대지를 밟아 아프게 할까 봐 힘을 주지 못합니다. 나는 말을 할 때마다 대지가 놀라 깰까 봐 큰 소리를 내지 못합니다. 나는 대지를 오염시킬까 봐 땅에 물건을 버리지 못합니다." 이는 자비이자 만물을 아끼는 환경 보호 의식이다.

물론 자연 보호, 공기 정화, 수원水源 청결, 소음 방지, 쓰레기 처리 등 외적인 생태환경 보호뿐만 아니라 불교는 마음의 환경 보호를 더 중요시한다.

마음의 환경 보호란 사상·관념·언어·마음의 정화를 포함한다. 예를 들면 쓰레기 지식을 거부하고, 사상이 오염되지 않는 것이 사상의 환경 보호이다. 관념이 올바르고, 매사에 긍정적으로 생각하는 것은 관념의 환경 보호다. 구업口業이 청정하고, 이간질하지 않고, 악담하지 않는 것이 언어의 환경 보호다. 마음속에 번뇌·질투·불평·분노 등의 감정이 없는 것이 바로 마음의 환경 보호다.

그래서 나는 '삼호三好운동'을 전개하고 있다. 몸으로 좋은 일을 하고, 나쁜 행위를 하지 않는다. 입으로 좋은 말을 하고, 나쁜 말을 하지 않는다. 마음으로 좋은 생각을 하고, 나쁜 생각을 하지 않는다. 개인이 삼호를 실천할 수 있으면 자신이 바르고 정직하며, 사람마다 삼호를 실천하면 사회가 평화로울 것이다.

그러나 가장 큰 환경 보호는 마음이라고 생각한다. 우리 마음은 공장과 같다. 공장 설비가 좋으면 우수한 제품을 생산할 수 있지만, 설비가 안 좋으면 제품도 덩달아 질이 낮고 외부 환경 오염까지 초래할 수 있다. 『유마경維摩經』에 이런 말이 있다. "보살이 정토를 얻으려면 그 마음을 깨끗하게 해야 한다. 그 마음의 청정함에 따라 불국토가 청정해지기 때문이다(菩薩欲得淨土, 當淨其心. 隨其心淨, 則佛土淨)."

그러면 마음의 환경 보호를 어떻게 해야 할까? 바닥을 쓸려면 빗자루가 있어야 하고, 전쟁을 하려면 무기가 있어야 한다. 마찬가지로 마음의 오염을 깨끗이 제거하려면 도구와 무기가 필요하다. 그러면 우리의 무기는 무엇일까? 바로 지혜·자비·인내·근면·부끄러움·참회 등이다. 이런 도구들이 있으면 마음속의 번뇌와 마구니를 물리칠 수 있고, 마음도 자연히 정화될 수 있다.

현담玄談과 실무

2천 년 전 불교가 중국에 전해진 후, 처음에는 경전 번역을 중요시하다가 후에 강경講經을 중요하게 여겨, 출가한 스님이 경전 강의를 할 수 있어야 가장 큰 영광으로 여겼던 것 같다. 그러나 경전 강의는 상대가 알아듣든 말든 상관하지 않아서 일반 신도들이 '삼귀의'와 '오계'도 제대로 알지 못하고, 겨우 '인과因果'에 대해 조금 알거나, '아미타불阿彌陀佛'이라는 말은 홍보하지 않아도 집집마다 알지만 의미를 이해하지 못한다.

불교는 '인과'와 '아미타불'로 중국 사회에 영향을 미쳤다. 그런데 일부 불법佛法의 진정한 의미를 사람들이 이해하도록 설명하지 못할 뿐만 아니라 심지어 오해를 불러일으키기도 한다. 예를 들어 고苦·공空·무상無常을 소극적이고, 비관적이고, 부정적으로 해석해 마치 불교를 믿으면 아무것도 없는 것 같다. 이러한 바르지 못한 견해는 불교에 큰 상해를 입혔다.

특히 현담玄談*을 중시하는 것이 불교의 정통이 되어 불교 경전의 뜻을 말하지 않으면 불교가 아닌 것 같다. 반면 역대 얼마나 많은 조각가들이 장엄한 불상을 많이 조각했는데, 그들이 불교에 기

---

* 현담玄談: 심오하고 현묘한 이치에 대해 말하는 것.

여한 공로를 인정하는 사람이 있는가? 석도石濤·팔대산인八大山人의 서화書畫가 세계의 추앙을 받고 존중받지만 불교가 그들에게 기회를 주었는가? 불교 음악·노래·범패 등에 뛰어난 사람들이 불교에서 지위가 있는가?

외국어에 능하고 언어에 특기가 있는 소만수蘇曼殊는 지나율학원支那律學院·기원정사祇園精舍에서 강의했고, 태허太虛 대사·양계초梁啓超·담사동譚嗣同 등이 제자였다. 그런데 우리가 만수曼殊 대사라고 부를 수 있는가? 소만수는 불교의 정통이 아니고 큰스님으로 부를 자격이 부족하다고 불교는 소만수를 배척해 왔다. 불법을 설하고 경전을 강의해야 큰스님으로 부를 자격이 있다는 것은 큰잘못이다.

연꽃이 좋아도 푸른 잎이 받쳐 주어야 한다. 그 많은 음악·미술·문예가 보조해 주지 않으면 불교 교리를 누가 듣겠는가? 가령 붉은 꽃에 초록 잎이 없다면 외로운 꽃 한 송이가 무슨 아름다움이 있겠는가? 그러므로 경전을 강설하는 것 외에도, 불교를 보호하는 모든 것이 다 불법이라고 하기를 바란다.

한 법이 모든 법(一法是一切法)이다. 앞으로 불교가 부흥하려면 경전 강의 외에도 문화 교육 등 불교와 관련된 각종 사업을 발전시켜야 한다. 학교 설립이 불교에 얼마나 큰 공헌을 하는가! 양로원·보육원을 운영하고 자선사업을 하는 것이 불교에 기여하지 않는가?

오늘날 불화를 그리고 불상을 조각하는 예술가들이 많은데, 우리가 그들을 장려해 주었는가? 많은 사람이 마음을 내어 의료봉사를 하고 약을 보시하며 불교의 자비를 전하는데, 우리가 그들에게 찬사를 보냈는가? 불교에 기여한 많은 사람과 사업을 중요시하지 않고 현담玄談에만 의지하기 때문에 불교가 서서히 몰락하는 것이다.

경전 강의를 한 번 하면 겨우 몇 사람이 듣지만, 영화 한 편은 아마 몇백만 명이 볼 것이다. 불칠佛七*을 하면 염불하는 사람이 몇 명 안 되지만, 축구 경기는 아마 몇만 명이 관람할 것이다. 왜 우리는 음악·스포츠·회화·조각·예술에 종사하는 많은 사람을 장려하지 않고 존중하지 않는가? 마치 이것들은 단지 작은 재주일 뿐 언급할 가치가 없고, 다만 강경하고 설법을 해야만 최고의 공양을 받을 가치가 있는 것 같다. 이렇게 하면 불교가 인재를 널리 받아들일 수 없는데 불법이 어떻게 보급될 수 있겠는가?

다양한 특기와 전문성을 가진 불자들이 불교를 위해 신통神通을 발휘하고 불교의 선양을 도울 수 있지만, 아쉽게도 우리는 받아들이지 않았다. 제레미 린** 한 사람이 온 세상을 뒤흔들 수 있다. 농구선수 제레미 린이 자신이 기독교인이라고 공개하면 기독교가 얼마나 주목받는가. 경전을 강설하는 우리 스님들이 제레미 린과 같이 할 수 있는가? 현담을 하는 많은 대덕 스님들, 중국에 또 야오밍 (姚明)***이 있다는 걸 아시는가?

따라서 불교에 기여한 사람이라면 불교 행정을 담당하는 기구나

---

* 불칠佛七: 7일간 일심으로 아미타불을 염불하는 염불정진.
** 대만계 미국인 농구선수. 林書豪.
***중국의 유명한 농구선수.

부서는 그 많은 사람들을 배려하고 발탁해야 한다. 우리 불교 곳곳의 사찰들은 자체적인 홍법의 에너지가 부족하다. 이 많은 에너지를 받아들여, 불법을 대중에게 널리 알릴 수 있는 사람들을 사찰의 중요한 일원이 되도록 해야 한다. 그러면 불교에 많은 인재가 있게 된다. 예를 들어 현재 불광회佛光會에 몇백 명의 재가포교사가 있고, 학교와 감옥에 홍법을 다니면서 불교에 힘을 불어넣었다. 이런 것들을 어찌 심오해서 종잡을 수 없는 현담을 하는 사람과 비길 수 있겠는가?

예를 들어 필준휘畢俊輝 여사는 세계불교도우의회(WFB) 싱가포르 본부 회장이 될 수 있는 사람인데, 우리가 그분을 이해하고 인정하는가? 사회의 얼마나 많은 교장과 총장들이, 어떤 분은 교육부 장관도 마다하고 불교에 봉사하는데 그들을 인정하는 사람이 있는가? 현담을 할 줄 모르고 실무만 할 줄 알기 때문에 중시 받지 못하는 것이다.

불광산 개산 50주년을 경축할 때, '불광산을 말하다' 포럼을 개최해 각계의 인사를 초청했다. 당시 인간불교가 미래 불교의 희망이라는 데 모두 인식을 같이했다. 인간불교만이 사회로 들어갈 수 있고, 청년·어린이를 중시하고, 음악·예술·문학·교육·스포츠 등을 통해 각종 활동을 해서 대중이 불교와 접촉할 수 있도록 하는 것이야말로 불교를 발전시키는 중요한 길이다.

그러므로 현담을 하는 스님들도 이런 실질적인 일(실무)을 중시해야 하고, 실무를 통해서도 불법을 전할 수 있고 불교에 기여할 수 있다는 걸 인정해야 한다.

반야와 지혜

세상에는 다양한 사람이 있고, 자연히 다양한 분별이 있게 마련이다. 지식이 있는 사람이 있고, 지식이 없는 사람이 있다. 지식이 있는 사람은 똑똑하지만, 때로는 "똑똑하게 굴다가 도리어 그로 인해 잘못된다(聰明反被聰明誤)." 그래서 똑똑한 것보다 더 좋은 것이 '지혜'라고 말하는 사람이 있다.

불교에서 지혜에는 '문소성혜(聞所成慧, 들어서 이루는 지혜)·사소성혜(思所成慧, 사유해서 이루는 지혜)·수소성혜(修所成慧, 수행해서 이루는 지혜)'가 있다. 듣고·사유하고·수행해서 다 지혜를 성취할 수 있다. 그래서 세상의 철학자·과학자 등 똑똑하고 사상이 있는 사람들이 지혜가 있다.

그러나 불교에서는 이러한 세속의 지혜도 궁극적이지 않다고 본다. 똑똑하고 지혜 있는 과학자들이 현대 과학기술로 비행기·군함·대포 등을 많이 발명했지만, 이러한 발명이 선인지 악인지는 인간이 어떻게 이용하느냐에 달려 있다. 예를 들어 사람을 구하고 세상을 구하는 의약품을 발명해 병고의 문제를 해결하는 것은 확실히 세상을 행복하게 한다. 그러나 원자폭탄이나 핵무기와 같은 발명은 인류에게 재앙을 가져올 수 있다.

그래서 불교는 세속의 지혜가 아니라 반야般若에 대해 말한다.

세속의 지혜는 궁극적이지 않지만, 반야지혜는 청정하고 궁극적이므로 고난을 초월해 해탈의 경지를 얻게 해줄 수 있다.

반야는 우리의 마음이고, 반야심般若心은 평등심이라고 한다. 이 평등심은 세상에서 가장 높고, 가장 크고, 가장 아름답다. 예를 들어 햇빛은 차별 없이 고루 비춘다. 내가 어딜 가든 공간만 있으면 고루 비추고, 사사로이 치우치는 마음이 없다. 대지는 어떤 사람이든 어떤 것이든 간에 선택하지 않고 평등하게 고루 싣는다. 공기도 마찬가지로 가난을 싫어하거나 부를 좋아하지 않고, 평등하게 숨 쉬게 해준다. 물은 우리가 원하면 씻고 갈증을 해소하게 해준다.

인간 세상에 가장 필요한 햇빛·공기·물·대지는 모두 평등성이 있기 때문에 반야와 비교할 수 있다. 또는 공자·맹자·예수·석가모니부처님과 같은 성인이 세상을 구하고, 사람을 사랑하는 마음이 반야에서 드러날 수 있고, 조금도 편협하지 않다. 따라서 반야는 우리의 보장寶藏일 뿐만 아니라 우리의 생명, 우리의 죽지 않는 생명이라고 할 수 있다.

반야의 가장 큰 효용은 토론하는 것이 아니라, 최고의 삶의 지혜가 될 수 있다는 것이다. 반야가 있으면 부족하고 명백하지 못한 많은 것이 보완되고 분명해진다. 그러나 반야는 학교의 교육과정에 1학년, 2학년, 3학년의 구분이 있듯이 정도 차이가 있다.

1학년의 반야를 '정견正見'이라고 한다. 정견은 세상의 모든 일에 인과因果가 있다는 것이다. 돈을 벌려면 반드시 얼마간의 수고와 노력이 들어가고, 지혜와 인연이 있어야 한다. 가난한 것도 틀림없이 원인이 있기 때문에 가난한 결과를 초래하는 것이다. 인과는 사람을 괴롭히지 않으며, 반야처럼 평등한 것이다. 그러므로 우리는 선악인과善惡因果, 업보와 윤회, 전생과 내생, 성인과 범부가 있다는 것을 바로 보고, 이 많은 바른 견해를 세워 확고한 믿음이 되면, 1학년의 반야는 통과할 수 있다.

2학년의 반야를 '연기緣起'라고 한다. 즉 세상의 모든 법은 인연이 화합해 생겨난다는 것을 아는 것이다. 예를 들어 내가 꽃을 보면 그것은 꽃이 아니다. 그것은 토양·수분·공기·비료·사람의 노력 등의 조건이 있기 때문에 비로소 꽃이 될 수 있고, 인연이 있는 것이다.

세상에는 어떤 것도 홀로 존재할 수 없고, 반드시 인연에 의지해야 생겨날 수 있으며, 서로가 다 상호 의존하는 관계이다. 예를 들어 옷을 만드는 공장이 없으면 입을 옷이 어디 있겠는가? 농부가 농사를 짓지 않고서야 어디 밥을 먹을 수 있겠는가? 내가 이 세상에서 생존할 수 있는 것은 모두 다 많은 인연에 의지하기 때문이다. 부모님이 나를 키워 주고, 선생님이 나를 가르쳐 주고, 친구가 나를 도와주고, 회사에서 나를 써줘서 내가 존재할 수 있다.

심지어는 내가 이 많은 인연에 의지해 또 다른 사람에게 인연을 주고, 내 가족을 부양하고, 내 친구를 돕고, 나아가 사회와 국가에 많은 공헌을 한다. 그래서 인연을 알게 되면 이기적이지 않고, 동체공생同體共生을 알게 되고, 모든 우리를 성취시켜 준 인연에 감사하게 된다. 이 인연이 바로 반야이다. 이 이치를 깨달으면 2학년을 졸업한 것이다.

3학년의 반야를 '공空'이라고 한다. 공은 없는 것이 아니라, 비어 있기 때문에 있을(有) 수 있다. 찻잔이 비어 있으면 물을 담을 수 있고 차를 담을 수 있다. 찻잔이 비어 있지 않으면 어떻게 찻물을 담을 수 있는가? 주머니가 비어 있으면 물건을 넣을 수 있고, 빈 공간이 있어야 모임을 할 수 있다. 공空과 유有를 대립시키고 분리하지 말아야 한다. 『반야심경般若心經』에서 "색즉시공, 공즉시색(色卽是空, 空卽是色)"이라고 한다. 불교에서 공空과 유有는 조화롭다.

세상의 모든 것은 인연이 화합해서 존재하는 가상假相으로, 다만 일시적으로 존재할 뿐이다. 『금강경』에서 "무릇 형상이 있는 것은 다 허망하다(凡所有相, 皆是虛妄)"고 한다. 그러나 범부 중생은 가상에 집착해 실상을 보지 못하는 경우가 많다. 그러므로 공空은 정견正見이고, 연기緣起이며, '공'을 통해 실상의 '반야'를 볼 수 있다.

'반야'와 같은 아름다운 사상과 경지에 대해 우리 불교계의 인사들이 전 세계 대중에게 널리 알려 모두가 반야를 알게 하고, 반야를 직접 깨닫고 싶은 마음이 생기게 해서 반야의 경지에 이를 수 있도록 해야 한다. 이렇게 되면 나와 남이 다 해탈할 수 있다. 그래서 불교는 반야와 자비를 다 해탈도解脫道라고 한다. 이는 우리가 세상의 고통에서 벗어나게 해줄 수 있고, 어떠한 불리한 결과도 생기지 않는다.

사실 반야는 모든 사람이 본래 갖추고 있으며, 모든 사람의 자성自性 안에 반야의 본성本性이 있다. 반야는 자신의 자성이고, 우리의 본래면목이다. 반야는 밖으로 추구하는 것이 아니다. 만약 사람마다 모두 불교의 반야를 알 수 있다면 자신의 반야를 깨달을 수 있다. 그러면 지금 바로 해탈할 수 있지 않겠는가?

사미십계

불교에서 계율은 교단이 존재하는 근본이다. "규칙을 따르지 않으면 일을 이룰 수 없다(不依規矩, 不能成方圓)"는 말처럼, 계戒는 교단의 근본이다. 그래서 오계·삼귀의계·십선계·보살계·비구계·비구니계·우바새계·우바이계·사미계·사미니계 등이 있다. 한마디로 말하면 불교의 칠중제자七衆弟子는 각자 지켜야 할 계율과 따라야 할 규범이 있다.

그런데 지금 문제가 있다. 계는 수지受持할 수 있어야 하는 것으로, 수지하지 않으면 유명무실하다. 또는 계조戒條나 계상戒相에만 집착해서 계율이 불교 발전을 제약하면 무슨 소용이 있겠는가? 애초 부처님께서 계를 만드실 때 계는 금지되는 것(遮)이 있고 허용되는 것(開)이 있다고 거듭 설명하셨고, 열반에 드시기 전에도 아난에게 작은 계는 버릴 수 있다고 하셨다.

계戒에는 많은 방편법이 있다. 예를 들어 불살생계不殺生戒에 대해 『본생경本生經』에 다음과 같은 내용이 나온다. 도둑 한 명이 배에 타고 있는 상인 500명을 죽이려 하자, 부처님께서 알고는 그 도둑을 죽였다. 살인에는 인과因果가 있지만 왜 죽이는가 하는 데는 경중이 있다. 예를 들어 국가의 법률에는 자살·타살·살인방조·보복살인·과실치사·오살誤殺……이 있고, 그 죄형도 제각각이다.

계戒는 매우 복잡하다. 국가의 형법과 비슷한데, 형법은 국가의 필요에 맞도록 매년 개정해야 한다. 계율도 마찬가지다. 부처님께서 세상에 계실 때, 비구들이 각지에서 홍법을 하면서 문화가 다르고, 기후가 다르고, 언어가 다르고, 생활이 다르고, 습관이 다르기 때문에 '때와 상황에 따라 적절하게 한다'는 방편이 있었다. 그런데 후세의 완고한 불제자가 부처님 명의를 빌려 "부처님이 이미 만든 계는 바꿀 수 없고, 부처님이 만들지 않은 계는 추가해서는 안 된다"라는 말을 해서 불법의 계율을 죽은 계율로 만들었다. '법에는 정해진 법이 없다(法無定法)'라는 말은 법은 사람의 생명과 같이 살아있는 것으로, 상황에 따라 바꿀 수 있다는 것이다. 그런데 법을 죽은 법으로 만들면 죽은 법이 무슨 소용이 있는가?

현재 대만의 종교법 사찰감독조례는 거의 100년이 다 되어 가는데 하나도 개정되지 않았다. 100년 전의 사회와 현재는 완전히 다르며, 현재의 사찰 형태는 전혀 사찰감독조례를 따르지 않는다. 그러므로 한 단체·한 국가가 법을 중요시하지 않고, 수정하지 않고, 상황에 따르지 않으면 그 교단은 쇠락하고 힘이 없을 수밖에 없다.

사미십계沙彌十戒를 살펴보자. 1. 살생하지 말라. 2. 도둑질하지 말라. 3. 음행하지 말라. 4. 거짓말하지 말라. 5. 술 마시지 말라. 6. 꽃다발을 쓰거나 향을 바르지 말라. 7. 노래하고 춤추고 구경하거나 듣지 말라. 8. 높고 넓은 큰 침대에 앉거나 눕지 말라. 9. 때 아니면 먹지 말라. 10. 금·은·보석을 가지지 말라.

지금의 대비구가 이 사미십계를 지킬 수 있는가? 대비구들도 지키지 못하는 사미십계를 사미한테 수지하라니 그게 가능한가?

예를 들어 높고 넓은 큰 침대에 앉거나 눕지 말라는 계를 살펴보자. 현재 많은 나라와 지역은 바닥이 습해서 바닥에서 잠을 자면 병이 날 수 있다. 반드시 높은 침대가 있어야 습기가 몸에 들어오는 해를 줄일 수 있다. 금·은·보석을 가지지 말라는 계가 있다. 지금 밖에 나가 홍법 여행을 하려면 돈이 없는데 비행기를 타고, 버스를 탈 수 있는가? 때가 아니면 먹지 말라는 계에 따르면, 낮 11~12시에 밥을 먹은 후 다음 날 아침이 되어야 아침을 먹을 수 있다. 17~18시간 공복이면 위장 건강에도 좋지 않다. 이러한 계조戒條는 지금의 의약 지식·사회 상황에 따라 수정되지 않을 수 있는가?

그러나 아무도 감히 계율을 고쳐야 한다고 말하지 않는다. 누군가가 말을 하면 바로 고압적인 언어와 기세로 간덩이가 부었다며, 감히 여래如來의 계법戒法을 고치려 한다고 말한다. 사실 부처님께서는 계법은 수정할 수 있다고 말씀하셨는데 왜 따를 수 없는가? 불교의 공허한 계를 모두가 지키지 못하게 해야 하는가?

그리고 과거의 경전과 계율은 1차 결집, 2차 결집, 3차, 4차, 5차 결집이 있었다. 이제 2, 3천 년이 지났는데 계율은 다시 결집이 필요하지 않은가? 불교의 기본적인 사근본계四根本戒*를 칠중제자가 여법하게 수지하려면 쉽지 않을 것이다. 비구 270계·비구니 350계를 비구·비구니들이 다 외울 수 있는가? 계를 하나도 범하지 않고 완전히 수지할 수 있는가?

---

* 사근본계四根本戒: 살생하지 말라. 도둑질하지 말라. 음행하지 말라. 거짓말하지 말라.

그렇다면 왜 태허太虛 대사가 제창한 교리혁명, 사찰재산혁명, 승가제도혁명처럼 계조戒條를 다시 수정하지 않는가? 계율은 곧 제도이다. 중국의 과거 조사들은 매우 똑똑해서 인도의 계율이 중국에서는 지리적 환경·생활 습관으로 인해 적응하지 못하는 것을 알고 계율을 범하지 않기 위해 별도의 청규淸規를 만들어 수지했다.

현재 중국의 사찰과 총림에도 변화가 생겼다. 대총림이 시방에서 공부하러 온 납자들을 받아들이는 경우는 드물다. 작은 사찰이 빌딩인 경우도 있고, 승속이 함께 사는 도량도 있다. 계율이든 제도이든 고치지 않을 수 있겠는가?

그러므로 태허 대사의 제도혁신 호소에 우리는 부응해야 한다. 그러나 안타깝게도 불교도의 아집은 제거하기 쉬워도 법집法執은 고치기 어렵다. 시대의 필요·사회의 필요·사람 마음의 필요도 모른 채 오로지 과거의 교리와 계율에만 집착한다면 과거의 계율을 다 지킬 수 있는가? 미래 불교계가 이에 대해 깊이 생각하고 혁신하길 바란다.

팔경법 八敬法

불교 경전은 부처님께서 말씀하신 것도 있고, 위조된 위경僞經도 있다. 계율은 부처님께서 만든 것도 있고, 후세 사람이 부처님의 명의로 부처님의 본뜻에 맞지 않는 계율을 정하기도 했다. 후에 보살들이 논論을 써서(造論) 서로 논쟁하기도 했는데, 나는 부처님의 본뜻을 잃은 것으로 생각한다.

부처님은 불법 선양을 중시하고 토론이나 변론을 중요시하지 않았다. 무릇 토론에는 고하가 있고, 차등이 있고, 분별이 있는데, 이는 다 불법佛法이 아니다.

그래서 경전에서는 "오직 일승법만 있으며, 이승도 없고 삼승도 없다(唯有一乘法, 無二亦無三)"라고 거듭 강조한다. 부처님께서 당시 계를 만드실 때 그 인연과 시간적 공간적 배경이 있고, 내용은 대상에 따라 다소 달랐다. 그래서 계법戒法을 제정할 때 부처님께서는 스님들이 안심하고 수행할 수 있고, 승단이 화합하고 다투지 않으며, 대중이 신심을 갖도록 함께 불법을 널리 알려야 한다고 말씀하셨다.

따라서 우리는 묻지 않을 수 없다. 지금의 재가보살계는 정말 다 부처님이 만든 것인가? 지금의 사미십계沙彌十戒는 정말 다 부처님이 제정한 것인가? 지금의 팔경법八敬法은 다 부처님이 제정한 것인가? 십대 제자는 모두 부처님이 정한 것인가? 18나한은 모두 부처님이 정한 것인가? 4대 보살은 다 부처님이 정한 것인가? 부처님께서는 상황에 따라, 인연에 따라, 세상에 순응해 대중에게 보여주고 가르쳐서 이익되고 기쁘게 하며(示敎利喜), 사람들의 습기와 번뇌를 개선해 사람들이 스스로 반성하고, 몸과 마음을 맑게 하고, 모두가 평등법 위에 안주安住할 수 있도록 하셨다. 이것이 바로 불법이다.

팔경법八敬法*에 대해 살펴보면, 과거에 팔경법을 정했던 많은 비구 대덕들이 여성 대중의 지위를 그렇게 낮게 폄하한 것은 결코 부처님의 본의가 아니라고 생각한다. 부처님은 모든 중생이 평등하다고 제창하시며, 동물·개미·모기에게도 다 불성이 있고 부처와 평등하다고 말하지 않았는가? 비구·비구니·우바새·우바이 등 사부대중이 평등할 수 없는가? 스님과 신도가 평등할 수 없는가? 남녀가 평등할 수 없는가? 불평등은 불법이 아니다.

부처님은 평등을 제창하셨는데, 어떻게 이렇게 불평등한 '팔경법'을 제정할 수 있겠는가? 부처님 자신의 견해와 어긋나지 않는

---

* 비구니가 지켜야 할 여덟 가지 규범. (1) 보름마다 비구의 지도를 받아야 함. (2) 비구의 지도에 따라 안거해야 함. (3) 안거의 마지막 날에는 비구를 초청하여 그동안에 저지른 자신의 허물을 말하고 훈계를 받아야 함. (4) 식차마나는 비구·비구니에게 구족계를 받아야 함. (5) 비구를 꾸짖어서는 안 됨. (6) 비구의 허물을 말해서는 안 됨. (7) 무거운 죄를 저질렀을 때는 비구에게 참회해야 함. (8) 수계한 지 100년이 지난 비구니라도 방금 수계한 비구에게 공손해야 함.

가? 그래서 불법은 근본을 바로 잡아야 하고, 근거를 제시해야 한다고 생각한다. 도대체 누가 말한 것인가?

불교 역사에서 얼마나 많은 위대한 여성들이 불법에 기여하고, 삼보를 공경하고, 비구를 보호했는지 역사가 증명해 준다. 도道가 있고 덕德이 있는 대비구는 당연히 비구니 교단을 존중한다. 다만 일부 젊은 비구들이 오만하고, 거만하고, 자신을 높이며, 이렇게 하면 그들 자신이 신분이 있고 지위가 있다고 생각하는데, 사실은 매우 불쌍하다!

비구는 공부·도덕·수행으로 존경받아야지, '팔경법'으로 비구니는 비구에게 반드시 절을 해야 한다고 강요해서는 안 된다. "가사를 입었다가 사람 몸 잃어버리면, 지옥문 앞에 불교의 스님과 도교의 도사들이 많다(袈裟下失卻人身, 地獄門前僧道多)"라는 말이 있는데, 생각해 보면 이유가 없지 않다.

대승비불설大乘非佛說*

불교의 발전과 변천은 원시불교·부파불교·대승불교·남전불교·북전불교 등으로 나누지만, '원시불교原始佛敎'를 부처님이 설했다는 것만 인정하는 사람들이 있다.

사실 '원시불교'야말로 부처님께서 설하신 것이라고 여기는 것도 다 그렇지는 않다. 원시불교 경전 결집 때, 결집에 참여했던 아라한 제자들 간에 분쟁이 있지 않았는가? 부처님께서 이것을 설했다고 말하는 사람이 있는가 하면, 부처님께서 설하지 않았다고 말하는 사람도 있었다. 예를 들어 율전律典의 기록에 의하면, 부루나富樓那가 계율의 조문條文 때문에 탁자를 치고 자리를 박차고 나가며 말했다. "부처님께서 그렇게 말씀하셨다고 생각되면 당신들은 그렇게 하세요. 저는 부처님께서 다르게 말씀하셨다고 생각합니다. 저는 다르게 하겠습니다."

그러므로 과거 원시불교는 경론經論에서 어떤 것이 부처님 말씀이고, 어떤 것이 부처님 말씀이 아닌지에 대해 이미 논쟁이 있었다. 사실 그럴 필요도 없다. 왜냐하면 불교에는 '제행무상諸行無常·

---

* 대승비불설大乘非佛說: 대승경전은 석가모니부처님이 설한 것이 아니라는 주장.

제법무아諸法無我·열반적정涅槃寂靜'의 삼법인三法印이 있기 때문이다. 삼법인에만 부합한다면, 예를 들어 부처님이 인간 세상에 태어난 목적 및 연기와 중도, 모든 중생이 평등하다는 등 부처님이 깨달은 진리, 이런 것들이 다 부처님께서 설하신 것으로 생각할 수 있다. 삼법인에 부합하지 않는다면 모두 부처님께서 설하신 것이 아니다.

오늘날 불교계가 관심을 가져야 할 것은 '부처님이 설한 것, 부처님이 설하지 않은 것'이 아니라, 불법을 받들어 행할 수 있느냐 없느냐가 중요하다고 생각한다. 예를 들어 '스님과 신도의 평등, 남녀 평등'의 관념을 실천할 수 있다면 부처님께서 설한 것이고, 실천하려 하지 않으면 부처님께서 설한 것이 아니다.

또한 불교의 역사 발전을 보면, 후에 불교의 전파는 그 시대적 의의가 있다. 대승불교의 흥기는 불교의 위상을 높이고 확대했는데, 그 역시 '삼법인'에 부합한다. 다만 경문에 얽매이고 형식을 지나치게 중시해서 그 속의 진정한 뜻을 얻지 못하는 사람들이 많다.

『대지도론大智度論』에 의하면 "불법에는 다섯 종류의 사람이 말씀하신 것이 있으니, 첫째는 부처님께서 직접 입으로 말씀하신 것이요, 둘째는 부처님의 제자들이 말씀하신 것이요, 셋째는 선인仙人이 말씀하신 것이요, 넷째는 모든 하늘(諸天)이 말씀하신 것이요, 다섯째는 변화한 사람(化人)이 말씀하신 것이니라"고 한다. 『화엄경』·『유마힐경』·『법화경』 등 대승경전의 지혜와 경계는 깨달은 불제자나 성현이 아니면 어찌 이런 위없는 진리를 말할 수 있겠는가?

내가 아는 바에 의하면 석가모니부처님 응화신應化身이 인간 세상에 시현示現해 중생을 교화하신다. 부처님은 열반 후에 우주 속으로 들어가 허공 우주와 융합해 허공 진리 속에서 모두와 인연을 맺는다고 말씀하셨다. 그러므로 "부처님의 천백억 화신化身 가운데 어느 것이 그분의 화신인가요?"라고 묻는다면 이렇게 말할 수 있다. 아미타불이 그분의 화신이 아닌가? 약사여래가 그분의 화신이 아닌가? 중국의 4대 보살이 그분의 화신이 아닌가? 남전불교의 그 많은 '불타관佛陀觀'이 그분의 화신이 아닌가? 심지어 부처님의 교리를 안다면 허공의 우주 속에서, 자신의 신앙 경계 속에서, 자신이 부처님과 가까이 있다는 것을 체득하지 못하는가? 자신이 부처님의 법신法身 혜명慧命 속에 살고 있다는 것을 느끼지 못하는가?

그러니 어떤 좋은 말도 다 부처님이 설하신 것이고, 어떤 나쁜 말도 부처님은 설하지 않는다. "시냇물 소리는 모두 부처님의 설법이고, 산빛은 부처님의 청정법신이다(溪聲盡是廣長舌, 山色無非清淨身)"라는 걸 알아야 한다. 알려고 하는 마음만 있다면 부처님은 어디에나 있다. 부처님이 종이에 그려져 있는 것을 보고 그림이 장엄하면 절을 할 것이다. 그런데 종이에 절을 하는 것이 아니라 부처님께 절하는 것이다. 또는 나무로 조각한 불상을 보고 나무라고 생각하지 않고 부처님이라고 말할 것이다. "울창한 노란 꽃은 반야 아닌 것이 없고, 푸르고 푸른 대나무는 모두 다 법신이다(鬱鬱黃花無非般若, 青青翠竹皆是法身)." 불교는 신앙이기 때문에 신앙 안에서 부처님이 어디에 계신지 알고 체득할 수 있다.

가령 지금 어떤 사람을 석가모니부처님이라고 하고, 또 어떤 사람을 아미타부처님이라고 말한다면 그들에게 절을 하겠는가? 절하지 않을 것이다. 왜냐하면 그들이 부처라는 것을 믿지 않기 때문이다. 그러나 종이에 그려진 부처님, 나무에 새긴 부처님에게는 절을 한다. 왜냐하면 그걸 종이나 나무로 생각하지 않고 부처님으로 보기 때문이다. 허공 가운데 도처에 다 부처가 있다는 것을 알 수 있다. 자신의 마음과 신앙이 이어지기만 하면 부처가 마음이고, 마음이 곧 부처인 것을, 무슨 다른 설명이 필요한가?

　그러므로 "부처가 모든 법을 말하는 것은 모든 마음을 다스리기 위해서이다. 만약 모든 마음이 없다면 어찌 모든 법을 쓰겠는가?(佛說一切法, 爲治一切心. 若無一切心, 何用一切法.)" 남전불교·북전불교·원시불교·부파불교·대승보살도의 불교는 따질 필요가 없다. 마음속에 부처가 있고, 마음속에 법이 있으면 자신이 믿는 불법이 어떠한 모든 문제도 해결해 줄 수 있다. 그래서 "불법이 있으면 방법이 있다."

재가자가 윗자리에 앉으면 말법시대인가?

"말법시대에는 재가자가 윗자리에 앉는다." 이 말은 재가자의 호법 護法 공덕을 폄훼하고 의심하는 말로 흔히 쓰인다. 사실 불교사적으로 재가자는 많은 기여를 했다.

부처님 시대에 유마 거사維摩居士는 도처에서 법을 설했고, 부처님은 유마 거사를 거듭 찬탄하지 않았는가? 유마 거사는 방편으로 병을 앓아 법을 설해 많은 보살과 성문들에게 훈계했다. 또한 승만부인勝鬘夫人은 여성이지만 법을 설하고 어린이를 제도했다. 『승만부인경勝鬘夫人經』이 지금까지도 세상에 전해지지 않는가? 『묘혜동녀경妙慧童女經』에서는 여덟 살 난 어린아이 묘혜妙慧에게 문수보살이 절을 하고 스승으로 존경한다. 부처님이 세상에 계실 때 재가자들이 윗자리에 앉을 수 있었는데, 왜 오늘날에 와서는 재가자가 윗자리에 앉으면 말법시대인가?

불교는 인도에서 중국으로 전해지며 재가자들에 의해 전파됐다고 할 수 있다. 예를 들어 양 무제는 궁중에서 법을 설했고, 배휴裴休 재상은 경당經堂을 설립했다. 미란다왕과 나선(那先, 나가세나) 비구가 도에 대해 논했고, 나선 비구가 설한 많은 불교 진리가 그리스 문화사상에 영향을 미쳤다.

역대 재가자들은 집을 사찰로 만들기도 하고, 각종 선행과 홍법을 하기도 하고, 시문詩文을 써서 불법을 널리 알리기도 했다. 사령운·왕유·이백·백거이·유우석·유종원·이상은·소식·황정견·왕안석·주희·탕현조 등이 없다면 불교문학이 어디 있겠는가? 이게 다 말법시대라고 해야 하는가? 나는 재가자가 불법을 선양할 수 있고, 이는 사중四衆* 평등이고, 찬탄할 만한 일이며, 이야말로 불법의 진정한 의미라고 생각한다.

근대에 이르러 불교가 쇠퇴했다. 만약 양인산楊仁山 거사가 크게 발심해 기원정사祇洹精舍·금릉각경처金陵刻經處를 설립하지 않았다면 현대의 태허太虛 대사·인산仁山 스님 등 불교의 뛰어난 인재들이 어디 있겠는가? 상해 출신의 하둔(Hardoon, 哈同) 부인은 화엄대학華嚴大學을 설립했고, 불법에 대해 이야기하기를 좋아했다. 장태염章太炎·양계초梁啓超·손중산孫中山·왕소서王小徐·지표智表·진해량陳海量 등의 거사가 없다면 현대의 인간불교가 어디 있겠는가?

특히 조박초趙樸初 거사는 개혁·개방 이후 많은 사원을 부흥시켰다. 또한 장태염·담사동譚嗣同·채원배蔡元培·양계초·호적胡適·방립천方立天·누우렬樓宇烈·뇌영해賴永海·진병陳兵·방광창方廣錩·정공양程恭讓·전문충錢文忠 등 불교학자들이 우후죽순처럼 각처에서 포럼을 열고, 책을 저술하고 학설을 세웠다. 이렇게 불법을 널리 알린 중국의 교수·학자·거사가 어디 천 명뿐이겠는가? 이들은 말을 잘하고, 글로 알릴 수 있고, 학교에서 강의할 수 있기 때문에 오늘날 중국의 불교가 있게 되었고, 정부에서 특별히 중시한다.

---

* 비구, 비구니, 우바새, 우바이.

이들이 출가한 승려보다 불교에 더 많은 기여를 했다고 볼 수 있다. 승려들은 입장권을 팔아서 생계를 유지하고, 불법 홍포의 주도적 지위를 재가자에게 넘겨주었는데, 재가자가 없으면 불교가 어떻게 존재할 수 있겠는가?

또한 대만에서는 전목錢穆·당군의唐君毅·모종삼牟宗三·장징기張澄基·주선덕周宣德·이병남李炳南·조이오趙夷午·이자관李子寬·주경주朱鏡宙·주선덕周宣德·채념생蔡念生·첨려오詹勵吾·양수학楊秀鶴·정석암鄭石岩·임청현林淸玄 등의 거사와 학자들이 인간불교의 씨앗을 뿌리지 않았다면 대만불교가 오늘날 어떻게 왕성하게 발전할 수 있었겠는가?

특히 오늘날 국제불광회는 재가자가 부처님 가르침을 전할 수 있는 '재가포교사'·'전문포교사' 제도를 용감하게 만들어, 지난 30년 동안 천 명 이상이 전 세계에서 경전 강의를 하고 설법을 했다. 정석암鄭石岩 교수는 수백 개가 넘는 학교에서 강의했고, 조취혜趙翠慧 여사의 강의는 5대륙의 많은 나라에서 수만 명의 청중이 들었다. 그 밖에 연예인 정패패鄭佩佩·홍콩대 이작분李焯芬 교수·말레이시아 성주일보星洲日報 편집장 소이쇠蕭依釗 여사·영국의 예세건倪世健 여사 등도 세계 곳곳을 다니며 불법을 설했다.

지금은 재가자가 윗자리에 앉을 뿐만 아니라 많은 기독교 목사, 천주교 신부, 심지어 귀의하지 않은 불광의 친구들(佛光之友)이 함께 불법을 널리 알리고 있다. 고희균高希均·엄장수嚴長壽·진장문陳長文·이도李濤·이개복李開復·성치인盛治仁 등이 모두 이렇게 불법을 설하는 사람들이다.

대만 가톨릭 나광羅光 대주교·중국계 미국인 이슬람교도 백선용白先勇·유대계 예일대 교수 스탠리 웨인스타인(Stanley Weinstein)·기독교인 하와이대 교수 차펠(Dr. David W. Chappell)·미국 국적의 노벨상 심사위원 샌더스(Sanders) 박사·스웨덴 국적의 한학자이자 노벨문학상 심사위원 고란 말름크비스트(Goran Malmqvist) 교수 등이 외국에서 대만까지 와서 공개적으로 불교 강좌를 했다.

재가자가 윗자리에 앉는 게 불교에 무슨 해가 되는가? 불법에 맞지 않는 것을 믿고, 중생을 삿된 길로 인도하는 것이야말로 위험하다. 나는 선입견을 가진 많은 사람들이 부처님께서 말씀하신 중생 평등을 훼손했다고 생각한다. 당시 부처님도 불법을 말할 수 있는 다섯 종류의 사람이 있다고 하지 않았는가? 그런데 일부 마음이 좁은 사람들이 부처님의 이름을 빌려 재가자는 법을 설할 수 없다고 하니, 여우의 '불락인과(不落因果, 인과에 떨어지지 않는다)'와 백장百丈 선사의 '불매인과(不昧因果, 인과에 어둡지 않다)'가 단 한 글자 차이로 오백생 동안 여우 몸을 받아야 했던 이야기가 떠오른다. 역대의 그 많은 허튼소리를 한 사람들이 인과응보를 어떻게 보는지 모르겠다.

오늘 나는 소리 높여 호소한다. 부처님은 '불성평등佛性平等'을 제창하셨으므로 재가자가 설법할 수 있을 뿐만 아니라, 과거에 야간野干*도 설법을 해서 사람을 득도得度시킬 수 있었다. 그러므로 오

---

* 불경에 등장하는 야수. 산스크리트어 스리가라(śrgāla)를 한자로 옮길 때 야간野干으로 음역한 것이다. 이 동물은 원래 인도의 자칼을 가리킨다.

늘날 우리는 불법을 널리 알린 재가자들에게 감사해하고 잊지 말아야 한다. 정법을 믿고 바른길을 간 그 재가자들은 잘못이 없으며, 그들이 사회를 맑게 하고, 사람들의 마음을 안정시키고, 불법을 널리 알리는 공덕이 무량하다. 물론 상술한 분들 외에도 불법을 널리 알린 많은 재가자 분들이 있는데, 잠시 이름이 기억나지 않아 일일이 열거할 수 없어서 대단히 죄송스럽다.

풀이나 나무가 성불할 수 있나요?

한 학인이 선사에게 물었다. "풀이나 나무가 성불할 수 있나요?"

선사는 되물었다. "너는 어째서 자신이 성불할 수 있는지 없는지를 묻지 않느냐? 너는 풀과 나무에 관심을 가지고, 자신에게 관심을 가지지 않는구나. 쓸데없는 일에 너무 신경 쓰는 것 아니냐?"

나무와 풀이 성불할 수 있는가? 이것은 중요한 문제가 아니다. 우리 자신이 성불할 수 있는지 없는지를 봐야 한다. 우리가 성불하면 세상이 따라서 성불한다. 이것이 바로 "한 꽃이 한 세계요, 한 잎이 한 여래이다(一花一世界, 一葉一如來)"라는 것이다. 반대로 우리 자신이 성불할 수 없으면, 세상은 지금 우리 세상처럼 나무는 나무이고 풀은 풀일 뿐이다!

그러므로 나무와 풀이든 산과 강·대지든 모든 우주 만물이 사실은 다 우리 자성自性에서 변화되어 나타난 것이다. 모든 중생은 다 우리 마음속의 중생이다. 이것이 바로 "삼계유심三界唯心, 만법유식萬法唯識"으로, 외부의 경계는 다 우리 심식心識에 따라 달라진다는 것을 의미한다.

이야기 하나를 보자. 송나라의 대학사 소동파蘇東坡가 하루는 불인佛印 선사와 함께 좌선했다.

소동파가 불인 선사에게 물었다. "제가 앉은 자세가 무엇 같나요?"

불인 선사가 말했다. "부처님 같습니다."

불인 선사가 소동파에게 되물었다. "제가 앉은 모습은 어떤가요?"

소동파가 말했다. "스님의 앉은 모습은 소똥 같습니다!"

소동파는 기뻐하며 자신이 불인 선사를 이겼다고 생각했다. 그런데 소동파의 여동생이 한마디 했다.

"스님의 마음은 부처여서 사람을 보면 다 부처로 보여요. 그런데 오빠의 마음은 소똥이어서 스님의 앉은 모습을 보면 소똥같이 보이는 거예요."

그러므로 우리는 자신의 마음이 선한지 악한지, 큰지 작은지, 부처 마음인지 소똥 마음인지 항상 살펴야 한다. 만일 소똥 마음이면 바꾸고, 개발하고, 넓혀야 한다. "돌은 불을 일으킬 수 있지만, 부딪히지 않으면 불이 일어나지 않는다(石中之火, 不打不發)." 마음이 개발되어 마음이 세상의 모든 것을 알고 비추어 보면 마음을 밝혀 본성을 보고(明心見性), 마음이 허공과 같고 포용할 수 없는 것이 없다.

한 젊은이가 등산을 했다. 높은 산에 올라가서 보니 하늘은 끝이 없고 바다는 드넓게 펼쳐져 세상이 정말 크다고 느꼈다. 집에 돌아가서 나뭇잎이 남의 집 마당에 떨어진 것 때문에 교수인 부모님이 이웃과 다투는 것을 보고, 세상이 이렇게 넓은데 왜 사소한 일로 다

툴까라고 생각했다.

세상은 바로 우리 자신의 마음속에 있다. '우리 마음의 크기만큼 세상도 크다.' 마음을 손바닥 위나 눈 아래에 놓지 말고, 마음을 높은 산꼭대기나 바다에 두어야 한다. 산꼭대기에 마음을 두면 '내가 높은 산의 봉우리가 되어, 작은 산들을 한눈에 바라본다.' 멋지고 마음을 끄는 많은 풍경을 한껏 구경할 수 있다.

그러므로 풀이나 나무가 성불할 수 있는지 묻지 말고, 우리 자신이 성불할 수 있는지 되물어야 한다. 자신의 마음에 무엇이 담겨 있는지 보라. 옛사람들은 "재상의 뱃속에서는 배를 저을 수 있다"는 말로 세상 사람들에게 마음이 넓어야 한다고 일깨워 준다. 명나라의 재상은 뱃속에서 배를 저을 수 있는데 우리 뱃속에서는 배를 타고, 보살을 태우고, 부처님을 태울 수 있는가? 가능하다면 이러한 마음이 세상을 품을 수 없겠는가?

지옥이 빌까?

중국의 민간신앙에서는 좋은 일을 한 사람은 장래에 반드시 천당에 태어날 수 있고, 반대로 생전에 온갖 악행을 저지르면 죽어서 지옥에 떨어진다고 깊이 믿는다.

'지옥'이라고 하면 자연히 불교의 '지장보살地藏菩薩'을 연상하게 된다. 지장보살은 "지옥이 텅 비지 않으면 성불하지 않겠다. 중생을 모두 구제하고 나서야 깨달음을 이루겠다(地獄不空, 誓不成佛. 衆生度盡, 方證菩提)"라고 발원했다. 지장보살은 중생을 고난에서 구해 주겠다는 원력으로, 지옥에 깊이 들어가 고통받는 중생을 구해 주기 때문에 민간에서 널리 믿으며 '대원왕大願王'으로 불린다.

지옥 중생이 그렇게 많은데 언제 다 제도할 수 있냐고 묻는 사람이 있다. 심지어 '지옥이 정말 빌까? 지옥이 비지 않으면 지장보살은 성불할 수 없는 것이 아닌가?' 하는 의심까지 한다. 사실 중생은 헤아릴 수 없이 많아서 지옥은 비지 않을 것이다. 그러나 원심願心·원력·수행력으로 지장보살은 성불할 수 있고, 이미 성불했다. 왜냐하면 지장보살 자성自性 안의 지옥이 이미 비었기 때문이다.

지옥은 도대체 어디에 있을까? 지옥은 지옥에 있고, 지옥은 인간 세상에도 있다! 시장에서 닭·오리·돼지·소가 도살되고, 칼로 썰리고 다져지고, 산채로 가죽이 벗겨지고 불에 구워진다. 이게 인간 지옥이 아닌가? 병원의 병실에서 온갖 병고에 시달리고 슬픔에 빠진 사람들, 심지어 날마다 맞이하는 죽음, 마치 지옥에서 사는 것 같지 않은가?

사실 진정한 지옥은 우리의 마음속에 있다! 마음속에 어리석음·무명無明·증오·원한·질투·이기심·탐욕·분노·게으름 등이 일어날 때 우리 마음은 지옥에서 괴로워한다. 지옥은 우리 마음의 망념이 만들어낸 것이라고 할 수 있다. 망념이 만든 것이니 망념이 쉬면 천 년의 암실이 등불 하나로 밝아지는 것과 같고, 새벽이슬과 서리가 해가 비추면 흩어지는 것과 같다. "지옥은 본래 없는데, 이 마음이 만들 수 있고 이 마음이 사라지게 할 수 있다"라고 한다. 우리 마음이 지옥을 만들 수 있고, 물론 지옥을 없앨 수도 있다. 우리가 지장보살의 대원력大願力을 본받아 번뇌를 항복시키면 지옥은 소멸하는 날이 있을 것이다.

『권발보리심문勸發菩提心文』에서 "금강이 견고하지 않고, 원력이 가장 견고하다(金剛非堅, 願力最堅)"라고 한다. 원력은 큰 배와 같다. 아무리 큰 돌을 배에 놓아도 큰 배는 생사의 바다를 무사히 건널 수 있다. 우리 마음속의 원력이 견고한 만큼 힘도 강하다. 그래서 지옥이 빌까? 마음에 힘이 없고, 육근六根으로 온갖 업을 짓는 사람에게 지옥은 비지 않을 것이다. 지장보살처럼 대원력을 가진 사람에게 지옥은 반드시 빌 것이다! 우리가 자신의 지장보살이 되기를 원하고, 자기 마음 지옥의 중생을 부지런히 제도한다면, 자성自性 중생이 다 제도되는 그날에 불도佛道도 성취될 것이다.

지옥이 빌까? 지장보살이 성불할 수 있는가? 이런 질문은 풀이나 나무가 성불할 수 있는가? 하고 묻는 것과 같다. 그런데 그보다 더 중요한 것은 우리는 왜 자신이 성불할 수 있는지에 관심 갖지 않는가 하는 것이다. 우리가 성불해야 모든 중생이 성불할 수 있다! 자항慈航 스님 말씀처럼, "만약 한 사람이 아직 제도되지 않았으면, 절대 스스로 포기하지 말라." 부처가 되어 중생을 제도하는데 내가 아니면 또 누가 있겠는가?

『아미타경』 출석부의 의미

불교의 『아미타경阿彌陀經』은 이상적인 불국세계인 극락정토極樂淨
土에 대해 서술한다. 이 극락정토에는 칠보로 장식된 누각이 있고,
팔공덕수八功德水가 있고, 황금이 바닥에 깔려 있으며, 연못은 향기
롭고, 앵무새가 염불하고, 진기한 꽃과 나무가 있고, 여러 훌륭하고
선한 사람들(諸上善人)과 한데 모여 살고, 옷을 생각하면 옷을 얻고,
음식을 생각하면 음식이 나타난다…….

극락세계는 환경이 지극히 장엄하고, 아름답고, 삶이 즐겁기 그
지없고, 자유롭다. 경제적으로 전혀 곤궁하지 않고, 나쁜 사람의 방
해가 없고, 정치적 박해가 없고, 남녀 간의 갈등이 없고, 교통사고
도 없고, 나와 남의 대립도 없다. 극락세계는 매우 수승하고 미묘하
고 좋기 때문에 사람들이 동경하고, 많은 사람이 일심으로 극락정
토에 왕생하고 싶어 하며, 그곳으로 이민 갈 수 있기를 바란다.

그런데 어떻게 해야 극락세계에 왕생할 수 있고, 아미타불의 정
土淨土에 갈 수 있을까? 『아미타경』에는 삼십칠조도품三十七助道品
을 언급했는데, 믿음(信)·발원(願)·수행(行)의 세 가지 자량資糧을
갖추어야 하고, "적은 선근과 복덕의 인연으로는 극락세계에 왕생
할 수 없다." 온갖 자량을 갖추고, 임종 시에 한결같은 마음으로 흐
트러짐 없이(일심불란一心不亂) 부처님 명호를 외우면 원하는 대로

왕생할 수 있다.

다만 이 『아미타경』에는 문제가 하나 있는데, 혹시 여러분이 알아차렸는지 모르겠다. 모든 경전은 처음에 누군가가 먼저 부처님에게 질문을 하고 나서 부처님께서 말씀을 시작한다. 그러나 이 『아미타경』에서는 부처님에게 서방세계 또는 극락정토에 대해 물어보는 사람이 없으나, 석가모니부처님께서 자발적으로 대중에게 '극락정토'의 수승함에 대해 이야기한다.

특히 이 경전에 열거된 제자들이 가장 많은데, 그들이 앉아서 듣고 있다는 걸 나타낸다. 그중에는 보살 외에도 사리불舍利弗·목건련目犍連·주리반타가周利槃陀伽 등 나한의 대표만 16명이 등장한다. 이것은 출석부도 아니고, 회의 참석자 명단도 아니다. 그들이 참석해서 부처님 말씀을 듣는 것과 이 경전의 관계가 매우 중요한데, 왜 그럴까?

먼저 지혜가 뛰어난 사리불을 든 것은 『아미타경』이 어리석은 사람에게 설한 것이 아니라는 걸 의미한다. 사리불은 굉장히 높고 깊은 지혜가 있어서 십만 억 불국토 밖의 국토 상황을 알 수 있다. 목건련의 이름이 나오는 것은 목건련은 신통이 있어 허공에서 서방 극락세계의 위치를 알기 때문이다. 주리반타가가 나오는 것은 똑똑하지 않은 사람이라도 아미타불을 부지런히 염불하면 마찬가지로 극락정토에 갈 수 있다는 걸 의미한다.

이는 극락정토에 거주하는 이들은 상근·중근·하근 등 모든 근기의 중생이 두루 가피가 있고, 출가자든 재가자든 조건만 맞으면 이민 왕생의 자격이 있다는 것이다. 16분의 나한 존자 외에도 건타

하제보살, 상정진보살 등의 보살 이름이 나오는데, 이는 정토 수행을 하고 염불하려면 상정진보살常精進菩薩처럼 '항상 정진(常精進)'해야 한다는 뜻이다. 이 많은 나한과 보살의 대표를 보면, 이 경전과 우리 불교 사회 대중의 인연을 알 수 있다.

이『아미타경』은 뛰어난 철학 작품이라 해도 좋고, 가장 아름다운 해외 여행기라 해도 좋고, 심지어 이상국가의 아름다운 청사진이라 해도 안 될 것이 없다. 어쨌든 극락세계에는 인간 사회의 온갖 결함이 없고, 국토가 청정하고, 사람들의 삶이 자유로우며, 모두가 평등하고 우호적이며, 서로 조화롭고 즐겁게 지낸다. 이 얼마나 아름다운 사회인가! 그래서 정토종의 삼경일론三經一論*이 중국에 전해진 후에『아미타경』이 중국의 사회와 문화 발전에 가장 큰 역할을 했다. "집집마다 아미타불, 집집마다 관세음보살(家家彌陀佛, 戶戶觀世音)"이란 말처럼 전국의 어른이나 아이 할 것 없이 믿든 안 믿든 입으로 '아미타불'을 자주 외우고, 천상 불국토의 이상을 가지고 있다.

이『아미타경』을 종합해 현대의 인간불교 이념으로 생각하면, 우리가 당대의 삶에서 부처님의 가르침에 따라 좋은 일을 하고, 좋은 말을 하고, 좋은 마음을 가지며, 다른 사람과 조화롭게 지내고, 다른 사람을 포용하고 존중하고, 부지런히 정진하고, 16분의 나한 제자 중 어느 한 분의 특기가 나에게 있으면 그 특기로 대중에게 봉사하고, 세상을 구제하고 사람들을 이롭게 하고, 발심하고 원을 세우

---

* 『아미타경』, 『무량수경』, 『관무량수경』, 『왕생론』.

면 모두 극락세계에 갈 수 있다.

그러나 헷갈리면 안 된다. 인간 세상에서 만약 이 많은 이민 왕생의 조건을 먼저 잘 준비하지 않았거나, 또는 서방극락세계 자연계의 아름다움, 사회의 조화, 국토의 풍광, 특히 그곳에서 부지런한 수행과 일, 그리고 대중과 함께 지내면서 만약 부족한 점이 있다면 되돌아가야 한다. 이것은 마치 어느 나라에 이민 가고 싶지만 자금이 부족하고 조건이 맞지 않으면 되돌아가야 하는 것과 같다.

또한 과거 살도음망殺盜淫妄의 죄업이 아직 제거되지 않았고, 빚을 많이 졌는데 여기서 다른 곳으로 도망가서 더 이상 법이나 도덕의 추궁을 받지 않는다고 할 수 없다. 이것은 불가능하다. 이와 같은 많은 문제는 깊이 생각하고, 더 연구하고 논의할 필요가 있다!

신수 대사의 위치 설정

선禪은 중국 문화의 걸작이다. 선은 '앉는 것'에 있는 것이 아니라, '마음'으로 '깨달아야' 한다. 당초 오조五祖 홍인弘忍은 제자들의 깨달음의 깊이를 검증하기 위해 게송을 써서 마음을 밝히도록 했다. 그 결과 수좌首座 신수神秀가 벽에 게송을 썼다. "몸은 깨달음의 나무요, 마음은 밝은 경대와 같다. 항상 부지런히 닦아서 먼지가 끼지 않게 하라(身是菩提樹, 心如明鏡台. 時時勤拂拭, 莫使惹塵埃)."

혜능惠能이 이 게를 듣고는 견성見性하지 못했다는 걸 알았다. 그래서 다른 사람에게 부탁해 옆에다 게송을 적었다. "보리는 본래 나무가 없고, 밝은 거울 또한 대가 아니다. 본래 한 물건도 없는데, 어디에 먼지가 묻겠는가?(菩提本無樹, 明鏡亦非台. 本來無一物, 何處惹塵埃)" 두 사람의 게송을 본 오조 홍인은 신수는 '유有'에서 이해하고, 혜능은 '무無'에서 깨달았다는 것을 알았다. 유무有無의 경계는 높고 낮음이 바로 나타난다. 그리하여 그날 밤에 혜능을 불러 가사와 발우·대법大法을 몰래 전수하고 남쪽으로 가라고 당부한다. 이렇게 혜능은 선종禪宗의 육조六祖가 된다.

그 후 혜능은 남해南海에 가서 법성사法性寺 인종印宗 스님에게서 예우 받고, 머리를 깎고 계를 받았다. 후에 소양韶陽 조계曹溪의 보림사寶林寺로 이주하여 '사람의 마음을 바로 가리켜, 본성을 보아 부처가 된다(直指人心, 見性成佛)'는 돈오頓悟를 선양했다. 신수가 북방에서 제창한 점오漸悟와 상대되므로 역사에서는 '남돈북점南敦北點, 남능북수南能北秀'라 한다.

남종南宗과 북종北宗은 수행에 있어서 혜능 대사는 돈오頓悟를 종풍으로 하고, 신수 대사는 점오漸悟를 수행의 기초로 삼는다. 사실 둘 다 각자 크게 발전할 수 있어야 하며, 그들을 남과 북으로 나누고, 돈頓과 점漸으로 나눌 필요가 없다. 그러나 후의 문도와 제자들이 서로 정통을 다투는 바람에 분쟁이 끊이지 않았다.

그중에서도 특히 하택신회荷澤神會는 육조 대사가 입멸하고 20년 후 남종선南宗禪의 지위를 확립하기 위해 개원開元 20년(732)에 하남河南 활대滑台 대운사大雲寺에서 무차대회無遮大會를 열어, 산동山東의 숭원崇遠과 논쟁을 벌였다. 하택신회는 신수 문하의 북종을 직접 겨냥해 "사승은 방계이고, 수행법은 점오이다(師承是傍, 法門是漸)"라며 북종은 가사와 발우·법을 전수받지 않았고, 북종선의 점오는 남종선의 돈오보다 높고 심원하지 않다며, 그래서 오로지 조계의 종지를 받들어야 하며, 육조 대사가 선문禪門의 직계라고 했다.

과연 신회가 활대 무차대회에서 기치를 높이 든 후, 남종선은 역사적으로 자리매김하게 되었다. 그리고 혜능의 제자 법해法海는 혜능의 가르침을 집성해 책으로 엮어 『육조법보단경六祖法寶壇經』이라 이름했다. 『육조단경』은 당대에 성행했을 뿐만 아니라 후세에 높은 평가를 받고, 불교에서 매우 중요한 위치를 차지하고 있다.

『육조법보단경』은 선문에서 위없는 귀중한 경전으로, 중국불교학 사상에서 선대를 계승해 후대를 발전시키는 힘이 있다. 특히 『육조단경』은 선학禪學의 위대한 저서이자 중국 최초의 백화문학* 작품으로 여겨진다.

『육조단경』이 인정을 받은 것 외에도, 육조 문하 몇십 명의 깨달은 선사들이 많은 제자를 배출해 남종선을 계속 크게 발전시켰다. 그래서 육조 혜능 이후 '한 꽃에 다섯 꽃잎이 피니, 열매를 맺는 것은 자연히 이루어진다(一花開五葉, 結果自然成)', '일화오엽一花五葉**', '오종칠파五宗七派***'라는 말이 나오고, 이로부터 중국에서 선종이 성황을 이루었다.

이 모든 것은 육조 대사가 평생 선종에 기여한 바를 세상이 다 알고, 의심의 여지가 없다는 것을 충분히 설명해 준다. 그러나 동시에 신수 대사가 평생 불교에 기여한 바가 사실 결코 혜능 대사에 뒤지지 않는다. 그러므로 지금 우리는 신수 대사의 위치를 설정해야 한다.

신수神秀 대사는 서기 605년에 태어나 706년에 세수 102세로 입적했으며, 혜능 대사보다 35세 많다. 당나라 장열張說이 쓴 「당 옥

---

* 백화문학白話文學: 중국의 구어체 문학.
** 일화오엽一花五葉: 일화一花는 선종의 달마 조사. 오엽五葉은 육조 혜능 이후 임제·조동·운문·위앙·법안의 5개 종파. 또는 달마 조사 이후 이조 혜가·삼조 승찬·사조 도신·오조 홍인·육조 혜능의 다섯 분의 조사라는 설도 있다.
*** 오종칠파五宗七派: 임제종·조동종·위앙종·운문종·법안종의 오종五宗에 임제종에서 갈라져 나온 황룡파와 양기파를 더한 것이 칠파七派이다. 오가칠종五家七宗이라고도 한다.

천사 대통선사 비명병서唐玉泉寺大通禪師碑銘幷序」에 의하면, "신수는 홍인 문하에서 6년 동안 부지런히 일하고 수행하며 밤낮을 쉬지 않았다. 홍인 대사는 '동산의 법이 모두 신수에게 있다!(東山之法, 盡在秀矣)'고 탄식했다." 그만큼 신수 대사 역시 오조에게 두터운 신임을 받았음을 알 수 있다.

특히 오조가 입적한 후에 신수는 강릉江陵의 당양산當陽山에 가서 '동산묘법東山妙法'을 널리 전했고, 한때 사방에서 학인들이 끊임없이 몰려들어 당양은 당시 선학禪學의 중심지가 되었다. 사방의 승려들이 신복했을 뿐만 아니라, 각지의 신도들도 먼 곳에서 찾아가 법을 구했다. 구시 원년久視元年(700년)에 신수는 이미 95세의 고령이었는데도 무측천武則天은 사자를 파견해 신수를 수도로 맞이했다.

이듬해 신수가 초청에 응해 낙양洛陽에 가자 무측천은 '군주와 신하의 구별을 따지지 않고 친히 무릎을 꿇어 절을 한다.' 장열의 「비명碑銘」에는 이런 기록이 이다. "결가부좌를 틀어 군주를 뵙고, 가마를 타서 궁전에 오른다. 천자가 신분을 낮추어 머리를 숙이고, …… 성스러운 도를 전하는 자는 북면*하지 않고, 성덕이 있는 자는 신하의 예가 없다(趺坐覲君, 肩輿上殿. 屈萬乘而稽首, …… 傳聖道者不北面, 有盛德者無臣禮)."

훗날 당唐 중종中宗이 즉위한 후 신수에게 더욱 예의를 갖추었다. 신수는 몇 차례 고향으로 돌아가려 하였으나 중종은 제자의 예

---

* 고대에 군주는 남쪽을 향해 앉고, 신하는 북쪽을 향해(北面) 군주를 알현했다.

로 "부처님 가르침에 마음을 귀의하니 인도하여 주시고, 불도에 드는 방법을 일깨워 주시기를 바라며, 도수道首를 만날 수 있기를 바랍니다"*라고 하며 신수에게 고향에 돌아갈 생각을 하지 말라고 여러 번 간청했다. 그래서 신수는 낙양·장안에서 홍법했고, '두 서울(장안·낙양)의 법주, 세 황제의 국사(兩京法主, 三帝國師)'라고 불렸다. 신룡神龍 2년 2월 낙양 천궁사天宮寺에서 입적하자 부마와 공주가 제문祭文을 썼고, 대통선사大通禪師라는 시호諡號가 내려졌다. 신수는 선문禪門에서 시호를 받은 최초의 인물이다.

신수 대사는 조정에서 명망이 높고 왕에게 예우와 중시를 받았으나, 결코 자만하지 않고 오히려 중종에게 혜능 대사를 수도로 영접하라고 건의했다. 신수 대사와 육조 대사는 사실 서로 존중하고 추앙했다. 『전등록傳燈錄』에 의하면, 신수 선사의 제자들은 "한 글자도 모르는데 뭐가 대단한가?" 하고 혜능 대사를 비아냥거리곤 했다. 그러나 신수 대사는 제자들에게 말했다. "그분(혜능)은 스승이 없이 지혜를 얻어서 상승의 법을 깊이 깨달았으니 나는 그분만 못하다. 그리고 나의 스승 오조께서 친히 가사와 법을 전하셨으니 어찌 공연한 일이겠느냐. 내가 직접 가서 가까이하지 못하고 헛되이 나라의 은혜만 받고 있어 한스러우니, 너희들은 이곳에만 머물러 있지 말고 조계에 가서 배우고, …… 훗날 돌아와 다시 나를 위해 설하여 달라." 이를 통해 신수 대사는 마음이 넓고 겸허하며, 육조의 선법을 긍정하고 추앙했다는 걸 알 수 있다.

---

* 歸心釋教, 載佇津梁, 冀啟法門, 思逢道首.

신수 대사는 학문과 덕행, 홍법과 수행으로 왕의 예우와 조정의 중시를 받아 불법佛法으로 조정을 지도할 수 있었고, 국가사회와 불교의 발전에 영향을 미쳤다. 대사의 수행력과 인품은 후대 제자들이 본받을만한 모범이 된다고 할 수 있다. 그러므로 이런 한 시대의 큰스님을 숭고하게 평가해야 한다.

마조媽祖의 위치 설정

'마조媽祖'는 중국 민간신앙의 대상으로, 특히 연해 지역 사람들이 신봉하며, 항해를 수호하는 여신으로 여겨진다. 국제적으로는 '중국의 여해신女海神'이라고 부른다. 중국의 동남 연해 각 지역에는 대부분 마조 사원이 세워져 있다. 특히 대만은 섬으로, 사방이 바다로 둘러싸여 있어 마조 신앙이 천 년의 역사를 가지고 있다. 마조 신앙은 민간에서 가장 성행했고, 역대 왕조는 마조를 '천상성모天上聖母'로 봉했다. 청나라 옹정雍正 때에는 전국 연해 지역의 각 성省에 마조 사원을 지어 봄가을에 제사를 지내도록 명하였다. 따라서 정치적으로나 민간에서나 마조는 중요한 위치를 차지한다.

마조는 역사적으로 실존했던 인물이다. 본명은 임묵낭林默娘이며, 복건福建 보전莆田 미주湄洲 사람으로, 송宋 건륭建隆 원년元年(960년)에 태어났다. 자비로운 성품을 타고났으며, 어려서부터 채식을 하고 불교를 믿었다. 화와 복을 미리 알고, 병을 치유하는 능력이 있다고 전해지며, 배를 타고 바다에 나가 어민을 구하는 일이 잦아 마을 주민들이 신녀神女·용녀龍女라고 불렀다. 훗날 재난 구조 중에 조난을 당하자 마을 사람들이 그녀를 위해 사당을 지어 제사를 지냈다.

민간에서 왜 그렇게 많은 사람이 마조를 믿을까? 사람들이 필요해서라고 생각한다. 엄밀히 말해서 마조는 불자이고 관세음보살을 믿는다. 모든 마조 사원에서는 앞의 전각에 마조를 모시고, 뒤의 전각에 관세음보살을 모시는 것이 관례로 굳어졌고, 사람들은 관세음보살을 믿는 신앙으로 마조를 믿는다.

그러므로 만약 마조가 도대체 중국 민간의 도교에 속하는 것인가, 아니면 불교의 신에 속하는 것인가?라고 물으면, 마조 사당에서는 관세음보살을 모시기 때문에 마조 신앙이 불교의 범위 밖으로 나가지 않았다. 그런데 안타깝게도 전통의 불교사찰은 마조에게 위치를 설정해 주지 않았다.

마조는 해안 지역인 미주湄洲에 거주한다. 관세음보살은 보타산普陀山에 거주하는데 이곳은 섬이다. 마조는 바다에서 중생을 구하고, 관세음보살도 자비의 배로 중생을 제도한다(자항보도慈航普度).*
『관세음보살보문품』에서 "마땅히 부처의 몸으로 제도할 자에게는 관세음보살이 곧 부처의 몸을 나타내어 설법하느니라(應以佛身得度者, 觀世音菩薩卽現佛身而爲說法)"고 한다. 마조는 관세음보살의 화신이므로, 마땅히 마조의 몸으로 제도할 자에게는 마조의 몸을 나타내어 설법한다. 따라서 관우·가람·위타·천룡팔부·사천왕 등이 불교에서 호법신護法神으로서 합당한 지위를 가지는 것처럼, 불교는 마조에게 위치를 설정해 주어야 한다.

---

* 자항보도慈航普度: 불보살이 자비로 중생을 제도해 생사고해에서 벗어나게 해주는 것을, 배로 중생을 건네주는 것에 비유해 자항(慈航, 자비의 배)이라고 한다.

사오십 년 전에 운림현雲林縣 북항北港 마조 사원이 중국불교회에 가입하려다 일부의 반대에 부딪혀 어쩔 수 없이 도교회道敎會에 참여하게 됐다. 나는 이 일을 매우 안타깝게 생각해 왔다. 이 인연으로 인해 당시 운림현 불교지회 이사장 곽경문郭慶文 거사님에게 '마조 기념가'를 만들겠다고 약속했고, 후에 북항 마조 사당 앞에서 음악회를 열기도 했다.

중국에서 대만으로 건너온 초기에, 나는 북항 마조 사원의 종성대宗聖台에서 강연한 적이 있는데, 당시 나는 신심 있는 마조 신도들을 보고 감동했다. 한번은 창화彰化 마조 참배단이 북항의 마조 사원을 참배할 때, 창화현 불교회 임대갱林大賡 이사장이 나를 초청해 삼륜차에 태워 마조 행렬을 따라 행진하면서 대만의 민간신앙에 대해 더욱 깊이 알게 되었다.

불교는 포용하는 종교로, 사람이 부처님께 절할 수 있고, 신神도 법당에 가서 부처님께 절할 수 있다고 생각한다. 천룡팔부·관우·위타가 다 불교의 호법신인데, 마조는 불자이므로 당연히 불교의 호법신이 될 수 있다. 사찰에 마조를 모실 수 있느냐고 물어보는 사람이 있었는데, 안 될 것 같지도 않다. 그래서 한번은 천후궁天后宮*에서 봉행한 공불재천供佛齋天**에서 나는 삼보를 중앙에 모시고 오른쪽에 관세음보살을, 왼쪽에 마조를 모셨다.

---

* 마조를 모신 사원. 천후天后는 마조의 별칭.
** 불법승 삼보에게 공양 올리고, 모든 천신들에게 공양하며 복을 기원하는 법회.

최근에 나는 귀의식을 할 때, 삼보에 귀의한 후에도 신에게 절을 할 수 있다고 말한다. 왜냐하면 절은 일시적인 공경에서 하는 것이지만 귀의는 일생의 신앙이기 때문이다. 다른 종교에 대해 서로 존중하고, 포용하고, 각 종교의 힘을 모아 세계 평화를 향해 함께 노력해야 한다.

지하궁

부처님이 불교를 창시한 이래 2천여 년의 역사 속에서 불교는 사회적·정치적 위험 속에서 때로는 안전하고 순조로웠고, 때로는 위기가 존재했고, 때로는 제왕의 보호를 받았고, 때로는 정치적인 박해를 받았다. 불교의 흥망성쇠와 존속은 늘 보장되지 않았고, 전적으로 제왕 개인의 믿음 여부에 의해 전체 불교의 융성이나 재난이 좌우되었다. 서양의 종교든 동양의 종교든 다 마찬가지다.

예를 들어 인도의 불교는 제왕이 믿으면 불교가 전국적으로 성행하고, 제왕이 박해하면 불교가 일시에 소멸했다. 불교가 중국에 전해지고 나서도 '삼무일종三武一宗'*·'태평천국'·'문화대혁명' 등의 많은 시련을 거쳤다. 그래서 예로부터 불교는 생존을 위해 불교의 유물을 보호하는 지하궁이 있어 불교의 명맥을 이어 왔다.

서기 1,000년경 힌두교와 이슬람교가 끊임없이 싸우며 도처에서 불교를 파괴했다. 항상 평화를 숭상하여 남과 다투지 않는 신심 있는 불교도는 어쩔 수 없이 많은 부처님 성지를 흙으로 덮어 언덕으로 만들어 싸우기 좋아하는 많은 교파, 제왕들이 불법을 완전히 없

---

* 삼무일종三武一宗 : 중국에서 불교를 탄압한 북위의 태무제太武帝·북주의 무제武帝·당의 무종武宗(三武)과 후주의 세종世宗(一宗)을 통틀어 이르는 말.

애지 못하게 했다. 그런데 지하궁에 묻힌 불교 유물은 언제 출토될 것인가? 백 년이란 시간이 걸릴까? 천 년? 아니면 수십 년? 예측하기 어렵다.

항상 평화를 숭상하여 남과 다투지 않는 신심 있는 불교도는 어쩔 수 없이 많은 부처님 성지를 흙으로 덮어 언덕으로 만들어 인도의 불교성지가 난을 겪을 때도 지하에서 계속 보존될 수 있었고, 싸우기 좋아하는 많은 교파와 제왕들이 불법을 완전히 없애지 못하게 했다.

1,300년 전 중국의 현장玄奘 대사는 인도의 많은 불교 성지를 순례하여 『대당서역기大唐西域記』를 저술했다. 책에는 스님이 어느 성지에서 얼마나 많은 길을 걸어서 다시 어느 불교 성지로 갔는지 자세히 기록돼 있다. 1861년까지 고고학자들은 지리 잡지 같은 이 『대당서역기』에 의거해 지하에 묻힌 부처님 성지를 다시 발굴해냈다.

오늘날의 보드가야 대탑, 기수급고독원(기원정사, 제따와나) 등 많은 성지들이 잇따라 발견되고 복원되었다. 1956년 인도 네루 총리는 보드가야 유적지에 국제불교센터를 건설하기도 했다. 현장 스님의 『대당서역기』가 없었다면 이 불교 유적들이 도대체 어디에 있는지 알 수 없었을 것이고, 세상에 모습을 드러낼 수도 없었을 것이다.

불교가 중국에 전해진 이후, 남북조 시대에 불교에 대한 신앙심이 돈독했다. 그러나 북방의 돈황敦煌·용문석굴 등 많은 불교 성지와 유적들은 제왕이 불교를 탄압할 때 폐쇄되었다. 1900년에 이르러 돈황 막고굴莫高窟을 지키던 왕원록王圓籙 도사가 굴 안의 불교유물을 발견해 서양인에게 팔아넘기면서 오랫동안 봉인되어 있던 불교예술의 진귀한 보물들이 지하에서 나와 빛을 보게 되었다. 중화문화를 대표하는 이 보물들은 이때부터 국제적으로 중요시되었다.

1987년 법문사法門寺 지하궁 불지사리佛指舍利의 출토로, 진시황 병마용이 섬서陝西에서 출토된 데 이어 중화문화를 세계에 자랑할 만한 사건이 하나 더 생겼다. 또한 북경의 『방산석경房山石經』은 불법이 훼손되고 소멸될까봐 돌에 경전을 새겨 지하궁에 보존한 것이고, 산서山西의 『조성금장趙城金藏』은 불교의 혜명慧命이 계속 이어져 우리 후대 불제자들이 세상의 무상無常에 대해 알고 경계하도록 하였다.

불광산 불타기념관에도 소형의 지하궁이 48곳 있다. 각각의 지하궁에는 당대의 유물 수천 점이 소장되어 있는데, 백 년마다 하나씩 열어 수백 년 또는 수천 년 후에 후손들이 지하궁에서 출토된 유물로 과거의 역사를 연구하고, 문화의 인연을 이어받아 후대에 역사를 찾는 어려움을 해결할 수 있다. 불교를 사랑하는 우리의 이러한 고심은 중화문화의 생명을 연장하기 위한 것으로, 모두가 그 의미를 이해할 수 있으리라 생각한다.

중국에는 많은 고승 대덕들이 있는데, 거기에 지하궁이 더해지면 상승효과를 낼 것이다. 불광산은 현재 오로라(Aurora) 그룹 진영태陳永泰 거사의 인연으로 많은 지하궁 유물을 보유하고 있는데, 오늘날 중국에 박물관이 건립될 때 이런 지하궁이 지어지기를 바란다. 문화의 전승이 더 이상 무지하고 포악한 군주에 의해 훼손되지 않고, 더 이상 가혹한 정치로 파괴되지 않고, 불교문화가 면면히 이어지고 영원히 세상에서 빛을 발하기를 바란다.

18나한

중국에서는 수치를 중시한다. 예를 들어 불법에는 삼장三藏·십이부十二部·사성제·십이인연이 있고, 여래如來는 십호十號*가 있으며, 제자는 십대 제자가 있고, 나한은 18나한, 비구는 1,250인이 있다. 사실 이것들은 옳지 않다.

예를 들어 삼장三藏은 경經·율律·논論이 있는데, 지금은 어찌 경·율·논 삼장만 있겠는가? 제도·학문이론, 최근에 발표되는 논문과 담론, 그리고 잡장雜藏·그림·시와 노래·예술과 문학 등이 많이 늘어났는데, 왜 아직도 보수적으로 추가하려 하지 않는가? 반드시 삼장이어야만 하는가? 제자도 십대 제자보다 많다. 부처님은 성취가 있는 제자가 그렇게 많은데 열 명뿐이 아니라 열두 제자·스무 제자로 더 늘어나도 괜찮다.

도교에서는 36천강天罡·72지살地煞·28수宿·33천天·108단장單將 등과 같이 수치들이 부단히 증가하고 있는데, 왜 우리는 불법에 새로운 위인을 추가할 수 없는가? 18나한에 대해 말하면, 부처님

---

* 여래십호如來十號란 석가모니의 공덕상功德相을 일컫는 열 가지 이름으로 여래如來, 응공應供, 정변지正遍知, 명행족明行足, 선서善逝, 세간해世間解, 무상사無上士, 조어장부調御丈夫, 천인사天人師, 불세존佛世尊을 말한다.

시대에 아라한과를 증득한 대아라한이 과연 18명밖에 없는가? 비구니 중에는 아라한을 성취한 이가 없는가? 심지어 재가자인 우바새와 우바이에는 유마 거사와 승만 부인 같은 이들이 있고 보살도 있는데, 왜 나한은 18명뿐인가?

불교가 너무 보수적이어서 이미 정해진 것에서 더 이상 추가하려 하지 않는 것은 질투의 심리이며, 보수적이고 진보적이지 못한 습관이라고 할 수 있다. 따라서 나는 반드시 18나한만 있는 것이 아니라, 지금 다시 36나한으로 정정할 수도 있다고 생각한다. 근거만 있다면 안 될 게 뭐가 있는가? 비구니도 십대 제자가 있을 수 있고 18나한·36나한, 심지어 108명의 비구니 나한도 있을 수 있다. 이게 안 될 게 뭐가 있는가? 좋은 사례는 많이 격려하고 널리 알리고, 서로 성취하고 진보하도록 해야 한다.

현재 대만 정부와 정당에 인재가 없는데, 설마 불교에도 인재가 없기를 바라는가? 우리가 만약 불교의 젊은 인재들을 많이 발탁한다면 불교가 융성할 것이다. 중국에는 4대 불교명산이 있고, 그곳에 4대 보살이 상주하고 있어 참배객이 수없이 많고 성황을 이룬다. 그러므로 지금은 4대 명산만이 아니라 8대 명산, 108대 명산으로 사람들이 참배하도록 이끌고 신심을 높이도록 하는 것도 안 될 게 없다.

나는 최근 『인간복보人間福報』 신문에 '세계하해기관(世界河海奇觀, 세계 강과 바다의 기이한 풍경)', '산악기관(山岳奇觀, 산의 기이한 풍경)' 등 산이나 물과 관련된 일필자一筆字를 발표했다. 사실 세상에는 그렇게 많은 산과 물이 있지만 내가 글로 다 쓸 수 없다. 하지만 불법은 헤아릴 수 없고 한량이 없으며, 끝이 없고 다함이 없음에 대해 말하고, 무한한 것을 말하는데 왜 우리 불제자는 부처님의 큰마음(大心大量)대로 행하지 않고, 인간 세상을 무량하고 무한한 것으로 보지 않으며, 반드시 18나한이어야만 하는가? 사람은 누구나 성현이 될 수 있고 부처가 될 수 있는데, 설마 나한이 될 수 없단 말인가?

김교각

중국의 4대 명산 중 하나인 구화산九華山은 신라의 왕자 김교각金喬
覺이 출가하여 승려가 된 후, 중국 안휘安徽에 가서 개산開山하고 창
건하였다고 전해진다.

김교각은 지장보살의 화신化身이라고 한다. 지장보살은 어디에
계시는가? 어느 명산 도량에 주석하시는가? 또 어떻게 김교각으로
화현해 구화산을 개발했을까? 내가 알기로는 이 모든 것이 석가모
니부처님 화신이 시현하신 것이다. 석가모니부처님은 천백억 화신
이라고 하지 않는가? 그렇다면 지금 각처에서 중생과 인연이 있는
그 많은 보살·대덕들이 다 석가모니부처님의 화현이 아닌가?

김교각이 지장보살의 화신이라고 하기보다는 김교각은 부처님
의 천백억 화신 중의 하나라고 하는 것이 낫다. 김교각이 민閔 씨
부자를 제도해 출가하도록 한 것이 마치 석가모니부처님께서 수달
須達 장자를 제도하신 것과 같기 때문이다. 민 씨는 대량의 토지를
시주해 구화산을 세웠고, 수달 장자는 황금을 땅에 깔아 땅을 사서
기원정사를 지어 부처님께 공양하고 설법하도록 했으니, 같은 의
미가 아닌가?

또한 민 씨는 아들을 출가시켜 아들이 상석에 서고 자신은 아랫
자리에 섰다. 불교 가정의 윤리가 이렇게 면밀하다. 수달 장자가 부

처님께 집에 와서 설법하도록 청해 며느리를 제도해 독실한 불자가 되도록 한 것도 비슷한 일이 아닌가?

그러니 김교각이 신라의 왕자라고 집착하지 말자. 김교각도 신라의 왕자도 지장보살도 모두 부처님의 수류화신隨類化身이다. 지장보살은 "지옥이 텅 비지 않으면 부처가 되지 않겠다. 중생을 모두 구제하고 나서야 깨달음을 이루겠다(地獄不空, 誓不成佛. 衆生度盡, 方證菩提)"라고 발원했다. 이것이 부처님의 큰 원이 아닌가? 부처님이 지장보살이라 할 수 있고, 지장보살도 부처님이라고 할 수 있다. 부처님도 그저 방편의 시현示現일 뿐이니 중생이 그렇게 집착할 필요가 없다고 생각한다.

그 밖에 구화산에서 김교각을 따라 공부하던 동자가 산의 적막함을 견디지 못하고 귀가를 청할 때, 김교각이 배웅하며 쓴 「하산하는 동자를 보내며」라는 시에서 인간미를 엿볼 수 있다.

공문적관여사가空門寂寬汝思家
예별운방하구화禮別雲房下九華
애향죽난기죽마愛向竹欄騎竹馬
나어금지취금사懶於金地聚金沙
첨병간저휴초월添瓶澗底休招月
팽명구중파농화烹茗甌中罷弄花
호거부수빈하루好去不須頻下淚
노승상반유연하老僧相伴有煙霞

절간이 쓸쓸하여 네가 집 생각을 하더니
절집을 떠나 구화산을 내려가는구나.
대나무 난간에서 죽마 타기를 좋아하고
절에서 수행하기 게을리 했지.
계곡물 바닥에 항아리 넣어 물 길으며 달 부르기도 이제 그만
차 우리며 사발 속에 꽃을 피우는 것도 끝이구나.
잘 가거라. 부디 눈물은 자꾸 흘리지 말고
노승은 안개와 노을을 벗하리라.

이는 부처님이 당시 많은 왕자와 어린이들을 제도해 그들이 도에 들고 출가한 것과 궤를 같이한다. '지장보살'의 지地, 대지는 모든 중생을 실을 수 있고, 대지는 모든 만물을 나고 자라게 할 수 있으며, 대지는 세상의 에너지를 저장할 수 있다. 이것은 부처님 법신 法身의 효용이 아니고 무엇이겠는가?

그래서 김교각을 지장보살로 보고, 지장보살을 부처님으로 본다. 부처님은 우리 삼계三界의 스승이자 사생四生의 자애로운 아버지로, 육도 윤회하는 중생을 구제하기 위해 천백억 화신으로 나투신다. 거룩하신 부처님에 대해 우리가 이런 인식을 가질 수 있는가?

천룡팔부

천룡팔부天龍八部는 도대체 누구이고, 도대체 어떤 신분인가? 부처님께서 법을 설하실 때 천룡팔부가 나와서 보호하고, 설법을 듣고, 귀의하는 것이 왜 경전 기록에 자주 등장하는가?

먼저 불경에서 '천룡팔부'를 어떻게 설명하는지 알아보자. 이 팔부八部에는 복이 많고 덕망이 높은 '천인天人', 바람을 부르고 비를 부를 수 있는 '용신龍神', 동작이 민첩하고 사람을 잡아먹는 '야차夜叉', 몸에서 향기를 풍기는 음악의 신 '건달바乾闥婆', 힘이 세고 사납고 싸움을 좋아하는 전쟁신 '아수라阿修羅', 부처님을 호위하는 대붕금시조大鵬金翅鳥 '가루라迦樓羅', 노래와 춤을 잘하는 가무신歌舞神 '긴나라緊那羅', 사람 몸에 뱀의 머리를 한 큰 구렁이신 '마후라가摩睺羅迦'가 있다.

그런데 문제가 있다. 지난 몇천 년 동안 천상이 어디에 있었는가? 왜 천인天人이 한 명도 나타나지 않았는가? 용은 또 어디에 있는가? 누가 용을 본 적이 있는가? 야차·아수라·가루라·음악신·노래신·춤신·큰 구렁이신 등이 사람에게 나타난 적이 있는가? 그러니까 사실적 근거가 없다! 『법화경法華經』에 의하면 백만 명이 영산회상에서 부처님의 설법을 듣는다. 이 백만 명이 어떻게 부처님의 설법을 들을 수 있는가? 도저히 의문을 풀기 어렵고 증명하기 어렵다. 우리 마음속에서, 종교 신앙의 의미에서는 가능하지만 세간에서는 불가능하다!

한마디로 이 '천룡팔부'는 부처님께서 법을 설하실 때 나타나서 보호한다. 오늘날 그들을 권세 있고 명망 있는 지방의 유력인사나 지주로 볼 수 있다. 그들은 각 분야의 사회 대중을 데리고 와서 설법을 듣는다. 예를 들어 '천인天人'은 덕망이 높고 존경받는 현명한 존재다. 권위가 있는 특별한 귀빈은 평상시에 드물게 나타나지만 의외로 참석하여 신분과 지위를 과시하는데, 바로 '용왕龍王'과 같다.

또한 음악가·예술가·무용가·문학가·기업가·과학자·운동선수 등이 와서 노래 공연을 하고, 꽃을 뿌리며 춤을 추고, 강연이나 강좌 등에 참여하기도 한다. 이들이 다 '천룡팔부'의 각각의 전문가 신분 같지 않은가?

따라서 부처님께서 법을 설하실 때 이 천룡팔부는 아마 각계의 대표일 것이다. 물론 팔부만이 아니라 더 많을 수도 있고, 20부나 30부도 있을 수 있다. 팔부는 다만 상징적인 의미의 표현일 뿐이다. 문자에 집착하지 말자. 반드시 천인이 오고 용이 와야 하는 것이 아니다. 천룡팔부의 천天은 무엇이고 용은 무엇인가? 중국인은 때로 사람을 칭찬할 때 "정말 대단하시네요. '하늘'같이 큰 방법이 있네요"라고 말한다. 또는 "당신은 사람 중의 용(人中之龍)이군요. 뛰어나고 특출합니다"라고 말한다. 이는 단지 비유적 표현일 뿐이다. 따라서 이 천룡팔부라는 용어는 단지 인연과 시공간의 표현으로, 번역자에 따라 달라지거나 각 나라의 언어에 따라 달라질 수 있으므로 용어와 어휘 선택에 구애받지 말아야 한다. '뜻에 의지하고 언어에 의지하지 않아야(依義不依語)' 비로소 불법의 참뜻을 깨달을 수 있다!

살을 베어 독수리에게 먹이고, 몸을 던져 호랑이 먹이가 된다

어떤 불자들은 부처님께서 과거생에 아직 깨닫지 않았을 때 '살을 베어 독수리에게 먹이고, 몸을 던져 호랑이 먹이가 되었다(割肉餵鷹, 捨身飼虎)'고 말하며 보살도를 실천한 부처님의 위대함을 선양하고 칭송한다. 사실 이는 지혜롭지 못한 행위로, 이런 말을 부처님에게 덧붙여서는 안 된다.

'살을 베어 독수리에게 먹인다.' 독수리는 육식동물인데, 자기 몸의 살 한 점을 베어 독수리에게 먹인다고 해서 문제를 해결할 수 있는가? '몸을 던져 호랑이 먹이가 된다.' 중생을 제도하려면 본래 수많은 중생을 제도할 수 있고 호랑이도 제도할 수 있는데, 굳이 몸을 던져 호랑이 먹이가 될 필요가 있을까? 그렇게 하면 단지 호랑이에게 한 끼 배불리 먹게 할 뿐이다. 이렇게 해서 문제가 해결될 수 있는가? 이것은 궁극적이지 않으며 매우 어리석은 행위이다.

그러나 경전에 확실히 '살을 베어 독수리에게 먹이고, 몸을 던져 호랑이 먹이가 되었다'는 말이 있다. 이것은 사실 부처님의 자비와 원력을 강조하는 것으로, 부처님에게 이런 희생의 정신이 있다는 것을 설명한다. 그러나 우리가 정말로 부처님이 '살을 베어 독수리에게 먹이고, 몸을 던져 호랑이 먹이가 되었다'라고 여기고 이렇게 어리석은 일을 해서는 안 된다.

불법佛法을 알려면 때로는 '이理'에서 체득하고 그 의미로부터 탐구해야 하며, 때로는 '상相'에서 보고 그 현상으로부터 인식해야 한다. 우리는 이를 분명하게 구분해야 한다. 의미상의 원력의 비유적 표현을 진짜로 여겨, 사람들이 부처님은 매우 지혜롭지 못하다고 생각하게 하는 것은 옳지 않다.

예를 들어 『금강경』에 의하면, 부처님은 과거생에 인욕선인忍辱仙人으로 '인욕바라밀'을 수행할 때 가리왕歌利王이 칼로 몸을 베고 잘라도 조금도 원한이 없었다. 이와 같은 사실은 부처님이 어떤 환경에서도 중생이 가하는 굴욕에 대해 분노와 증오가 일어나지 않는다는 것을 의미한다. 오늘날 우리가 불법을 홍포하면서 정서적으로나 이치적으로 다 부합해야 하며, 부처님을 지나치게 신격화해서 비인간적으로 보여서는 안 된다, 이는 오히려 부처님의 성덕聖德을 훼손해 인간 세상의 부처님이 아니게 만드는 것으로, 매우 안타까운 일이다.

남의 뜻을 거스르지 않다

『금강경』에서 당기중當機衆* 수보리須菩提 존자는 우리가 살펴볼 일들이 많이 있다. 예를 들어 수보리 존자는 매번 밖에 나가 탁발 걸식을 할 때마다 '부자한테 걸식하고 가난한 사람에게서 걸식하지 않았다.' 왜냐하면 가난한 사람은 세 끼를 먹기도 힘든데 어떻게 부담을 주겠는가 하고 생각했기 때문이다. 그러나 '두타제일頭陀第一' 대가섭大迦葉 존자는 정반대였다. 부자는 과거생에 보시한 과보로 현생에 이미 부유해졌는데, 굳이 더 보탤 필요가 있겠는가?라고 여겨서 가섭 존자는 '가난한 사람에게서 걸식하고 부자에게서 걸식하지 않았다.' 그는 부잣집에 가서 걸식하고 공양을 받는 일이 없었다.

두 사람의 극단적인 행동이 부처님에게 알려지자 부처님은 대중을 모아 말씀하셨다. "가난한 사람에게만 걸식하는 것과 부자에게만 걸식하는 것 모두 마음이 공평하지 못합니다. 불법은 평등법平等法 위에 세워져야 합니다. 세상은 차별로 가득 차 있지만 우리 마음은 평등법에 안주安住해야 자신이 깨달음의 즐거움을 누릴 수 있고(自受用), 다른 중생에게도 그 즐거움을 누리게 할(他受用) 수 있습

---

* 법을 듣고 바로 깨닫는 자.

니다."

또한 수보리는 '남의 뜻을 거스르지 않는(不逆人意)' 성격이 있는데, 이에 대해서도 살펴봐야 할 부분이 있는 것 같다.

수보리는 '남의 뜻을 거스르지 않는' 수행을 할 때 사람들이 시키는 대로 했다. 가령 서라고 하면 앉지 않고, 앉으라고 하면 서지 않았다. 쪼그리고 앉으라고 하면 쪼그리고 앉고, 잠을 자라고 하면 누웠다. 어쨌든 상대방의 뜻을 거스르지 않고, 하라는 대로 했다.

이런 식으로 하면, 만약 누가 도둑질을 하라고 한다면 도둑질을 하겠는가? 만일 누가 살인을 하라고 시키면 살인을 하겠는가? 무턱대고 '남의 뜻을 거스르지 않고,' 옳고 그름·선과 악·좋고 나쁨을 가리지 않으면, 이런 수행이 괜찮은가? 이런 행위가 권장할 만한가?

수보리는 '해공제일解空第一'이다. 그러나 사상事相에서 공空은 옳고 그름이 없을 수 없으며, 공은 존엄이 없는 것이 아니고, 공은 어리석지 않고, 공은 선악이 있고, 인과가 있고, 법칙이 있다.

수행에서는 반드시 먼저 선과 악·옳고 그름·원인과 결과(因果)·좋고 나쁨을 가려야 한다. 따라서 수보리의 이러한 '남의 뜻을 거스르지 않는다'는 수행법에 대해 올바른 인식이 필요하다. 그렇지 않고 옳고 그름을 따지지 않고, 삿된 것(邪)과 바른 것(正)을 묻지 않고, 선악을 가리지 않고, 좋고 나쁨을 구분하지 않는 것은 어리석다. 이렇게 진부하고, 진짜와 가짜를 따지지 않고는 수행이 될 수 없다.

눈으로 코를 보고, 코로 마음을 본다

과거 총림에서는 수행 생활을 하면서 스승님께서 함부로 보지 말고, 함부로 말하지 말고, 함부로 움직이지 말고, 행주좌와行住坐臥에 위의가 있어야 한다고 했다. 어떻게 해야 위의가 있는 것인가? 눈으로 코를 보고, 코로 마음을 봐야 한다(眼觀鼻, 鼻觀心). 평상시에 곁눈질하지 않아야 하고, 눈을 크게 떠서 멀리 봐서는 안 되며, 보살상처럼 시선을 아래로 향해야 한다. 눈은 코만 보고, 코는 마음을 볼 수 있어야 한다. 머리를 왼쪽으로 돌리거나 오른쪽으로 움직이면 코와 마음이 맞지 않게 된다. 마치 사격을 할 때 정확하게 조준하지 않으면 표적을 맞힐 수 없는 것과 같다. 마찬가지로 눈과 코가 일직선이 되어야 마음에 맞을 수 있다. '눈으로 코를 보고, 코로 마음을 본다'는 말은 수행자의 장엄한 위의를 나타내는 것으로, 초심자라면 반드시 길러야 하는 것이다.

그런데 꼭 이렇게 구속되어 날마다 눈으로 코를 보고, 코로 마음을 봐야 하는 것은 아니다. 눈으로 사방을 보고, 귀로 팔방을 들으라고도 한다. 즉 소리가 있어야 할 때는 소리가 있어야 하고, 표정이 있어야 할 때는 표정이 있어야 한다. 더욱이 꼭 눈으로 보고 귀로 들어야 하는 것도 아니다. 때로는 눈으로 보는 기능을 닫고, 마음속으로 생각해도 걸을 수 있다. 오는 사람이 누구인지 안 봐도 소리를 들으면 누군지 알 수 있다. 잠을 잘 때 베개가 바닥에 떨어지면 눈을 뜨지 않아도 손을 뻗어 베개를 집고 원래 위치에 갖다 놓을 수 있다. 그러므로 꼭 눈으로 보지 않아도 마음으로도 볼 수 있다.

불교에서 눈·귀·코·혀·몸·마음의 여섯 가지 감각기관은 마치 한 마을에 여섯 사람이 사는 것과 같다. 평상시에는 '마음'이 그들 각자 맡은 역할을 수행하도록 하고, 그 기능을 발휘하도록 이끈다. 우리의 육근六根도 각각 용도가 있다. 평소 육근은 육진六塵을 좇아 육식六識이 생기고, 이 삼자는 서로 연관되어 있다. 만약 육근을 호용互用할 수 있다면 모든 것이 원융하고 통달해서, 눈으로 보더라도 소리의 크기를 알 수 있고, 귀로 들어도 그 사람의 모습을 알 수 있다. 이렇게 서로 의지하고 서로 도울 수 있다.

그러므로 지금 우리는 반드시 눈을 감아야 수행이라고 하거나, 듣지 않는 것을 수행이라고 하거나, 말하지 않는 것을 수행이라고 하는 것이 아니다. 불교에서는 눈·귀·코·혀·몸·마음이 서로 도와야 하고, 육근이 다 같이 수행해야 한다. 물론 "예가 아니면 보지 말고, 예가 아니면 듣지 말고, 예가 아니면 말하지 말라(非禮勿視, 非禮勿聽, 非禮勿言)"라고 유교에서 말하는 것처럼 보지 말아야 할 것은 보지 않고, 듣지 말아야 할 것은 듣지 않고, 말하지 말아야 할 것은 말하지 않고, 하지 말아야 할 것은 하지 않는다. 눈·귀·코·혀·몸이 마약이나 술·담배 등에 오염되지 말고, 눈·귀·코·혀·몸·마음의 육근이 청정해지는 것이 바로 수행이다.

조사는 고행 출신

재가자를 신자라고 한다. 이들은 신심을 가지고 선善을 행하면 표준적인 불교 신도이다. 반면 출가한 승려를 '행자行者'라고 한다. 행자는 고행苦行이 구족되어야 한다. "세 가지 깨달음이 원만하고, 만 가지 덕이 갖추어진다(三覺圓, 萬德具)"라고 하는데, 고행이 원만하지 못하면 깨닫기 어렵다.

예로부터 조사祖師·고승대덕高僧大德은 수행하면서 8년 또는 10년간 고행하고, 굶주림의 끝에 가보고, 부지런히 힘든 일을 하고, 온갖 어려움과 고생을 겪고, 억울함과 설움을 당하면서 성취하는 경우가 흔히 있었다.

고행 외에도 자비롭고, 사회에 봉사하고, 중생을 괴로움과 어려움에서 구해 준다. 상당한 발심이 없으면 사람들에게 기쁨을 줄 수 없고, 이익을 줄 수 없고, 자신의 수행도 진전할 수 없다.

반드시 큰 인내력이 있어야 한다. 즉 사회에서 가하는 고난·괴롭힘·억압·억울함·설움을 달게 받아들일 수 있어야 한다. 또한 자신의 수행 에너지, 반야지혜도 다른 사람보다 높아야 한다. 세상의 모든 일과 만물을 분명히 보고, 내려놓을 수 있고, 다른 사람과 따지지 않고 비교하지 않으며, 이해를 따지지 않고, 도의道義만 중요시한다. 이러한 수행을 하면 학인의 귀감이 될 수 있고, 오늘날 사람들이 칭송하는 '고덕고승古德高僧'이 될 수 있다.

예를 들어 중국의 부산浮山 법원法遠 선사는 깨닫기 전에 북방 섭현葉縣의 귀성歸省 선사가 법력이 높다는 말을 듣고 천의의회天衣義懷 선사 등 8명과 함께 참학하러 갔다. 마침 겨울이라 날씨가 추웠고 그들이 도착했을 때 눈이 펑펑 내리고 있었다. 귀성 선사는 그들을 보자마자 욕을 퍼부으며 쫓아내고 방부를 받아주지 않았다. 그러나 일행이 떠나려 하지 않자 귀성 선사는 물 한 대야를 그들 몸에 끼얹었다.

그렇게 추운 날씨에 찬물로 몸이 젖으니 다른 사람들은 끝내 참지 못하고 화를 내며 떠났다. 그러나 법원과 의회 두 사람은 여전히 꿈쩍하지 않고 무릎을 꿇은 채 간청했다. 귀성 선사는 또다시 호통을 쳤다. "아직도 떠나지 않느냐! 몽둥이로 때려야 하겠느냐?" 법원 선사는 간곡하게 대답했다. "우리 두 사람은 천릿길을 마다하지 않고 공부하러 왔는데, 어찌 물을 끼얹고 몽둥이로 때린다고 쉽게 떠나겠습니까!" 귀성 선사가 듣고 마침내 두 사람을 받아들였다.

법원 선사는 방부를 들인 후에 전좌典座 소임을 맡아 밥을 짓는 일을 했다. 한번은 미리 아뢰지 않고 기름과 국수로 오미죽五味粥을 만들어 대중에게 공양했다. 귀성 선사가 그 사실을 알고 매우 화가 나서 말했다. "너는 절의 물건을 도용해서 대중에게 사적으로 제공했다. 청규에 의거해 때리는 것 말고도 가치에 맞게 상환해야 한다." 말이 끝나자, 법원 선사는 삼십 대를 맞고 나서 옷과 발우를 값으로 매겨 전부 절에 상환하고 쫓겨났다.

법원 선사는 산문에서 쫓겨났지만 떠나려 하지 않았다. 매일 사찰 방 밖의 복도에서 서서 자고, 밖에 나가 독경을 하고 돈을 벌어서 부족한 액수를 절에 갚았다. 귀성 선사가 이 사실을 알고 또 호통을 쳤다. "사찰의 복도는 절 소유인데, 너는 여기에서 서서 잠을 자니 절에 집세를 내야 한다."

법원 선사는 조금도 난색을 보이지 않고, 저잣거리에 나가 독경하고 탁발해서 돈을 갚았다. 얼마 후 귀성 선사가 대중에게 말했다. "법원은 참선의 진정한 법기法器이다." 그리고 시자에게 법원 선사를 법당으로 모셔오라고 해서 대중 앞에서 법의法衣를 주고, 주지 자리를 주었다. 호는 법원원감法遠圓鑑 선사라고 했다.

또한 티베트의 밀라레빠 존자가 스승 마르빠에게 밀법密法을 배울 때, 마르빠는 밀라레빠를 시험하기 위해 산꼭대기에 돌집을 짓게 했다. 그러나 집이 반쯤 지어질 때마다 마르빠는 허물라고 했고, 이렇게 여러 번 짓고 허물기를 반복하면서 밀라레빠는 석재와 목재를 짊어지느라 등이 까지고 상처를 입어 몹시 고통스러웠다.

마지막으로 밀라레빠가 밤낮으로 일을 서둘러 집을 다 짓고 난후 마르빠는 오히려 노발대발하여 밀라레빠를 쫓아내며 말했다. "너의 공양은? 집을 지었다고 대단한 줄 아느냐?" 밀라레빠는 법을 구하기 위해 집을 지었는데 등은 상처를 입어 피투성이가 되었고, 또 스승으로부터 심한 욕설을 들어 심히 괴로웠다.

이때 사모님이 백방으로 위로해 주며 떠나는 척하라고 했다. 마르빠는 밀라레빠가 가겠다는 말을 듣자마자 채찍을 들어 밀라레빠를 때리며 욕을 퍼부었다. "이 배은망덕한 놈아! 너는 몸과 입과 마음(身口意)을 다 나에게 공양하지 않았느냐? 지금 어디로 가려고?"

이렇게 밀라레빠는 스승으로부터 온갖 단련을 받았고, 그가 들은 갖은 호통과 욕설은 정말 이루 헤아릴 수 없이 많았다. 그러나 밀라레빠는 이런 시련과 고난에 직면해 하나하나 참고 견뎠고, 마침내 밀라레빠가 깨닫자 스승과 제자 두 사람은 얼싸안고 목 놓아 울었다. 왜냐하면 스승은 밀라레빠가 매우 드문 상등근기라는 걸 이미 알고 있었기 때문이다. "황금은 용광로에서 제련해야 하고, 백옥은 장인이 갈아야 한다"는 말이 있다. 단련을 거치지 않고 어떻게 그릇이 될 수 있겠는가?

　그러므로 오늘날 학인은 고덕古德들의 이러한 행위를 보고 나의 고행·자비·인내·지혜로 불교 승단의 표준 승려가 될 수 있는지 자신에게 물어야 한다.

십수가十修歌

불자들은 불도를 깨치기 위해 참선을 하고 선칠禪七*을 하는 사람
이 있고, 일심으로 염불하며 장차 극락정토에 나기를 바라는 사람
도 있고, 법을 듣는 것에 열중해서 법문과 경전 강의를 듣는 사람도
있고, 법회와 염송을 좋아하여 사찰에 가서 법회에 참가하는 사람
도 있고, 사찰 참배를 부지런히 다니며 고생을 마다하지 않고 곳곳
에 순례하러 다니는 사람도 있다.

불교에는 다양한 수행 방법이 많이 있는데 최종 목적은 '수행해
서 부처가 되는' 것이다. 그런데 '수행해서 사람이 된다'는 말은 거
의 들어 보지 못했다. 사실 수행에서 가장 중요한 것은 먼저 사람이
되는 것이다. '사람이 되면 부처가 된다'라고 한다. 사람 됨됨이가
좋으면 불도가 이루어지지 않을까 두렵겠는가?

그리고 진정한 수행은 일상생활 속에서 이루어져야 한다. 그 때
문에 불광산의 각 도량에서는 「십수가十修歌」를 제창하고 있다.

첫 번째 수행은 나와 남이 따지지 않는 것이요(一修人我不計較),

---

* 선칠禪七: 칠일을 한 주기로 참선 정진하는 수행으로 안거와 비슷하다. 선칠
  을 7~10번 연속하기도 한다.

두 번째 수행은 서로 비교하지 않는 것이요(二修彼此不比較),

세 번째 수행은 매사에 예의를 지키는 것이요(三修處事有禮貌),

네 번째 수행은 사람을 보면 미소 짓는 것이요(四修見人要微笑),

다섯 번째 수행은 손해 봐도 괜찮은 것이요(五修吃虧不要緊),

여섯 번째 수행은 남에게 너그러운 것이요(六修待人要厚道),

일곱 번째 수행은 마음에 번뇌가 없는 것이요(七修心內無煩惱),

여덟 번째 수행은 좋은 말을 많이 하는 것이요(八修口中多說好),

아홉 번째 수행은 군자를 사귀는 것이요(九修所交皆君子),

열 번째 수행은 모두가 불도를 이루게 하는 것이다(十修大家成佛道).

사람마다 열 가지를 수행하면 불국정토에서 즐겁고 자유자재할 것이다(若是人人能十修, 佛國淨土樂逍遙).

「십수가」는 불법에 상응하고, 음성으로 하는 불사佛事이다. 불교의 범패·의식문은 대부분 사람들이 그 진정한 의미를 잘 알지 못하기 때문에, 그에 따라 수행하는 것이 절대 쉽지 않다. 그러나 「십수가」는 이해하기 쉽고, 우리 일상생활과 가까워 쉽게 실천할 수 있다.

「십수가」가 탄생한 배경을 보면, 내 어머니가 90세가 넘는 나이에 중국에서 대만에 오신 적이 있는데, 어머니께서 무료하실까 봐 하루는 어머니께 물었다. "제가 어렸을 때, 어머니께서 우리한테 수행하라고 하셨는데, 어떻게 수행하나요?"

"내가 알려줄게!" 이리하여 어머니는 말을 시작했다. 첫 번째 수행은 어떻고, 두 번째 수행은 어떻고……. 옆에서 듣던 제자들이 그

것을 메모해 두었는데, 이 「십수가」는 불법의 교화적 의미가 있고, 불법을 모르는 사람도 그 속에 담긴 뜻을 알 수 있다고 했다.

예를 들어 '첫 번째 수행은 나와 남이 따지지 않는 것이요(一修人我不計較).' 우리는 다른 사람에게 너무 따지지 말아야 한다. 그러면 몸과 마음이 가볍고 편안하고 자재하다고 느낄 것이다. '두 번째 수행은 서로 비교하지 않는 것이요(二修彼此不比較).' 평소에 걸핏하면 다른 사람과 비교하지 말아야 한다. 그러면 자연히 쓸데없는 많은 번뇌가 생기지 않을 것이다. '세 번째 수행은 매사에 예의를 지키는 것이요, 네 번째 수행은 사람을 보면 미소 짓는 것이요(三修處事有禮貌, 四修見人要微笑).' 사람은 예의가 있어야 하고, 다른 사람과 같이 일하면서 존중하고·포용하고·겸손하고·예의 있게 사양할 줄 알아야 하며, 사람을 만나면 인사하고 안부를 물어야 하며, 특히 항상 미소 짓는 사람은 자연히 어디에서나 환영받고 사람들이 받아들일 것이다. '다섯 번째 수행은 손해 봐도 괜찮은 것이요(五修吃虧不要緊).' 손해를 보는 것은 복이고, 손해를 봐야 공덕이 있고 진전할 수 있고 성장할 수 있다. 그러므로 손해를 보려고 해야지, 언제나 여기저기서 이득을 보려고 해서는 안 된다. 그것은 욕심을 부리는 것이고, 요행을 바라는 것이고, 이기적인 생각이다.

'여섯 번째 수행은 남에게 너그러운 것이요(六修待人要厚道).' 사람은 너그러워야 한다. 이는 전통문화의 미덕으로, 전통문화를 알면 인생을 승화시킬 수 있다. '일곱 번째 수행은 마음에 번뇌가 없는 것이요(七修心內無煩惱).' 이것은 더욱 중요한 수행으로 너무 이기적이고, 집착하고, 욕심내고, 화내고, 질투하고, 원망하지 않도록 일깨워 준다. 또한 입으로 항상 좋은 말을 하고 찬탄하는 수행을 한다. 즉 '여덟 번째 수행은 좋은 말을 많이 하는 것이요(八修口中多說好).' 그러면 자연히 인연이 생길 것이다. 물론 더 나아가 '아홉 번째 수행은 군자를 사귀는 것이요(九修所交皆君子)'를 할 줄 알면, 여러 선한 사람들과 한자리에 모이게 될 것이다. '열 번째 수행은 모두가 불도를 이루게 하는 것이다(十修大家成佛道).' 만약 「십수가」에 따라 개인 수행을 한다면, 당장 서방극락세계에 도달할 수는 없어도 지금 이미 개인의 인간정토를 이룬 것이다.

도道에는 고금이 없고, 깨달음은 지금에 있다(道無古今, 悟在當下). 「십수가」를 부르는 지금 자신의 도덕이 성장하고 있고, 인격이 승화되고 있고, 마음속으로 더할 나위 없이 편안하고 자유로움을 느낄 수 있는가? 이것이 바로 「십수가」가 우리에게 가져다주는 수행의 이익이며, 예나 지금이나 변함없는 수행의 의미이다.

누구에게 노래를 바치는가

음악은 불교에서 십공양十供養 중의 하나이다. 『십송률十誦律』에서 부처님은 허발제許跋提 비구를 찬탄하며 말씀하셨다. "네가 큰 소리로 범패 부르는 것을 청허한다. 범패에는 다섯 가지 이익이 있으니, 몸이 피곤하지 않고, 기억한 것을 잊지 않고, 마음이 피로하지 않고, 목소리가 나쁘지 않고, 말이 이해하기 쉽다."* 범패음악은 청정한 곡조와 경건하게 찬양하는 마음으로 시방제불보살의 진리의 법신을 예경하는 것이다.

부처님이 세상에 계실 때, 용모는 매우 추하지만 음성이 미묘하고 아름다운 패 비구唄比丘가 있었다. 그가 부르는 범패는 사람과 짐승을 감동시키고, 자비심이 저절로 우러나오게 했다. 파사닉왕波斯匿王이 한번은 대군을 거느리고 앙가마라鴦伽摩羅를 토벌하려고 하는데, 도중에 패 비구가 범패를 부르는 소리가 들리더니, 군대와 말이 그 소리에 섭수攝受되고 감동하여 죽이려는 마음이 다 사라져 원래 발발하려던 전쟁이 없어졌다.

범패음악은 사람의 마음을 쉽게 섭수하고, 망념이 즉시 사라지

---

* 聽汝作聲唄, 唄有五種利益. 身體不疲, 不忘所憶, 心不疲勞, 聲音不壞, 言語易解.

게 한다. 『대지도론大智度論』에서는 "보살은 부처님의 국토를 깨끗하게 하기 위하여 좋은 음성을 구하며, 국토에 있는 중생으로 하여금 좋은 음성을 듣고 그들의 마음을 부드럽게 하려고 하는 것이니, 마음이 부드러워지기 때문에 교화받기 쉽게 된다"*라고 한다. 마명馬鳴 보살은 뇌타화라賴吒和羅라는 가곡을 지어 왕자 500명을 출가시켰고, 인도 마우리아 왕조의 아육왕阿育王과 굽타 왕조의 가니색가왕迦膩色迦王도 불교음악을 널리 보급하고 범패를 제창하여 국민의 마음을 도야했다.

중국 범패의 기원은 조위曹魏 진사왕陳思王 조식趙植이 어산(漁山, 산동성山東省 동아현東阿縣)에서 노닐다가, 공중에서 범천梵天의 노래를 듣고 감동하여 그 음절을 모사해 범패梵唄라 쓴 데서 비롯된다. 조식은 글을 쓰고 음악을 만들어 '어산범패漁山梵唄'라고 했다. 남북조부터 초당初唐까지 도조道照·혜거慧璩·담종曇宗·도혜道慧 등 음악에 뛰어난 고승대덕이 다수 등장했다.

범패가 오래 전해질 수 있었던 것은 이 깊은 감동의 힘이 종교적 정서를 끌어올렸을 뿐만 아니라, 마음을 맑게 하고, 은연중에 감화시키는 효용이 있는 등 중생을 이롭고 즐겁게 하는 효과를 광범위하게 발휘했기 때문이다. 특히 중국 전통 범패의 해조음海潮音 가락은 우아하고 장엄한 분위기를 담고 있어 불교음악에서 더욱 중요한 위치를 차지한다.

---

* 菩薩欲淨佛土故求好音聲, 欲使國土中衆生聞好音聲, 其心柔軟, 心柔軟故, 易可受化.

안타깝게도 과거의 범패는 법당에서 부처님께 올리는 노래였고, 일반인은 듣고 싶어도 기회가 거의 없었다. 그러나 나는 범패를 법당에서 부처님께 부를 수 있다면, 법당 밖에서 사회 대중에게 들려줄 수도 있다고 생각한다. 왜냐하면 부처님께서 깨달았을 때 "중생은 모두 불성이 있다(衆生皆有佛性)"고 말씀하셨기 때문이다. 모든 사람이 부처이므로 부처와 중생을 분리하면 안 된다. 그래서 나는 처음 대만에 와서 불교음악인 범패를 보급하기 위해 부단히 노력했다.

먼저 나는 1957년 의란宜蘭 불교청년합창단을 이끌고 대만 최초의 불교음반을 취입 제작했다. 예상외로 반응이 매우 뜨거워 더할 나위 없는 자신감이 생겼다. 1979년에는 제자들을 이끌고 타이베이 국부기념관에서 '불교범패음악 홍법대회'를 봉행했다. 후에 또 '불광산범패찬송단', '인간음연범악단人間音緣梵樂團' 등을 설립해 불교의 범패를 동양에서 서양까지 적극적으로 전했다. 북경 음악청, 상해 대극장, 홍콩 홍함체육관, 뉴욕 링컨센터, 로스앤젤레스 음악센터, 독일 쾰른대성당, 영국 왕립극장, 시드니 오페라하우스 등에서 잇따라 공연했다.

나는 사찰의 범패음악을 공연무대에 올렸다. 이는 모독의 뜻이 아니며, 노래하는 이들이 경건하고 정성스러운 마음으로 부르기 때문에 보고 듣는 사람들에게 제불보살의 대비원大悲願을 느끼고 환희심과 존경하는 마음을 갖게 했다. 노래하는 이와 듣는 이들 모두 노랫소리로부터 마음이 정화되고 승화되었다. 이것이 불교음악 범패의 가장 큰 의미라고 생각한다.

우리는 집이 세 개 있어야 한다

우리는 인간 세상에 살고 있다. 세상을 살면서 기본적으로 자리잡고 편안히 살 곳이 필요하다. 이를 '가정'이라고 한다. 집이 없으면 떠돌이다. 거지나 외롭고 의지할 데가 없는 사람을 제외하고, 보통 정상적인 사람이라면 다 가정이 있고, 부모가 있고, 처자식이 있고, 형제자매가 있고, 가족이 있다.

한 가정으로부터 사돈집, 큰아버지 집, 형제자매의 집, 친구의 집 등 많은 가정으로 뻗어나갈 수도 있다. 누구나 직업이나 빈부귀천을 막론하고 다 집이 있다. '금으로 된 집이든 은으로 된 집이든, 가난한 내 집구석만 못하다'라는 말도 있듯이, 집은 우리에게 따뜻함을 주고, 우리를 비호해 주고, 비바람을 막아 주고, 안전하게 해 준다.

집을 떠난 사람은 '집에 간다'라는 말만 들어도 기쁜 일이다. 따라서 가정이 화목해야 집에 돌아오면 서로 의지하고 존중하는 가족이 있고, 소속감을 가질 수 있다. 더욱이 세상 사람들이 모두 나를 이해하지 못하고 오해해도 우리 가족은 항상 나를 이해해 준다. 나에게 어떤 결점이나 흠이 있어도 우리 가족은 나를 이해하고 감싸줄 수 있기 때문에 우리 집은 소중하다.

이 집은 우리 '색신色身이 귀속된' 곳으로, 낮에 외출하고 저녁에 돌아갈 수 있다. 그러나 이 집에서는 옷을 입고 밥을 먹고, 가족과 친구가 모이기만 할 뿐이다. 때문에 똑똑한 사람은 이 형상이 있는 가정 외에도 신앙상의 '법신혜명法身慧命'의 집이 있다.

이 집은 무엇인가? 내가 믿는 도량이다. 도량에 가서 신심을 키우고, 자비를 키우며, 도덕을 키울 수 있고, 이곳에서 처세하는 법을 배울 수 있다. 그래서 두 번째 집인 '혜명慧命의 집'은 우리 인생의 주유소와 같고, 학교와 같고, 백화점과 같다. 인생에 필요한 여러 가지 법보法寶를 구입할 수 있고, 많은 지식과 재능을 배울 수 있고, 우리 마음이 충실해지고 향상될 수 있다.

신앙의, 도덕의, 정신혜명의 가정이 있고 난 뒤에 인생은 끊임없이 성장할 것이다. 예를 들어 좋은 말을 하고, 좋은 일을 하고, 좋은 마음을 가지고, 보시하고, 계를 지키고, 인욕하고, 선정에 든다. 또는 불교를 믿는다고 해서 부처님께 빌거나 절하는 것만이 아니라, 부처님의 가르침에 따라 실천할 수도 있다. 이러한 법신혜명의 가정으로부터 수행과 공부가 무르익으면 장래에 반드시 진전하고 초월하여 최고의 목표, 즉 세 번째 집에 도달할 수 있다.

이 집은 천상이고, 정토이고, 극락세계로, 자신의 인연에 달려 있다. 두 번째 '혜명의 집'에서 공부하고 수행한 공덕은 나를 키우고, 도와주고, 나의 자본이 되고, 세 번째 집인 이상적인 국토에 이민 갈 수 있도록 도와준다. 그곳은 우리가 진정으로 몸과 마음을 안주安住할 수 있는 선열법희禪悅法喜의 '해탈의 집'이다. 그러므로 우리는 모두 집이 세 개 있어야 한다.

사찰은 주유소와 같다

부처님께서 깨닫고 나서 중생을 제도하기 시작하면서 처음에는 제자들과 사문沙門 전통에 따라 숲속·물가·무덤 사이·나무 아래 등 아란야阿蘭若에 거주했다. 후에 빈바사라왕이 왕사성에 죽림정사를 짓고, 급고독 장자가 사위성에 기원정사를 지어 부처님과 제자들이 거주할 수 있도록 제공해 홍법의 거점이 되었다.

중국의 깊은 산속에는 고찰과 총림이 있고, 도시에도 사찰과 도량이 있다. 사찰은 불자에게 신앙의 정신적 상징으로, 신도가 마음을 기탁하는 곳이고, 스님들이 주석하는 도량이며, 불상을 모시는 전각이자 불법을 널리 전하는 곳이다. 사찰이 있어야 불법승 삼보가 있고, 불교가 있다. 사찰이 있어야 교리를 전파할 수 있고, 정법을 지킬 수 있다.

"사찰을 그렇게 많이 짓는 게 무슨 소용이 있나? 차라리 절을 지을 돈으로 자선사업을 하는 게 낫다"고 말하는 사람이 있다. 보통 사람들은 사찰을 신도들의 모임·독경·절·참회를 위한 곳으로만 알고 있으나 사실 사찰은 문화교육·사회교육의 다양한 기능이 있다. 예를 들어 장엄한 전각, 고요한 분위기, 자비로운 교리를 접할 수 있는 사찰은 사람들이 바쁜 와중에 또는 좌절을 겪거나 방황하거나 도움의 손길이 없을 때 와서 절하고, 불보살님의 성스러운 모습을 친견하거나, 경전 강의 또는 법문을 듣거나, 여러 가지 수행 활동에 참여하면서 마음이 가라앉으면 다시 출발할 힘을 얻을 수 있다.

그래서 나는 사찰은 마치 인생의 주유소와 같다고 자주 비유한다. 또한 사찰은 마음의 백화점과 같고, 성현이 되는 학교이고, 예술의 전당이자, 선우善友를 사귀는 모임의 장소이며, 나아가 번뇌를 없애는 청량한 곳이다. 세상의 돈은 발등에 떨어진 급한 불을 끌 수 있지만, 마음의 탐·진·치 삼독의 불을 끌 수는 없다. 그러나 불법은 사람의 마음을 맑게 하고, 번뇌를 제거하고, 깨닫게 해서 세세생생 영향력이 있다. 따라서 사찰은 학교와 같이 헤매는 중생을 이끌어줄 수 있다.

사찰은 마치 주유소와 같다. 자동차에 기름을 넣으면 동력이 충분해서 달릴 수 있다. 인생도 마찬가지다. 인생의 길은 멀기 때문에 정신적으로 자주 주유해서 힘을 내야 한다. 부처님 앞에서 합장하고, 기도하고, 발원하고, 절을 하면 부처님의 자비로운 빛의 가피로 원래 낙담했던 마음이 앞으로 나아가는 힘을 다시 얻고, 미래의 도전을 용감하게 맞이할 수 있다.

물질생활의 일상용품은 백화점에서 구입할 수 있다. 정신생활에서도 많은 자양분이 필요한데, 이때 절에 가서 부처님의 가르침(法寶)을 구할 수 있다. 예를 들어 화가 나고 분노할 때는 자비가 필요하고, 무명無明 속에 있고 번뇌할 때는 지혜가 필요하며, 억울하고 실의에 빠졌을 때는 인내하고 분발해야 하고, 어지럽고 무질서할 때는 화합하고 평온해야 하고……. 사찰은 마치 법보法寶를 구족한 백화점과 같아서, 인생의 어려움을 해결할 수 있는 다양한 마음의 처방을 사찰에서 찾을 수 있다.

그리고 사찰 건축의 하드웨어 설비가 현대 홍법의 수요에 부응할 수 있도록, 과거에는 법당에서 부처님께 절을 하는 제한된 기능만 있었다면, 지금은 강당·회의실·사경당·담화실·도서관·미술관·카페 등의 시설을 갖춘 다목적 도량으로 확대됐다. 목적은 사찰이 법무法務·문화교육·예술을 통해 불교를 널리 알리고 사회를 교화하는 기능을 수행하여, 사찰이 모두가 함께 누리고 공유하는 도량이 되게 하는 것이다. 불자든 일반인이든 누구나 마음을 맑게 하고 정신을 고양하는 장소가 필요하다. 사찰이 가장 좋은 인생의 주유소다.

신도를 위해 역사를 남기다

인류의 역사는 시간이 누적되어 온 것이지만, 결국 시간 때문에 사라지는 경우가 많다. 예로부터 지금까지, 현재에서 미래까지, 역사의 긴 강물 속에서 얼마나 많은 인간사가 시간의 흐름에 따라 점차 사라졌는가. 과거의 사람이 무엇을 했는지 현재의 사람이 모르고, 현재의 사람이 무엇을 하는지 미래의 사람이 알 수 없다. 그렇다면 시간과 함께 사라지는 역사는 마치 인생의 일기一期* 삶처럼 짧으니 실로 안타깝다.

삶의 의미는 인류에 역사를 남기고, 사회에 자비를 남기고, 자신에게 신앙을 남기고, 세상에 공헌을 남기는 데 있다고 생각한다. 그래서 우리는 불광산에 신도님들을 위해 역사를 남길 수 있기를 바란다. 즉 신도들이 과거에 행한 공덕과 선행에 대해 우리가 대신 역사의 흔적을 남기고, 그들의 선량함과 발심을 후대에 알리는 것이다. 이는 신도들을 위해, 후대를 위해 역사의 공덕을 남기는 것이다.

그러면 지금 우리가 할 수 있는 일은 불광산 백만인흥학百萬人興學에 동참해 주신 분들을 위해 대학에 기념비 벽을 세우고 참여자

---

* 일생.

들의 이름을 새기는 것과 같은 것이다. 비문의 재질이 돌로 되어 있어 시간이 지나도 역사의 긴 강에서 신도들의 공덕의 역사를 오래도록 보존할 수 있고, 영구적으로 후손의 본보기가 될 수 있다.

또한 불타기념관은 사찰 천 곳과 백만 인이 함께 발심해 건립되었다. 그들의 신심과 선행을 기리기 위해 공덕주 이름을 불타기념관의 벽에 새겨 선한 마음과 공덕을 보호하고, 세월 따라 시간의 거대한 흐름 속으로 쉽게 사라지지 않도록 했다.

그 밖에도 불광산 여래전如來殿·운거루雲居樓의 도자기로 된 벽에는 모든 보시자의 선행 공덕이 새겨져 있다. 그래서 불광산의 경제 상황을 알고 싶어 하는 분에게 우리는 신도님들의 공덕·선한 인연·인과가 다 우리 벽에 쓰여 있어서, 신도들이 볼 수 있을 뿐만 아니라 인천人天도 알 수 있고, 불보살님도 알 수 있다고 말한다.

『보문품普門品』에서 "공이 헛되지 않다(功不唐捐)"라고 하는데, 모든 신도의 공덕이 없어지지 않는다는 뜻이다. 불사에 동참해 주신 분들의 공덕의 역사가 불광산 건축물의 벽에 새겨져 자료로 기록되어 있다. 그러므로 우리가 신도님을 위해 역사를 남기고, 그분들의 공덕을 세상에 남기겠다고 말하는 게 바로 이런 뜻이다.

출가의 나이

출가해 스님이 되려면 어떤 자격이 필요한가? 과거에 어떤 사찰은 돈을 얼마 가져와야 출가를 허락하거나, 절에서 힘든 일을 몇 년 해야 출가를 허락했다. 또는 지위나 신분이 높으면 부득이하게 출가시켜 주었다. 강도가 손을 씻어 더 이상 나쁜 짓을 하지 않고 발심해서 출가하는 경우도 있었다. 또는 장사하다가 실패하거나 망해서 빚이 많아 어쩔 수 없이 절로 도피하여 불교에 귀의하기도 했다. 연애가 뜻대로 되지 않아 실의에 빠져 절에 와서 부처님과 함께하며 외로운 마음을 달래는 사람도 있었다.

물론 발심 출가한 이 많은 사람들 중에는 나이 든 사람도 있고, 어린 사람도 있고, 남자도 있고, 여자도 있고, 상황이 저마다 달랐다. 특히 이들은 시험이나 시간적인 적응을 거치지 않고 바로 출가해서 승단에 별의별 사람들이 다 섞여 있다고 말하는 것도 이상할 게 없었다.

『대보적경大寶積經』에서는 출가를 네 가지로 나눈다. 첫째, 몸과 마음이 다 출가했다. 둘째, 몸은 아직 출가하지 않았지만 마음이 이미 출가했다. 셋째, 몸은 출가했지만 마음이 아직 출가하지 않았다. 즉 사람은 절에 있지만 마음은 속세에 있다. 넷째, 믿음이 없고 불교를 존중하지 않고 몸과 마음이 다 출가하지 않은 경우다.

사실 출가에서 가장 중요한 것은 신심이 있어야 하고, 출가의 성격이 있어야 한다. 세상의 오욕五欲과 육진六塵에 대해 출리심出離心이 있어야 하고, 내려놓을 수 있어야 하며, 일반 사회 대중과 선한 인연을 널리 맺으려 하고, 자비롭고 남을 이롭게 해야 한다. 또는 불법에 대해 진정으로 깊이 체험하여 알고, 사성제四聖諦·십이인연十二因緣의 기본적인 교리를 깊이 믿어 의심하지 않으며, 참선과 정토를 모두 수행할 수 있어야 한다. 이렇게 출가해야 의미가 있다.

그러나 오늘날 승단은 문을 넓게 열어, 출가하려는 사람에 대해 많이 알아보지도 않고 각종 시험을 거치지도 않기 때문에 별의별 사람이 다 섞여 있는 것도 불가피하다. 특히 어떤 어린아이들은 부모가 양육할 능력이 없어 사찰로 보내 출가시킨다. 또는 늙어서 자식도 없고 의지할 데도 없어 고희의 나이로 출가를 요청하기도 한다. 불교가 보육원이 되고 양로원이 되면 어떻게 불법을 널리 전할 힘이 있겠는가? 불교가 또 어떻게 흥성할 수 있겠는가?

경전에 따르면 어린아이가 출가해도 절을 위해 약간의 의무를 다해야 한다. 그래서 어린이가 출가해 사미가 되면 '구오사미驅烏沙彌'*라고 한다. 적어도 까마귀를 쫓아낼 수 있어야 하는 것이다. 절을 지저분하게 하지 말고, 일을 좀 해서 절에 도움이 되어야 한다. 나이 든 사람은 65세가 넘으면 비구계를 받을 수 없고 사미계만 받을 수 있다. 사미가 되고 비구를 할 수 없으니 제약이 좀 있다.

---

* 구오사미驅烏沙彌: 절의 음식물에 날아드는 까마귀를 쫓는 사미라는 뜻. 7세에서 13세까지의 사미를 일컫는다.

그러나 오늘날 불교의 출가제도는 시험을 엄격하게 집행하지 못하고 있다. 사회의 학교는 모두 시험을 쳐야 입학할 수 있는데, 출가는 시험을 거치지 않는다. 그러고서 어떻게 출가를 할 수 있는가? 출가 자격을 제한하지 못한다면 승단이 어떻게 번창할 수 있겠는가?

현재 불교는 출가할 마음이 있는 사람에 대해 규칙이나 계율을 정하지 않았기 때문에, 신심이 없는 출가자들이 불교에 들어와 머릿수만 채우고, 불교에 전혀 도움이 되지 않고, 더 나아가 승단에 많은 문제를 초래한다. 사람들이 출가자를 비웃으며 '불교를 팔아먹는 중'이라고 하거나 '직업 스님', '부처에 빌붙어 사는 출가자'라고 한다. 이런 것들을 생각하면 정말 탄식을 금할 수가 없다.

출가자는 무엇을 소유할 수 있을까

출가자는 무엇을 소유할 수 있을까? 작게는 출가자의 의단衣單*을 두 근 반만 허용하고, 크게는 출가자가 마음에 법계法界를 품으면 우주 허공이 다 그의 소유가 된다. 출가자가 무엇을 가질 수 있겠는가?

물론 이론만 얘기해서는 안 되며, 상황에 따라 논할 수 있다. 오늘날 사회에서 출가자는 당연히 의단을 모두 갖추어야 한다. 운수승雲水僧**이 총림에 가서 방부를 들이려면 이 사람을 제외하고 의단이 있어야 한다. 의단은 한 사람을 대표한다. 예를 들면 옷 세 벌과 발우 하나(三衣一鉢), 또는 응당 있어야 할 방한 장비가 다 갖추어져야 방부를 들이게 해준다.

그러나 지금은 시대가 달라졌다. 출가자가 만년필·볼펜으로 글을 쓸 수 있다. 이에 대해 아무런 계율의 제약도 없다. 그렇다고 너무 많이 소유하고 지나치게 낭비해서는 안 된다. 심지어 손목시계를 찰 수도 있다. 시간을 알면 일을 하기 쉽다. 과거 총림에서는 종과 목탁·호령으로 시간을 알렸다. 지금은 이전과 다르다. 온전한

---

* 의단衣單: 출가자의 옷과 발우.

** 운수승雲水僧: 구름처럼 물처럼 흘러 다니며 행각하는 스님.

총림은 보기 드물고, 시간 관리는 자신이 해야 하므로 손목시계를 가지고 있어도 지나치지 않을 것이다.

출가자가 자동차를 소유할 수 있을까? 이것도 어떤 신분이고 어떤 소임을 하는지에 달려 있다. 차를 어떤 용도로 쓰는가? 만약 차를 몰고 여기저기 여행가고 놀러 다니면 당연히 안 된다. 가령 자동차를 소유하는 것이 밖으로 나가 홍법하고 사람들을 이롭게 하려고 하는 거면 이는 당연히 불법이 허용하는 것이다.

과거에 두타頭陀행을 하는 비구는 18가지 물건을 지닐 수 있었다. 즉 옷 세 벌(三衣)·발우(應量器)·버드나무 가지·콩을 갈아 만든 비누(澡豆)·물병·좌복(坐具)·지팡이(錫杖)·향로·함·물을 여과하는 주머니·수건·칼·부싯돌·족집게·끈으로 만든 접이식 의자(繩床)·경률經律·불상·보살상이다.

지팡이(錫杖)를 지니는 것은 운수승이 사방에서 참학參學하고 산과 들판을 걷다 보면 짐승이 습격할 수 있으니 방어하지 않을 수 없어서다. 심지어 길가의 동물 사체를 묻기 위한 것이기도 한데, 이를 외면하지 않는 것도 중생을 자비롭게 배려하는 정이다. 또한 출가자에게 가장 중요한 것은 도첩度牒* 증명서를 가지고 있어야 하며, 총림에 가서 방부를 들이려면 반드시 계첩戒牒**을 보여주고 자신의 신분을 밝혀야 법에 맞다.

그 밖에 큰 총림이든 작은 절이든 방부를 들이면 모든 토지·부

---

* 도첩度牒: 옛날 관청에서 출가한 승려에게 발급한 신분증명서.

** 계첩戒牒: 계를 받았다는 증명서.

동산·돈·물품은 다 시방의 신도가 보시한 것으로, 모두 사찰과 시방 대중의 소유이지 개인의 소유물이 아니다. 그러므로 사찰에서 한 사람이 무엇을 소유하든 다 절제해야 하며, 사회의 사람들처럼 웅장하고 화려한 빌딩을 소유하려고 해서는 안 된다.

법당은 만덕萬德으로 장엄할 수 있지만, 개인은 청빈하게 살고 수행을 즐겨야 한다. 출가자는 물질적인 것이 적을수록 좋고, 불법의 경론經論과 교리는 많이 알수록 좋다. 따라서 오늘날 출가한 승려들은 자신이 무엇을 소유해야 할지, 무엇을 소유해서는 안 되는지에 대해 취사선택을 해야 한다.

동진 출가와 나이 들어 하는 출가

출가에는 동진 출가와 성년이 된 후에 하는 출가가 있다. 도대체 동진 출가가 좋을까? 아니면 나이 들어 출가하는 게 좋을까? 사실 이건 중요한 문제가 아니다.

동진 출가는 동진 출가의 장단점이 있다. 나이 들어 출가하면 나이가 많고 습기習氣가 심하지만, 경험이 많아 장단점이 있다. 동진 출가와 나이 들어 하는 출가는 불교 승단에서 반반씩을 차지한다고 할 수 있다.

동진 출가하는 사람이 있고 나이 들어 출가하는 사람이 있는데, 그 성취의 높고 낮음은 출가의 나이에 있는 것이 아니라, 출가한 후에 얼마나 열심히 공부하고 수행하는지의 정진 여부에 있다. 이것이 진정한 관건이다.

나이가 어리든 많든 동심이 있고, 보살심이 있고, 젊은 사람의 수행력이 있어야 한다. 즉 마음과 정신력이 젊어야 한다.

동진 출가하든 나이 들어 출가하든 제일 먼저 부처님의 자비와 인내를 배우고, 발심해서 사회를 위해 봉사해야 한다. 이것이 불문佛門에서 부처님에게 배우는 올바른 제자이다.

역사상의 대덕 스님들을 보면, 연지蓮池 대사는 나이 들어 출가했지만 명나라 4대 고승 중 한 분으로 꼽힌다. 그 이전의 영명연수

永明延壽 선사, 당나라의 종간從諫 선사도 나이 들어 출가했다. 근대의 홍일弘一 대사, 허운虛雲 화상도 중년에 출가하지 않았는가?

동진 출가한 분들은 너무나 많다. 동진東晉의 도안道安 대사, 수나라의 지자智者 대사가 동진 출가했다. 당나라의 감진鑑眞 대사, 현장玄奘 대사도 동진 출가가 아닌가? 근대의 태허太虛 대사도 동진 출가했다. 그리고 현재 보정保定의 진광眞廣 스님, 진강鎭江의 심징心澄 스님, 남경南京의 융상隆相 스님 등이 모두 동진 출가했고 성취가 있다.

그러므로 동진 출가하든 나이 들어 출가하든 상관없다. 중요한 것은 출가한 후에 출가법出家法을 행해야 한다는 것이다. 출가하고 나서 맨 처음 10년 동안 고행해야 한다고 생각한다. 10년 동안 고학한 후에, 참학參學하며 도에 대해 묻는다. 공부에 상당한 햇수와 횟수가 있고, 불교의 여러 종파와 대덕 큰스님들의 행적에 대해 공부하면, 십 년간의 고행·자비·인내와 대덕 큰스님들의 말씀 및 어록의 훈습 아래에서 자신의 기질·사상·견해는 자연히 달라질 것이다.

우리는 동진 출가한 이들에게 찬탄을 아끼지 말아야 한다. 나이 들어 출가한 사람도 경시해서는 안 된다. 솔직히 석가모니부처님도 나이 들어 출가하지 않았는가? 나이 들어 출가하면 도를 이룰 수 없다고 말할 수 있는가?

새로운 포교 방법

불교는 당연히 자아의 해탈을 구한다. 그러나 자아 해탈 외에도 불법을 널리 펴고 중생을 이롭게 해야 한다(弘法利生). 이것이 진정한 보살행菩薩行이다. 그래서 부처님은 '법음선류(法音宣流, 법문을 널리 베풀다)'를 가장 중요시하셨다. 부처님은 삼천대천세계에 가득한 칠보로 보시한 공덕보다 『금강경』의 사구게四句偈를 수지하고 타인에게 설하는 공덕이 더 크다고 찬탄하셨다. 왜냐하면 재보財寶를 보시하면 언젠가는 다 써서 없어지지만, 법보法寶를 보시하면 세세생생 써도 없어지지 않기 때문이다.

법을 널리 전하기 위해 과거에는 쓰기·공경恭敬·인경印經·체청諦聽·독송·수지·강연·염송·사유·실천 등 십법행十法行*을 하도록 했다. 예전에는 이런 간단한 방식으로 법을 펼칠 수밖에 없었지만, 지금은 시대가 달라서 신문 보도·텔레비전 방송·인터넷 등 다

---

* 십법행十法行: 경전을 받아 지니고 해야 할 열 가지 올바른 행위. (1) 서사書寫: 경전을 베껴 씀. (2) 공양供養: 경전이 있는 곳을 공경. (3) 시타施他: 경전을 남에게 베풂. (4) 체청諦聽: 남이 독송하는 것을 새겨들음. (5) 피독披讀: 스스로 경전을 펴서 읽음. (6) 수지受持: 가르침을 받아 지님. (7) 개연開演: 남을 위해 가르침을 설함. (8) 풍송諷誦: 경전의 글귀를 읽거나 암송함. (9) 사유思惟: 부처님 가르침의 뜻을 깊이 생각함. (10) 수습修習: 가르침대로 수행함.

양한 방식을 활용할 수 있다.

그런데 복잡한 사회를 살아가는 바쁜 현대인은 좀 더 많은 시간과 공간을 벌기 위해 무슨 일이든 신속함을 추구하고, 바쁜 와중에도 많은 일들이 스쳐 지나간다. 불교를 알리고 불법을 전하는 많은 방식을 어떤 사람들은 전혀 보고 듣지 못할 수도 있기 때문에 이제 우리는 생활 속에서, 의식주 속에서 불법을 전해야 한다.

예를 들어 불광산의 장경루藏經樓·도서관·열람실은 에어컨 온도가 적당하고, 실내가 밝고 깨끗해서 편안하게 경전을 보거나 사경할 수 있으며, 불법을 접하는 편안함과 고요함의 묘미를 느끼게 해준다. 서점과 불교용품점이 있고 경전을 증정하는 도량에서는 돈을 쓰거나 쓰지 않거나 지혜가 증장하고 마음의 문을 여는 법보法寶를 쉽게 얻을 수 있고, 자신의 마음밭(心田)으로 흘러들게 할 수 있다.

절에 차를 무료로 마시는 공간이 있거나, 불광산사의 채식식당 적수방滴水坊* 같은 곳에서 국수 또는 밥을 비용을 받지 않고 제공해 사람들과 인연을 맺으면, 그들이 불교에 대한 호감을 갖게 되고 나아가 불교를 지향하게 될 것이다. 물론 그중에는 보시에 기꺼이 동참하는 사람도 있을 것이다.

현재 불광산은 독서를 제창하고 있다. 책의 향기가 세상에 가득하게 하고, 독서회가 곳곳에 있게 하고, 사회 전반의 풍조를 개선

---

* 적수방滴水坊: 불광산에 있는 채식과 음료를 제공하는 식당. 일반 식당처럼 운영하지만, 평안죽처럼 비용을 받지 않는 것도 있다.

해 사람의 마음을 맑게 해주어야 한다. 또한 불광산은 '좋은 말을 하고, 좋은 일을 하고, 좋은 마음을 가지자'는 삼호三好를 제창하며, 모든 가정이 삼호 가정이 될 수 있도록 하고, 더욱이 삼호를 학교에 보급해 학교도 삼호 캠퍼스가 되도록 하고 있다.

인터넷상에서 글을 읽고 일을 처리하는 데 익숙한 현대인에게 인터넷은 법을 전하는 최고의 수단이다. 우리는 매일 인터넷에서 법어 몇 마디를 친구에게 보낼 수 있다. 서로 다른 말을 하지 않거나 잘잘못을 따지지 않고, 오직 불법을 보내서 상대의 마음에 주입한다. 이러한 법보시의 공덕이 돈이나 물질을 보시하는 재시財施보다 더 중요하다.

특히 현재 불광산은 병원과 진료소*를 운영하며, 무료로 진료하고 질병을 치료해 주고 있다. 산간벽지에 찾아가서 진료해 주는 이동병원 '운수雲水의료차'도 있다. 병이 나면 우리는 무조건 치료해 준다.

또한 이동도서관 '운수서차雲水書車'는 외딴 시골로 찾아가 돈이 없어 책을 볼 수 없거나 책을 구할 수 없는 어린이들에게 독서의 기회를 제공하며 불교의 인연을 접할 수 있게 해준다. 우리는 책을 읽으라고 한다. 그런데 시간이 없다고 하는 사람이 있다. 괜찮다. 책을 사서 다른 사람이 읽을 수 있게 하면 된다. 우리는 신문을 보라고 한다. 그런데 시간이 없다고 하는 사람이 있다. 괜찮다. 신문을 구독해서 다른 사람이 신문을 보게 하면 된다. 단기출가나 염불법

---

* 운수의원雲水醫院, 불광진료소佛光診所.

회에 참여하라고 하면 바빠서 시간이 없다는 사람이 있다. 괜찮다. 가고 싶어도 갈 수 없는 사람에게 교통비를 대신 내주면 된다. 내가 도와준 인연(助緣)이 있기 때문에 상대방이 나를 위해 염불을 해주고 공덕을 지어줄 것이다.

　오늘날 대만불교는 백만인홍학·사찰순례·일일 참선수행·삼일 사경·매주 정기 염불수행 등이 유행하고 있다. 지금 우리가 불교를 포교하는 방법을 끊임없이 개선하고 사람들에게 편리함을 주면, 이 많은 법의 일(法事)과 공덕은 마치 한 사람의 목숨을 구하는 것과 같아, 7층탑을 조성하는 공덕보다 크다. 우리가 사람을 구하는 혜명慧命, 사람의 마음을 맑게 해주는데 그 공덕이 끝이 있겠는가?

불교 교가

세계 모든 나라에는 국가國歌가 있다. 많은 단체에도 단체의 노래가 있고, 학교에도 교가가 있다. 물론 불교에도 '교가敎歌'가 있어야 한다.

그동안 불교는 범패를 중시해 왔지만, 모두가 함께 부르고 회의나 의식에 적용할 수 있는 불교를 찬양하는 교가가 없었다. 1931년경에 이르러 마침내 태허太虛 대사가 작사하고 홍일弘一 대사가 작곡한 「삼보가三寶歌」가 나왔다.

태허 대사가 쓴 가사는 삼보의 의미를 표현하고, 간결하고 명료해 당연히 이의가 없다. 홍일 대사의 작곡은 가락이 장엄하고 조화로워, 들으면 존경하는 마음이 저절로 생긴다. 그래서 순식간에 불교계 곳곳에서 이 「삼보가」가 불려졌고, 특히 회의 때마다 「삼보가」를 불렀다.

그런데 가사가 너무 길어서, 회의가 시작되고 6~7분 가까이 걸려야 이 노래를 다 부를 수 있어 시간을 허비했다. 그래서 '불보佛寶' 파트만 부르고, '법보法寶'와 '승보僧寶' 부분은 부르지 말자고 하는 사람도 있었다.

그러나 「삼보가」인 만큼 한 부분만 부르는 것은 타당하지 않은 것 같다. 그래서 회의할 때마다 어떤 사람은 '불보佛寶'를 부르면 멈

추려고 하고, 또 어떤 사람은 '법보法寶'·'승보僧寶' 부분을 계속 부르려고 했다. 질서 없는 상황이 안타까움을 자아냈다.

그러다가 남전불교 팔리어로 된 「삼귀의」를 부르자고 하는 주장이 나왔다. 이 「삼귀의」는 가사도 길지 않고 곡조도 장엄한데, 다만 팔리어를 아는 중국인이 소수여서 회의에서 부르려면 노래를 부를 줄 아는 사람이 몇 명 없었다.

60년 전만 해도 나는 청년이었는데, 불교 모임에 참가해 이 팔리어 「삼귀의」를 부를 때마다 적응하기 어려웠다. 그때 마음속으로 모두가 부를 수 있도록 「삼보가」를 만들겠다는 원을 세웠다.

부끄러운 것은 불교 의식 노래를 창작하려면 2~3분 안에 다 부를 수 있도록 해야 할 뿐만 아니라 삼보의 의미를 온전히 표현할 수 있어야 하고, 특히 가사가 정교하고 아름다워야 하며, 곡조는 장엄하고 받아들여질 수 있어야 하는데, 실로 내 능력이 미치지 못했다. 그래도 모두가 부르기 알맞은 의식용 노래를 만들기 위해 마음을 내고 용기를 잃지 않았다.

40년 동안 이 일은 줄곧 내 마음속에서 맴돌았지만 아쉽게도 감당할 수 없었다. 80년대에 한번은 타이난(台南) 신영新營고등학교에서 나를 초청해 강연하러 갔는데, 차를 타고 가는 도중에 「삼보가」 가사가 갑자기 마음속에 떠올랐다. 그때 수십 년 동안 나를 위해 중국어를 대만어로 통역해 준 자혜慈惠 스님이 차에 함께 타고 있었다. 나는 얼른 자혜 스님을 불렀다. "자혜 스님, 빨리 기억하세요!" 이렇게 짧은 1분 만에 삼보를 찬양하는 곡을 썼다. "나무 불타야, 나무 달마야, 나무 승가야, 나무 불법승. 당신은 우리의 구세주,

당신은 우리의 진리, 당신은 우리의 스승님, 당신은 우리의 빛. 저는 당신에게 귀의합니다. 저는 당신을 믿습니다. 저는 당신을 존경합니다! 나무 불타야, 나무 달마야, 나무 승가야."

처음엔 태허 대사와 홍일 대사께서 지은 「삼보가」에 감히 견줄 수 없어 「삼보송三寶頌」으로 제목을 바꿨다. 「삼보송」은 가사가 간단하고, 네 부분으로 나뉘는데 전부 다 삼보를 뜻한다. 당시 불교계의 유명한 작곡가 오거철吳居徹 선생이 작곡해 주었다. 이 노래는 불교계의 인정을 받았고, 특히 북경에 있는 중국예술연구원의 전청田青 교수는 범패합창단을 이끌고 외국에 나가 공연할 때마다 「삼보송」으로 시작했다.

다만 생각지도 못하게 나의 작은 원이 이루어지자 훗날 불교에서 분열이 일어났다. 한 파는 「삼보가」를 찬성하고, 한 파는 「삼보송」을 옹호했다. 사실 사람들이 선호하는 정서를 가지고 다툴 필요가 없다. 불교계에서 삼보가 포럼을 열어 「삼보송」을 부를 것인지 「삼보가」를 부를 것인지 대중이 선택하게 하고, 통일만 하면 된다. 법에 의지하고 사람에 의지하지 않는 것이(依法不依人) 나의 바람이다.

위기의식

『팔대인각경八大人覺經』에서 "세상은 무상하고, 국토는 위태롭고 취약하다(世間無常, 國土危脆)"라고 한다. 사람이 세상을 살아가면서 예측할 수 없는 위기가 수시로 발생한다. 자연재해, 인재, 생로병사가 항상 우리를 위협하고 있다. 그러므로 '위기의식'을 가져야 세상에서 무사하게 살 수 있다.

사람의 일생은 뜻하는 대로 되든, 뜻하는 대로 되지 않든, 어떻게 살든 간에 위기의식이 없어서는 안 된다. 위기감이 없는 사람은 재난을 미연에 방지할 줄 몰라서 고난이 닥치면 쉽게 쓰러진다. 그러므로 '편안할 때 위기를 생각하는' 위기의식이 있어야 하며, 특히 '유비무환'을 알고, 위기를 다루는 능력을 길러야 한다.

우리는 항간에서 위기의식을 불러일으키는 많은 표어를 볼 수 있다. 예를 들면 '차도는 호랑이 입과 같다', '간접흡연을 거부한다', '우리에겐 지구가 하나밖에 없다.' 해학적이고 재미있는 것도 있다. 예를 들면 '조심해서 운전하세요. 근처에 병원이 없어요', '천국이 멀지 않아요. 과속하면 도착합니다', '이 하천은 상시 사람을 모집합니다. 합격률이 높으니 멀리하세요', '음주운전 또는 과속하기 전에 은행 계좌번호와 비밀번호를 가족에게 알려주세요' 등이 있다. 위기의식은 현대인이 반드시 길러야 할 좋은 습관임을 알 수 있다.

불교는 특히 위기의식이 가득한 종교다.

불교의 교주 석가모니부처님은 태자였을 때, 네 곳의 성문으로 나가 생로병사를 보고 무상함을 깨달았다. 그런데 중생은 탐하고 연연해하고 깨닫지 못하고 있었다. 그래서 위기의식을 불러일으켜 진정한 해탈의 도를 찾기 시작했다. 도를 이룬 후에는 갠지스 강가를 걸으며 불법의 진리로 중생이 자신의 무명無明 번뇌에 대해 위기의식을 갖도록 일깨울 수 있기를 바랐다.

그래서 『사십이장경四十二章經』의 "사람 목숨은 숨을 쉬는 사이에 있다(人命在呼吸間)"는 유한한 시간을 소중히 여기고 유한한 생명을 충실하게 해야 한다는 것이다. 『원각경圓覺經』의 "도적을 아들로 잘못 알다(認賊爲子)"는 망심妄心을 진심眞心으로 삼지 말고 수행해야 성취할 수 있다고 우리를 타이르고 있다. 『유마경』의 "타버린 싹과 썩은 종자(焦芽敗種)"는 수행자가 발심하지 않으면 타버린 싹과 썩은 씨앗처럼 큰 나무로 자라 중생에게 그늘을 드리워줄 수 없다는 것을 비유한다. 『화엄경』의 "초심을 잊지 않는다(不忘初心)", 『유마경』의 "청하지 않았는데도 찾아와 벗이 되어주는 친구(不請之友)", 『팔대인각경』의 "남의 잘못이나 개인적인 원한을 마음에 새겨두지 않는다(不念舊惡)", 『기신론起信論』의 "변하지 않되 인연에 따른다(不變隨緣)" 등은 우리 인생에 많은 귀중한 깨우침을 준다.

위기의식을 가진 사람은 반드시 방법을 강구해 밖으로 나갈 것이다. 왜냐하면 '밖으로 나가면 희망이 있고, 밖으로 나가면 미래가 있기 때문이다.' 밖으로 나가는 것은 위기의식에 이은 구체적인 행동이라고 할 수 있다. 국가가 해외로 진출해야 이웃 나라와 국교를 맺을 수 있고, 기업이 해외로 진출해야 무역을 확대할 수 있다. 공부하는 사람은 밖으로 나가야 견문을 넓힐 수 있고, 출가자는 밖으로 나가야 중생을 이끄는 스님이 될 수 있다. 불교도 밖으로 나가야 중생이 무엇을 진정으로 필요로 하는지 볼 수 있다.

그러므로 위기의식은 일종의 지혜이자 일종의 깨달음이다. '위기가 곧 전기轉機'라는 것을 아는 사람은 위기에서 벗어날 방법이 있고, 위기를 안녕으로 전환할 수 있고, 번뇌를 보리로 전환할 수 있으며, 인생의 길도 자연히 비할 바 없이 넓다.

장기 기증

중국인은 사람이 죽은 후에 반드시 시신을 온전히 모두 남겨야 한다는 전통적인 생각을 가지고 있기 때문에 '장기 기증'이 활성화되지 못했다. 사실 과거에 부처님은 중생을 구하기 위해 살을 베어 독수리에게 먹이고, 몸을 던져 호랑이 먹이가 되었다. 이를 통해 불교는 시신을 온전히 남겨야 한다는 관념을 표방하지 않는다는 걸 알수 있다. 이제 우리가 쓰지 않는 장기를 다른 사람의 몸을 빌려 계속 살아가면 좋지 않은가?

불교에서 사람의 몸은 결코 '나'의 것이 아니라, 사대四大가 임시로 화합하여 존재하는 것이다. 마치 여관처럼 우리가 현생에 잠시 머물 수 있도록 제공할 뿐이다. 경전에 다음과 같은 매우 심오한 이야기가 있다.

한 나그네가 여관을 지나쳐 산속을 걷다가 허름한 사당을 발견하고는 신을 모셔놓은 신단 아래에서 몸을 구부리고 잠을 청했다. 한밤중이 되자 시끄러운 소리가 들렸고, 곧이어 시체 한 구를 메고 들어오는 꼬마 귀신을 본 나그네는 놀라서 온몸이 덜덜 떨렸다. 이 때 뒤에서 덩치 큰 귀신이 쫓아오더니 꼬마 귀신이 자신의 시체를 훔쳤다고 꾸짖었다. 두 귀신이 옥신각신 다투고 있는데 갑자기 신상 밑에서 소리가 들렸다. 알고 보니 밑에 한 사람이 숨어 있었다.

꼬마 귀신은 그 사람에게 나와서 도대체 이 시체가 누구의 것인지 증명하라고 했다.

이 사람은 속으로 생각했다. 오늘 재난을 피하기는 어렵고, 어떻게 말을 해도 죽을 테니, 이렇게 된 이상 진실을 말하자. "이 시체는 어린 귀신의 것입니다." 큰 귀신은 듣자마자 화가 나서 그 사람에게 다가가 그의 왼쪽 어깨를 부러뜨려 먹어버렸다. 꼬마 귀신이 보고는 이 사람은 내 말을 거들어주었는데 큰 귀신이 어깨를 먹어버렸으니 미안해서 시체에서 왼쪽 어깨를 떼어내 그 사람에게 붙여 주었다. 그러자 큰 귀신은 더 화가 나서 오른쪽 어깨를 부러뜨렸다. 꼬마 귀신은 또다시 시체에서 오른쪽 어깨를 떼어내 붙여 주었다. 결국 사지를 큰 귀신이 다 먹고, 꼬마 귀신은 다 붙여 주었다. 지금의 장기 이식과 같이 나그네는 몸이 건강하고 온전했다.

한바탕 장난을 친 후, 두 귀신은 휙 소리를 내며 떠났고, 남겨진 나그네는 망연자실하게 자신에게 물었다. "나는 누구인가?" 지금 큰 귀신에게 잡아먹혔는데, 이 몸은 도대체 누구의 것인가? 그는 홀연히 크게 깨달았다. 원래 이 몸은 전혀 내 것이 아니다. 다만 허상일 뿐이다. 나의 진여자성眞如自性은 먹을 수도 없고, 바꿀 수도 없다. 이때서야 진아眞我를 알아차리게 되었다.

장기 기증과 관련해 나는 젊었을 때 유언장을 썼다. 어느 날 내가 세상을 떠나면 화장하지 말고, 사리를 얻으려 하지 말고, 다른 사람에게 장기를 기증하는 것이 좋겠다고 했다. 그런데 그로부터 몇십 년의 세월이 흘렀다. 이 노후한 장기를 다른 사람에게 기증하는 게 과연 괜찮을까? 그래서 나는 지금 순리대로 하기로 했다. 그러나 만약 교통사고나 갑작스러운 사고로 생명이 위태로운데, 다른 사람의 몸을 빌려 그의 생명을 연장하고 삶의 기회를 주는 것도 공덕이다. 만약 내가 각막을 기증해서 누군가에게 빛을 선사할 수 있고, 심장을 기증해서 다른 사람의 생명이 다시 동력을 가질 수 있다고 생각해 보자. 이것은 매우 의미 있지 않은가? 이야말로 진정한 생명불사生命不死이다.

물론 장기를 떼어내면 망자가 고통으로 성내는 마음이 일어나 편안히 극락정토에 왕생하지 못할까 봐 걱정하는 사람도 있다. 사실 자기 몸을 보시해 다른 사람을 이롭게 하겠다는 원願이 있고, 마음이 있으면 장기 적출로 인해 고통스러워 성냄이 일어나는 걸 걱정하고 꺼릴 필요가 없다.

장기 기증에는 생명 연장·내재보시*·자원 재생·동체공생同體共生 등의 의미가 담겨 있다고 생각한다. 장기 이식은 목숨이 위태로운 많은 사람에게 신체의 생명을 연장해 주고, 기증자의 자비 정신이 전해지도록 한다. 이렇게 온 마음을 다해 기쁘게 베풀고(喜捨) 전적으로 도와주려는 마음이야말로 불교가 제창하는 진리이다.

---

* 내재보시內財布施: 자신의 몸을 희생해서 남을 돕는 것.

호스피스

'호스피스'는 현대 사회의 뜻있는 인사들이 제창한 것이다. 그들은 종교적 배려와 의료적 보살핌을 통해 죽음을 앞둔 사람에게 도움을 주어 심신의 양면에서 적절한 보살핌을 받게 해주고, 임종자의 가족에게도 간호적 협조와 마음의 위안을 주어, 그들이 인생에서 가장 견디기 힘든 이별의 슬픈 시간을 보내는 걸 도와준다.

그런데 옛날 사찰에서는 사람이 임종을 맞이하면 별로 대수로운 일이 아니라고 여겼다. 출가자는 생사를 내려놓아야 하고, 그래서 보살핌이라고 할 만한 것도 없었다. 죽으면 담요로 싸서 뒷산으로 들고 가 다비(화장)했다. 절 전체의 대중도 몰랐다. 한 사람이 이렇게 세상을 떠났는데 한담을 나누는 사람도 없었다. 왜냐하면 모두가 우연히 만났고, 서로 간에 관심을 갖고 보살피는 걸 중요시하지 않았기 때문이다.

물론 생사生死를 놀이처럼 여겨서 세상을 떠날 때 특별한 이적을 보인 수행자들도 있다. 등은봉鄧隱峰 비석飛錫 선사는 물구나무서기를 한 채 입적했다. 보화普化 선사는 신도들에게 자신이 성문에서 입적하겠다고 알렸다. 그런데 구경하러 온 사람들이 너무 많아, 관을 짊어지고 성문 네 곳을 다 돌아 마지막에 가장 한적한 북문에서 관에 들어가 입적했다. 그 밖에도 덕보德普 선사는 제자에게 제사를 지내게 했는데, 제사의 상황을 보고 제사 음식을 먹은 후에 편안하게 입적했다. 선자船子 화상은 피리를 불며 안개가 자욱한 수면속으로 들어가 배를 뒤집고 입적했다.

이러한 선사들·고승들 중에는 평온하게 죽음을 맞이한 분도 있고, 앉은 채 입적한 분도 있고, 병 없이 입적한 분도 있다……. 불교에서는 이 많은 열반에 대한 이적을 널리 알리고 찬미하지만, '호스피스'를 제창하는 경우는 드물다. 그러나 지금의 사회는 사람 사이의 관계를 중요시하고, 삶의 풍요와 즐거움을 중요시하고, 죽어서 세상을 떠나도 배려해 주어야 한다. 과거 불교에서는 서방당西方堂·여의료如意寮·탑원塔院이 있어 고인을 보살펴 주었다. 이는 오늘날 임종실의 보급과 효용에는 미치지 못하지만, 사실 불교에는 일찍이 고인에 대한 임종 조념助念* 염불이 있었으며, 오늘날 불광산의 만수원萬壽園에도 임종실이 마련되어 있다.

이상적인 임종실은 환자가 침대에 누워 편안한 불교 범패를 듣고, 은은한 독경과 염불 소리 속에서 세상을 떠날 수 있는 깨끗한 방이 있어야 한다고 생각한다. 환자 외에도 가족과 관계자들, 설령 출가자라 하더라도 도반이 있기 때문에 왕생당(往生堂, 조념실助念室) 옆에 공간을 마련하여 가족들이 먹고 잘 수 있는 숙소로 삼아 모두가 돌아가며 임종을 앞둔 사람을 돌볼 수 있도록 해야 한다.

"긴 병에 효자 없다"는 말이 있다. 환자 간호를 맡은 사람은 전문

---

* 조념助念: 임종을 맞이한 사람을 위해 염불해 불국정토에 왕생하도록 도와주는 것.

적인 간병인이다. 그러나 한 환자를 위해 오랜 세월 고생하면 몸도 감당하기 쉽지 않다. 동양의 문화는 자손이 효도해야 한다. 임종 전 부모님을 여러 자식이 번갈아가며 보살피고 간호하면 긴 병에 효자 없다는 곤란한 상황이 없을 것이다.

지금의 병원과 불교계도 조념단助念團을 두어 곧 세상을 떠날 환자를 위해 조념 염불을 해서 보호해 주고 보살펴 준다. 이것은 시대의 발전이며, 불교가 세상에 대해 마땅히 해야 할, 함께 기뻐하고 인연에 따르는 봉사라고 생각한다.

그러나 '호스피스'의 가장 중요한 것은 첫 번째가 임종자를 안심시키고 두려워하지 않도록 하는 것이어야 하고, 따라서 설법해 주는 사람이 있거나, 그가 좋아하는 사람이 위로해 주는 것이 좋다고 생각한다. 죽은 후에 지금은 대부분 고층 빌딩이어서 관을 운반하기 불편하고, 조념 염불을 하기에 병원이 불편한 점이 있어 임종실이 있는 것이 좋다. 과거에는 사찰이 망자의 관을 납골탑이나 납골당에 안치했다. 그러나 지금 실리를 추구하는 사람들이 상조회사·장례식장·공동묘지를 만들어 이런 서비스를 상업행위로 삼아 이익을 챙긴다. 심지어 공동묘지의 책임자들이 땅을 절약하기 위해 불교의 탑형 모델을 운용해 불교가 천년 넘게 대중을 이롭게 한 성과를 일반 사람들이 받아들이도록 했다.

그러나 불교는 앞으로 '호스피스'의 의미 하에 사찰 도량에 더욱 세심한 왕생당往生堂을 설립해 고인에게 조념 염불을 해주고, 설법과 위로를 해주어야 한다. 그래서 불광산은 대만 가의嘉義에 설립한 남화南華대학교에 특별히 생사生死학과를 개설했다. 삶과 죽음이라는 인생의 2대 문제를 해결하기 위한 것이다.

　살아있는 사람이 빚진 느낌을 갖지 않고, 별로 번거롭지 않고, 후회 없이 장례를 치르도록 하며, 고인도 스승과 친구·가족의 도움 아래 부처님 명호 염불 소리와 독경 소리 속에서 편안하게 세상을 떠날 수 있도록 한다. 이것은 살아있는 사람과 고인에게 다 이로운 불사佛事이다. 오늘날의 불교는 사회를 이롭게 해야 하고, '호스피스'라는 아름다운 의미에 마음을 쓰지 않으면 안 되며 주의하지 않으면 안 된다.

『백사전』에 대하여

『백사전白蛇傳』은 중국의 4대 민간 전설* 중 하나다. 『백사전』에서 허선許仙과 백소정白素貞의 '사람과 요괴의 사랑'이라는 우여곡절이 많은 사랑 이야기는 중국에서 널리 알려지고 회자될 뿐만 아니라, 일본에서도 애니메이션 영화로 제작된 적이 있으며, 심지어 프랑스 한학자 줄리앙(Stanislas Julien)은 『백사전』을 프랑스어로 번역했을 정도로 널리 전해진다.

『백사전』은 중국 민간에서 처음에는 그저 사람들의 입에서 입으로 전해지다가, 후에 이야기꾼이 말로 이야기를 구연하는 형식이 등장했고, 나중에야 소설·오페라·드라마·영화·연극 공연 등이 있게 되었다. 최초로 형태를 갖춘 『백사전』 이야기 기록에 관해 현재 알려진 것은 명나라 풍몽룡馮夢龍의 『경세통언警世通言』 제28권 「백 낭자가 영원히 뇌봉탑에 갇히다(白娘子永鎮雷峰塔)」이며, 『백사전』의 진짜 작가가 과연 누구인지에 대해서는 실로 고증하기 어렵다.

그러나 『백사전』에 나오는 인물 법해法海 스님은 역사적으로 실

---

* 중국 4대 민간 전설: 『백사전白蛇傳』, 『맹강녀孟姜女』, 『견우직녀牛郎織女』, 『양산백과 축영대梁山伯與祝英台』

『백사전』에 대하여

존하는 인물이며, 금산사金山寺도 실제 존재하는 사찰로, 강소江蘇 진강鎭江의 금산金山에 위치한다. 청나라 강희황제가 '강천선사江天 禪寺'라는 이름을 하사했고, 금산사라고도 한다. 금산사는 장강長江 변에 위치하고 있어 '금산사가 물에 잠기는 일도(水漫金山)' 발생할 수 있으므로, 도교가 불교를 훼방하기 위해 만든 이야기라는 설도 있다.

『백사전』 이야기에는 우산을 빌리고, 선초仙草를 훔치고, 금산사 가 물에 잠기고, 탑에 제사를 지내는 내용이 있고, 단교斷橋와 뇌봉 탑雷峰塔 등이 나온다. 금산사가 물에 잠기게 된 사연을 보면, 백소 정이 사람이 아니라 실은 뱀요괴임을 간파한 법해 스님이 사람과 요괴는 길이 다른데 어찌 부부가 될 수 있는가?라고 생각해서 허선 과 백소정을 갈라놓으려고 허선을 강제로 금산사로 데려가 백소정 의 불만을 산다. 그래서 백소정이 장강의 물을 끌어들여 금산사를 수몰시키려 하고, 법해 스님과 싸우게 된다. 결국 백소정은 법해 스 님에게 제압당해 발우로 들어가 영원히 뇌봉탑 안에 봉인된다. 이 를 통해 도교는 불교의 출가자가 인간 세상의 정을 가벼이 보고, 승 려가 무정하다는 걸 암시하려는 것으로 보인다. 이는 불교를 모욕 하고 폄하하는 것이다.

왜냐하면 보통 사람이 『백사전』을 보면 백소정과 허선이 요괴 와 사람으로 다르지만 서로 사랑하고 뜻이 맞아 평생을 같이하기 로 약속한 사이고, 사랑하는 연인이 부부가 되는 게 좋은 일인데, 왜 법해 스님이 무정하게 갈라놓는가?라고 생각할 것이다. 그에 비 해 도교의 남극선옹南極仙翁은 백소정이 허선을 구하기 위해 위험을 무릅쓰고 곤륜산에 선초仙草를 훔치러 갔을 때, 백소정의 진심에 감동해 영지를 주어 허선의 목숨을 구하게 한다.

이렇게 두 가지를 대조해 보면 남극선옹은 정이 있다. 인간과 요괴를 가리지 않고 백소정을 보자 측은한 마음이 일어나 흔쾌히 도와주니, 마치 도교는 인간미가 있는 것 같다. 반면에 법해 스님은 사람과 요괴가 서로 다르다고 여겨 어떻게든 둘을 갈라놓으려고 한다. 불교는 마치 정이 없는 것 같다. 그러니 이 책은 도교가 불교를 폄하하는 이야기가 아닌가?

그러나 이는 오늘날 불교가 돌이켜봐야 할 점을 일깨워 준다. 하나는 중생 평등이고, 다른 하나는 사랑 문제에 대한 견해이다. 세 번째는 출가자가 세속의 일을 간섭할 필요가 없다는 것이다. 왜냐하면 세상의 모든 중생은 각자 인연과 업보가 있기 때문이다. 부처님이라 할지라도 모든 중생을 다 구제할 수 없고, 구제의 인연만 남길 수 있을 뿐이다. 이 또한 깊이 생각해 볼만한 점이다.

성운 대사

성운星雲 대사는 1927년 중국 강소江蘇에서 태어났다. 어려서 집안이 가난해 학업을 그만두었고, 부모님이 바빠서 외할머니와 살았다. 후에 아버지가 전란으로 실종되자 어머니와 남경으로 가서 아버지를 찾다가, 1939년에 인연이 되어 남경 서하산棲霞山 지개志開 큰스님을 은사로 출가한다.

1947년 초산불학원焦山佛學院을 졸업한다. 불학원(강원)에서 선禪·교敎·율律 등의 총림 교육을 이수했다. 그 후 백탑白塔국민소학교 교장, 남경 화장사華藏寺 주지 등을 역임한다.

1949년 대만으로 건너가 대만불교강습회 교무주임 및 『인생人生』 잡지 편집장을 역임한다. 1953년 의란宜蘭에서 염불회 지도법사를 맡는다. 1964년 고웅高雄 수산사壽山寺를 건립하고, 수산불학원壽山佛學院을 설립한다. 1967년 고웅高雄에 불광산佛光山을 창건해 '인간불교'를 펼치는 데 주력하고 있다. '문화로 불법을 널리 알린다. 교육으로 인재를 양성한다. 자선으로 복지사회를 실현한다. 수행으로 마음을 맑게 한다'는 종지를 수립하고, 규정과 제도를 손수 제정해 『불광산청규』를 발행하는 등 불교 현대화의 새로운 이정표를 세웠다.

출가한 지 80년이 된 성운 대사는 미국 서래사西來寺, 호주 남천사南天寺, 아프리카 남화사南華寺, 브라질 여래사如來寺 등 전 세계에 사찰 300여 개를 건립했다. 또한 불학원(강원) 16개, 미술관, 출판사, 서점, 이동도서관, TV방송국, 50여 개의 학교를 설립했다. 미국에 서래대학교, 대만에 남화대학교와 불광대학교, 호주 남천대학교, 필리핀 광명대학교를 설립했다.

1970년부터 보육원·노인복지시설·자비기금회·운수雲水병원·불광클리닉을 설립하고, 고웅현 정부와 협력해 노인아파트를 설립했다. 또한 중국에 초등학교, 중고등학교, 병원 수십 곳을 기증했다. 전 세계에 휠체어와 조립식건물 등을 기부하고 긴급구조, 취약계층 및 빈곤 구제에 힘쓰고 있다.

1977년 불광대장경편찬위원회를 설립해 새로 구두점을 찍고 단락을 나눠『불광대장경佛光大藏經』을 편찬하고,『불광대사전佛光大辭典』도 편찬했다.

스님의 저서로는『석가모니불전』,『불교총서』,『불광교과서』,『불광기원문』,『인간불교논문집』,『성운대사전집』등이 있으며 영어, 독일어, 프랑스어, 한국어, 일본어, 스페인어 등 20여 개의 언어로 번역되어 세계에서 유통되고 있다.

1992년 미국 로스앤젤레스에서 국제불광회가 정식 설립되어 성운 대사는 세계총회총회장으로 추대된다. 세계 170여 개 국가에 협회가 설립되어 '부처님의 빛이 삼천대천세계를 비추고, 법수가 오대주에 길이 흐른다(佛光普照三千界, 法水長流五大洲)'는 이상을 실천하고 있다. 국제불광회는 2003년에 UN의 심사를 거쳐 UN 비정부기구(NGO) 회원이 되었다.

최근에 대사는 중국 의흥宜興에 조정祖庭 대각사大覺寺를 부흥하고, 중국서원박물관·양주감진도서관·남경대학교불광루를 건립해 기증했고, 양주강단·성운문화교육공익기금회를 설립하는 등 문화교육을 적극적으로 추진하며 중국과 대만의 화합, 나아가 세계평화를 실현하고 있다.

세계 각지에서 대사를 따라 출가한 제자가 2천여 명에 이르며, 전 세계 신도는 백만 명에 달한다. 대사는 평생 인간불교를 널리 알리고, 불교의 제도화·현대화·인간화·국제화를 위해 진력하고 있다.

조소영

한국외국어대학교 통번역대학원 한중과 석사를 졸업하고, 동 대학
대학원 중어중문학 박사과정을 수료했다. 한국외국어대학교 중국어
통번역학과 강사를 역임했다. 『마음의 빛』, 『정토 수행 지침서』를 우
리말로 번역했다. BBS불교방송과 BTN불교TV에서 성운 대사와 증
엄 스님의 법문을 번역하고, 대한불교조계종 종단 통번역 등 불교 전
문 중국어 통번역사로 활동 중이다.

佛法眞義

성운대사가 들려주는 불법의 참된 의미

초판 1쇄 인쇄 2022년 8월 3일 | 초판 1쇄 발행 2022년 8월 10일
지은이 성운대사 | 옮긴이 조소영 | 펴낸이 김시열
펴낸곳 도서출판 운주사

(02832) 서울시 성북구 동소문로 67-1 성심빌딩 3층

전화 (02) 926-8361 | 팩스 0505-115-8361

ISBN 978-89-5746-705-3 03220   값 16,000원

http://cafe.daum.net/unjubooks 〈다음카페: 도서출판 운주사〉